A VERDADEIRA MAGIA

Dr. Wayne W. Dyer

A VERDADEIRA MAGIA

Criando milagres na vida cotidiana

EDIÇÃO REVISTA

Tradução
Roberto Raposo

NOVA ERA

CIP-BRASIL. CATALOGAÇÃO-NA-FONTE
SINDICATO NACIONAL DOS EDITORES DE LIVROS, RJ

D994v 3ª ed.

Dyer, Wayne W., 1940-
A verdadeira magia : criando milagres na vida cotidiana / Wayne W. Dyer ; tradução de Roberto Raposo. – 3ª ed. - Rio de Janeiro : Nova Era, 2008.

Tradução de: Real magic
ISBN 978-85-7701-144-5

1. Sucesso - Aspectos psicológicos. I. Título.

08-0836

CDD: 158.1
CDU: 159.947

Título original
REAL MAGIC

Capa: Sense Design
Editoração eletrônica: Abreu's System

Impresso no Brasil

ISBN 978-89-7701-144-5

A *Saje Eykis Irene Dyer* e a nosso próprio milagre espiritual, materializado com a vinda de nossa filha, e que é pura alegria e felicidade em movimento.

E a meus dois amigos muitos especiais:

Deepak Chopra, M.D., meu irmão espiritual, com quem, abraçado com amor, procuro transmitir a ilimitada visão para o mundo.

Michael Jackson, cujas palavras, música e amor estão sempre a relembrar-nos que somente por meio da doação podemos salvar nossas próprias vidas.

Amo todos vocês!

E se você dormisse?
E se,
durante o seu sono,
você sonhasse?
E se,
no seu sonho,
você ascendesse aos céus
e lá colhesse
uma estranha e
bela flor?
E se,
ao acordar,
você estivesse com a flor
em suas mãos?

SAMUEL TAYLOR COLERIDGE

Sumário

Introdução

Este é um livro sobre milagres. Não se trata de um livro sobre os milagres das pessoas em geral, mas sobre você, leitor, e a maneira como pode realizá-los em sua própria vida. Não me refiro à sorte, nem ao fato de ser um dos poucos escolhidos que presenciam milagres em suas vidas. Este livro foi composto com o único objetivo de apresentar-lhe a forma com que você pode vir a realizar aquilo que até hoje era considerado impossível.

É uma obra muito pessoal. Eu pude descobrir o caminho da verdadeira magia em minha própria vida e procurei descrever o mais precisamente possível tudo aquilo que creio serem os principais ingredientes de uma vida plena de milagres. Cheguei a um ponto em que já não mais "acredito" em milagres. Simplesmente os "sei".

Refiro-me a um "saber" que todos nós conhecemos. Por exemplo: supondo que deixe de andar de bicicleta por vários meses, no momento em que voltar a pedalar, imediatamente me virão a certeza e segurança de saber fazê-lo. Encherei os pneus e sairei por aí, equilibrando-me sobre duas rodas e deslizando suavemente pelas ruas, contornando esquinas despreocupadamente e fazendo curvas fechadas em total segurança. Assim, ao voltar à bicicleta depois de todos esses meses, não tentarei *equilibrar-me*, tampouco precisarei *acreditar* poder fazê-lo, pois já o *saberei* e naturalmente agirei de acordo com este poderoso saber.

Sinto que sua habilidade de realizar milagres constitui um processo similar a este, ou seja, você pode aprender a transcender sua dimensão de crenças e metas e alcançar a dimensão interior do saber. É justamente nesta última que os milagres tomam forma.

Lá, numa região profunda de seu ser, existe uma infinita gama de possibilidades, reunidas num imenso campo unificado. À medida que desenvolver sua capacidade de adentrar essa maravilhosa dimensão, você descobrirá um nível totalmente inédito da experiência humana, em que tudo é possível. É nessa dimensão que a verdadeira magia acontece. É a partir dela que você poderá instigar sua capacidade de realizar, no âmbito físico, tudo o que deseja. Os limites simplesmente deixam de existir, e você começa a sentir como se estivesse sempre no lugar certo, na hora certa. Aquelas "incríveis" sincronicidades entre você e os outros vão aparecendo, e torna-se quase possível ler os pensamentos das pessoas à sua volta. Assim, você passa a encontrar aquele que é mais apto a ajudá-lo em sua trajetória pessoal exatamente no momento em que mais o necessita. É nesse momento que chega a você o que quer ou quem quer que possa proporcionar prosperidade e abundância à sua vida. O antídoto certo para seus males, assim como o livro ou gravação de que mais precisa chegam até você como que guiados por uma força invisível e misteriosa.

Uma vez atingido este nível de consciência mais elevado, o mistério pouco a pouco se esvai e seu propósito na vida torna-se a cada instante mais nítido para você. Seus relacionamentos pessoais elevam-se milagrosamente a níveis inéditos de compartilhamento espiritual, seus empreendimentos profissionais começam a "fluir" e suas decisões são tomadas com cada vez menos esforço. Seu corpo liberta-se de toxinas e sua vida física em geral se torna mais saudável.

Este livro consiste numa tentativa de mostrar-lhe caminhos que conduzem a esse nível mais elevado de consciência. Construí aqui o que considero ser uma espécie de mapa, capaz de guiá-lo em sua trajetória rumo a essa consciência e na aplicação prática dela em sua vida diária, inclusive em relacionamentos pessoais e com o restante do mundo.

A harmonia da natureza parece apresentar um lento e constante despertar da consciência. Uma pedra, embora feita de átomos assim como você, não demonstra qualquer sinal constatável de consciência. Assim, não pode sentir-se lançada ou desintegrada. É simplesmente inconsciente. Já uma planta demonstra ter consciência das condições do solo, das estações e da umidade, florescendo sempre ao sol da primavera. Apresenta consciência, mas ainda muito limitada.

Em relação aos minerais e vegetais, os animais apresentam um nível de consciência bem mais elevado. Alguns chegam a perceber as estações, o que explica suas migrações; outros procuram iludir seus predadores ao sentirem-se ameaçados; e muitos demonstram grande zelo e afeto para com seus parceiros e sua prole.

Por fim, encontram-se, no topo do esquema, os seres humanos, que possuem a consciência suprema da escolha. Podemos decidir viver num plano inferior de consciência, onde simplesmente existimos, provendo-nos com nossas posses, alimentação e sono, e atuando segundo e para as determinações naturais, ou podemos optar por penetrar esferas mais elevadas de consciência, para além das leis vigentes ao nosso redor, onde podemos literalmente criar um mundo só nosso — um mundo de verdadeira magia. Há, dentro de cada um de nós, um potencial de consciência que nos permite um certo controle sobre o mundo material: a capacidade de mantermo-nos equilibrados sob as mais diversas condições ou circunstâncias. A lição contida neste livro pode ser resumida da seguinte maneira: *você é capaz de alcançar um perfeito equilíbrio de sua mente.*

Sua transformação interior não pode acontecer por meio de padrões intelectuais ou científicos, pois, como poderia um instrumento de limitação revelar o ilimitado? Trata-se de uma tarefa a ser levada a cabo por sua mente e espírito, que constituem aquela parte de seu ser freqüentemente preterida em favor daquilo que você consegue captar através dos sentidos.

A primeira parte deste livro apresenta um método básico pelo qual você pode ressintonizar-se com o mundo invisível, obter domínio sobre sua mente e preparar-se para realizar milagres *sabendo-os*, ou seja, a partir de um alto grau de consciência (*vide* exemplo da bicicleta). Quando de fato ocorrer a sintonia, você poderá então sentir sua nova capacidade e perceber, em seu mundo, com surpresa, uma ordem perfeita entre as coisas.

A segunda parte do livro ensina como aplicar, na prática, o que tiver assimilado em sua mente, sendo um guia prático para a realização dos milagres e para a obtenção do mais alto grau de equilíbrio em sua vida cotidiana. Ao final de cada capítulo, você encontrará uma seção com sugestões específicas para ajudá-lo na admissão dos milagres em sua vida.

Nos primeiros anos do programa espacial norte-americano, Wernher von Braun buscou fazer com que os funcionários do Centro Espacial *soubessem* que "há uma ordem perfeita no universo. Somente a humanidade pode compreendê-la e é aconselhável que o faça." Este pensamento proporcionou-lhes poderoso estímulo quando os problemas se lhes afiguravam insolucionáveis. Você pode, como componente da humanidade, compreender esta ordem e sintonizar-se com ela. Eis o objetivo de *A verdadeira magia.* Eu sei a respeito dessa ordem perfeita e gostaria de passá-la a você, leitor.

Para compreendê-la, é necessário que se deseje muito atingir o mais elevado grau de consciência possível, podendo, com isto, descobrir o sentido maior de sua vida e passar este conhecimento a todos que venha a encontrar em sua trajetória. Essa busca consiste numa viagem mental de tal porte, que chega de fato a afetar o mundo material, tal é seu poder mágico milagroso. No entanto, tudo isso só é factível se você penetrar em si mesmo e descobrir, para você mesmo, a veracidade do que descrevo. Minhas palavras não o farão existir. Somente pela experiência prática do que descrevo você poderá vivenciá-lo.

Para realizar essa viagem mental invisível, é necessário desfazer-se de percepções errôneas e dar lugar a uma nova *sabedoria.* A partir dela, você:

- deixará de acreditar que é limitado, e passará a *saber que a realidade última e o seu potencial são infinitos.*
- deixará de acreditar que é controlado por sua herança genética, pelo meio em que vive e por forças sobrenaturais, e passará a *saber que você constrói sua própria realidade e que tanto as suas forças inatas como as divinas atuam em parceria com você, e não à sua revelia.*
- deixará de acreditar que o conhecimento e a experiência são acessíveis apenas pelos cinco sentidos, e passará a *saber que há um fio condutor invisível, que torna-se-lhe gradualmente perceptível à medida que amplia sua consciência.*
- deixará de acreditar que a existência humana é perigosa e maléfica, e passará a *saber que qualquer ocorrência ou experiência é sagrada e leva ao bem.*

- deixará de acreditar que certas pessoas são mais agraciadas pela sorte do que outras, e passará a *saber que pode produzir a sua própria sorte e que qualquer experiência traz uma lição de valor.*
- deixará de acreditar que a vida é caótica, e passará a *saber que há ordem no caos e que não pode haver coincidência num universo em perfeita ordem.*

Sei que o conteúdo deste livro poderá chocar alguns e ser rejeitado por muitos outros. Que seja. É uma verdade vivida por mim e oriunda de meu coração. Eu sei que há uma ordem divina neste universo, a qual rege desde a mais exígua célula até toda a galáxia e o além. Essa magnífica consciência nos é de direito desde o nascimento, é parte integrante de cada um de nós.

Tome para si estas idéias e procure executá-las, inicialmente em sua própria vida, em seguida com a família próxima e amigos, e, finalmente, com o mundo todo. Quando vier a descobrir sua capacidade de viver essa verdadeira magia, certamente desejará compartilhá-la com outros e nutrir o mundo inteiro com essa consciência. Espero que este livro seja útil em tal empreendimento. Tive grande satisfação em escrevê-lo e tenho ainda mais prazer em vivenciar esse estado de coisas a que me referi. Desejo que você viva essa verdadeira magia em sua vida. Que Deus o abençoe!

PARTE UM

Abra um espaço interior para a verdadeira magia

CAPÍTULO 1

Uma abordagem transcendental da magia e dos milagres

Eu fui tudo o que é profano; se Deus atua através de mim, pode atuar através de qualquer um.
São Francisco de Assis

Segundo o ilustre mágico Harry Houdini, a magia baseia-se na ilusão, como, por exemplo, a ilusão gerada pela contraposição de fumaça e espelhos. A ilusão é tida como mágica somente porque *parece* inexplicável. Houdini, numa fase posterior de sua carreira, relatou haver experimentado algo a que denominou "verdadeira magia". Ele parecia ter adquirido a capacidade de produzir efeitos de fato inexplicáveis. Tratavam-se de efeitos mágicos que não poderiam, de forma alguma, ser enquadrados na categoria de ilusão.

Escolhi o título deste livro por sentir-me atraído pelo paradoxo inerente a estas duas palavras, *verdade* e *magia*. Assim como para a maior parte das pessoas, suponho que também você acredita serem magia e verdade, ou realidade, incompatíveis entre si. Percebo, no entanto, que o apego a esta concepção nos dificulta o acesso a nossas dimensões mágicas. Percebo também que é justamente quando transcendemos esse paradoxo que podemos vivenciar a verdadeira magia, bastante real e, ao mesmo tempo, mágica.

Minha vida passou, nos últimos anos, por magnífica transformação. Percorri um caminho de consciência e efeitos tais que só posso defini-lo como milagroso. Trata-se de uma dimensão da existência a que não estamos acostumados, cujos padrões gerais não seguem necessariamente os de nossa ciência e lógica. É uma instância interior imune a fronteiras, regras e limitações habituais. Não se trata de um país de maravilhas, existente apenas em nossa imaginação, mas sim algo magicamente real e acessível a quem quer que esteja preparado para isso.

Não saberia explicar como e por que cheguei a isto em minha vida. Até surpreendo-me ao falar a respeito! É como se algo me fizesse sentir ser esta minha missão ou propósito na atual fase de minha vida. Sem buscar maiores explicações, vejo-me simplesmente admirado e humilde diante dessa curva inesperada em meu caminho.

Sinto uma certa identificação com Tolstói, especialmente por detectar um paralelo entre nossas trajetórias. Ele foi um escritor reconhecido durante sua vida, um homem que gastou boa parte de seu tempo buscando prazeres hedonísticos e que — embora à época de seus primeiros escritos, como deles pode-se depreender, não demonstrasse qualquer vinculação espiritual — veio a experienciar uma transformação geral de tal ordem que até lhe parecia ocorrer sem seu consentimento. Ao lançar-se a escrever sobre a aventura do espírito e sobre o mundo da verdadeira magia, mesmo que sem qualquer certeza a respeito de como ou por que passava por aquilo, seus escritos passaram então a refletir suas novas descobertas espirituais.

Recebi, recentemente, das mãos de uma das maiores especialistas em literatura russa no mundo, uma cópia do manuscrito do testamento de Tolstói — escrito 20 anos antes de sua morte — em que a descrição, feita pelo escritor, de sua própria missão na vida revela enorme semelhança com a minha:

> ...Peço também, e de forma especial, a todos, próximos ou distantes de mim, que não me elogiem (sei que o farão, pois assim fizeram, muito impropriamente, durante toda a minha vida). Entretanto, se for de seu desejo estudar meus escritos, façam-no atentando particularmente para as passagens em que falo da revelação do poder de Deus através de mim, e apliquem seu conteúdo a suas próprias vidas. Houve momentos em que, de fato, senti como se estivesse tornando-me portador da vontade de Deus. Fui tão impuro, tão envolvido em paixões pessoais, que a luz dessa verdade foi obscurecida pela minha própria treva. Mas, ainda assim, pude receber algumas vezes essa verdade e esses foram os momentos mais felizes de minha vida. Deus permita que essa luz não tenha sido profanada ao passar por mim, e que as pessoas possam dela tirar algum proveito, apesar da forma impura e superficial que lhe dei.

Assim, essa virada inesperada em minha vida aconteceu, analogamente, quase sem meu consentimento. Não planejei nada dessa natureza, tampouco estabeleci tal meta para minha vida. O que desenvolvi, sim, foram vontade e disposição para ver as coisas sob outros ângulos. Hoje, após ter vivenciado milagres em minha própria vida pessoal, sinto-me compelido a compartilhar essa consciência. É possível, também, que você tenha chegado a este livro devido ao mesmo fluxo natural de vida que me motivou escrever sobre a verdadeira magia.

Três caminhos para a iluminação

Ao relacionar meu momento atual de vida a todo o meu passado, vejo uma corrente em que cada elo (eventos, detalhes etc.) foi e é perfeito e indispensável. Os elos são como degraus que levam a um estágio mais elevado, e sempre aparecem sob a forma de obstáculos ou experiências dolorosas. Todas as pessoas bem-sucedidas e verdadeiramente felizes que conheci sabem que acidentes não existem, concordam que o universo é pleno de um grande sentido, onde os eventos chamados acidentes estão integralmente incluídos. Para essas pessoas, qualquer evento em nossas vidas nos faz subir um degrau. Segundo Henry Miller, "o mundo *não* precisa ser colocado em ordem, pois ele *é* a própria materialização da ordem. Assim, cabe a nós sintonizarmo-nos com essa ordem".

Comece, neste exato momento, a considerar toda a sua trajetória na vida, até hoje, como uma bela obra de tapeçaria ou como uma viagem a um estado de consciência mais ampla. Uma forma simples de fazê-lo é vislumbrar sua vida como uma viagem em que se passa por três estradas ascendentes:

1. A ILUMINAÇÃO PELO SOFRIMENTO. Nesta primeira estrada de sua viagem, você aprende pelo processo que costumo chamar de *iluminação pelo sofrimento.* Este é o período da vida (não confundir com idade cronológica!) em que, ao passar por uma experiência dolorosa ou difícil, você se pergunta: "Por que eu?" Caso trate-se, por exemplo, do rompimento indesejado de algum relacionamento pessoal, você passa então suas horas sofrendo e imaginando como e por que foi acometido de tal infelicidade. Após recuperar-se, você olha para seu passado recente e diz "agora percebo por que tive de passar por esse rompimento", e compreende, graças a seu bom senso e sofrimento, que tal experiência dolorosa abriu-lhe

o horizonte para uma nova experiência em sua vida, de grande valor. Ao olhar para trás, você se dá conta de que teve de viver a dor para que pudesse transcendê-la.

Este é o processo padrão de amadurecimento para muitas pessoas, ou seja, passa-se por determinada experiência, em seguida sofre-se, e, por fim, vem a luz. São eventos ou condições que podem surgir em praticamente todos os âmbitos da vida, tais como vícios, falências, doenças, vazio espiritual, demissões, problemas financeiros etc., após cujas vivências, plenas de sofrimento, faz-se uma avaliação do passado recente e daí retira-se o conhecimento relativo àquela situação recém-vivida. Algumas pessoas permanecem nesse ciclo até o final de suas vidas, não atingindo o final da primeira estrada e não chegando a um grau mais elevado de iluminação. Sofrem no decorrer de toda a sua vida, podendo jamais aperceberem-se de que um determinado evento se lhes apresentou como teste necessário num momento específico. É como se nunca percebessem que a vida os testa e que, a menos que de fato aprendam o sentido de seus erros, estarão sempre fadados a repeti-los. Alguns passam toda a vida perguntando a si mesmos: "Por que eu, meu Deus? Por que me acontece isso?" Para estas pessoas, a verdadeira magia permanece inacessível.

2. A ILUMINAÇÃO PELOS RESULTADOS. Se você reconhece ser a primeira estrada uma constante em sua vida, então não mais terá unicamente o sofrimento como fonte de aprendizado. Você passará a *iluminar-se pelos resultados*, ou seja, não mais perguntará "Por que eu, meu Deus?", pois já terá desenvolvido a seguinte sabedoria: "Os acidentes não existem. Tudo o que me acontece é, de alguma forma, necessário para que eu possa passar à próxima etapa." Em vez de perguntar "Por que eu?", você passará a perguntar "Mesmo sem saber por que me acontece isto agora, o que há nesta vivência que possa verter para meu próprio bem?".

Esta mudança de postura é decisivamente importante, pois ao concentrar-se no que tem a aprender de uma determinada vivência, não sobrará "espaço" em sua mente para pensamentos que lhe trazem sofrimento, tais como "Por que eu?", "Não é horrível?!" ou "Como sou azarado!". Com esta nova postura, você atentará para o resultado de determinado acontecimento ou vivência e nele buscará seu aprendizado. Não mais dirá "pobre de mim", mas sim "o que posso aprender disto?", e se perguntará "como posso retirar o melhor proveito possível desta doença que me acometeu?" ou "o que posso aprender sobre mim mesmo e quanta força posso de fato criar para enfrentar este problema?".

Muitas pessoas permanecem por toda a vida nesta segunda estrada. Seu estilo de vida está além do sofrimento, pois estão sempre a perguntar "o que isto poderá me trazer?". São pessoas que trabalham duro em busca de metas definidas e ambições específicas, vendo os obstáculos como oportunidades. Assim, viver pelo resultado de eventos ou experiências é bastante superior a viver pelo sofrimento, pois proporciona à pessoa capacidade de concentração e motivação para estabelecer e atingir metas cada vez mais elevadas, praticamente eliminando o sofrimento causado pela autopiedade. Muitas pessoas que vivem pelos resultados não concebem nada de mais elevado do que aquilo que fazem, estando sempre em busca de alvos novos e mais nobres. Contudo, falta-lhes a experiência da verdadeira magia, a habilidade de realizar os milagres. Para tal, é necessário percorrer a terceira estrada dessa viagem metafórica.

3. A ILUMINAÇÃO PELO SENTIDO DE SER. "Nada proporciona melhor capacidade de superação e resistência a problemas e dificuldades em geral do que a consciência de ter uma missão a desempenhar na vida", escreveu Victor Frankl após ter sobrevivido à insanidade e brutalidade de um campo de concentração nazista em Auschwitz,

durante a Segunda Guerra Mundial. A terceira estrada que lhe proponho percorrer em seu processo de introduzir a verdadeira magia em sua vida consiste na descoberta de sua própria missão heróica e a realização da mesma. Costumo chamar esta estrada de *iluminação pelo sentido de ser.*

No universo tudo tem um propósito. A inteligência invisível que flui através de todas as coisas, direcionando-as e provendo-as de sentido, flui também através de você, de modo que, para vivenciar a verdadeira magia, é necessário ultrapassar a barreira dos resultados e seguir em direção ao propósito, ao sentido de ser das coisas. Você pode começar a fazê-lo buscando compreender sua presença neste mundo sob uma nova perspectiva. Experimente esta nova forma de pensar sobre você mesmo e verifique se lhe faz sentido, se lhe parece adequada. Caso sinta-a absurda e inadequada, volte ao aprendizado pelos resultados ou pelo sofrimento.

Atinja o propósito

Eis aqui uma forma de começar a caminhada rumo ao seu propósito. Pense inicialmente no conceito de eternidade. Trata-se, sem dúvida, de uma noção de quebrar a cabeça, mas considere apenas seu significado: nenhum início, nenhum fim. Tal como o conceito de Deus, natureza ou universo, apenas sempre. Ao contemplar essa eternidade, tenha em mente que você o faz a partir de uma forma física — o seu corpo — que teve um início e terá um fim. Este eu físico pode *considerar* conceitualmente uma não-existência de inícios e fins, mas não pode *vivê-la* diretamente. Isto só pode ser levado a cabo por sua mente. Entretanto, como já vimos, o conceito de eternidade é algo que você pode conceber; afinal, você sabe que o universo não termina em nenhum lugar específico, e sabe também que aquilo a que chamamos *vida* já existia antes de sua gestação. Assim, se você é capaz de imaginar a eternidade a partir de seu corpo não-eterno, então há dentro de você um eu não-físico que lhe proporciona tal faculdade.

Procure imaginar sua vida como algo entre parênteses na eternidade. O parêntese é aberto no exato instante de sua concepção e fechado no exato instante de sua morte, e seu conteúdo é sua vida, cercada por todos os lados de algo que costumamos chamar eternidade e que não pode ser vivido fisicamente, embora exista misteriosamente dentro de nossa mente. Há, com toda a certeza, uma parte de nós que é invisível, a qual podemos chamar mente, pensamentos, consciência, alma ou até Luíza, se preferir; a denominação não é o mais importante. É justamente "este você" mesmo invisível, ou seja, aquela parte não-física ou não-sensorial que é capaz de contemplar a eternidade. Assim, se você pode imaginar, mesmo que sem nitidez, a noção de eternidade de que falamos, então esta lhe é real; se você sente poder conviver com a idéia de eternidade, então esta idéia é passível de ser explorada; e se, para você, a eternidade e o infinito não passam de simples curiosidade, então você pode, ao menos, fazer desta curiosidade um impulso para sintonizar seu cotidiano com a meta final de sua vida. Eis aqui como fazê-lo.

Para começar, lembre-se de que tudo o que existe desempenha papel específico e faz parte da perfeita inteligência que é o universo. Em seguida, reporte-se, não obstante sua idade atual, a você mesmo dez anos atrás. Observe como pensava, como se vestia, o que sentia, a quem admirava... Que parcela de suas vivências daquela época parecem tê-lo conduzido à condição atual? Agora, recue internamente ainda mais dez anos e verifique como cada experiência e cada nova informação foram lhe conduzindo passo a passo, a novas condições, até sua situação atual.

Ao observar o seu passado, você constatará que cada vivência pela qual passou foi absolutamente imprescindível para que pudesse chegar à seguinte, e assim até hoje. Este exercício mental é de grande utilidade no desenvolvimento de sua capacidade contemplativa e meditativa. Você pode, inclusive, recuar internamente a seu tempo de criança, e verificar que as vivências da infância, sejam quais forem, tiveram grande importância em seu processo de crescimento e, finalmente, na conformação do adulto que você é hoje. Não estou sugerindo que julgue, goste, desgoste, aprove ou desaprove o seu passado. Apenas veja como cada experiência levou à seguinte e apresentou-lhe um material ora para seu crescimento, ora para sua estagnação ou regressão. Você *teve* de passar por tais vivências, o que pode ser provado pelo simples fato de que foi exatamente isto o que lhe aconteceu, ou seja, você pura e simplesmente as viveu, uma após a outra, interligadas numa espécie de corrente ou rede invisível, até hoje. Você passou por essas vivências mesmo quando sofria ou buscava certo resultado, e nada poderá jamais mudá-lo ou desfazê-lo.

À medida que recua mentalmente à sua infância e observa acuradamente o conjunto de todas as suas experiências na vida, as boas e as ruins, as terríveis e as maravilhosas, você começa a notar a presença de uma força invisível que perpassa sua existência física, e que une todas essas experiências em um sentido único, ou seja, o processo completo que constitui o todo de sua vida possui um significado oculto, e é, por fim, esta a razão pela qual todo e qualquer evento em sua vida está de alguma forma ligado a seu subseqüente. Assim, segundo esse padrão, surgem aquelas pessoas que entram em seu caminho, aparentemente por coincidência, e lhe apresentam a um terceiro que, por sua vez, lhe oferece algo que muda radicalmente o rumo de sua vida, às vezes apresentando-o ao seu futuro cônjuge, ou ajudando-o na educação dos filhos, ou tendo freqüentado a universidade onde você estudou ou, ainda, encaminhando-o ao trabalho que veio a tornar-se sua fonte de sustento etc. Todos os eventos que lhe ocorreram, inclusive os mais passageiros, insignificantes e aparentemente não relacionados entre si, prepararam o palco para que você pudesse estar onde está nesse exato momento, lendo estas minhas palavras.

É possível percorrer mentalmente todo o caminho de volta à infância, a seu ponto de partida. Você sabe, racionalmente, que houve um instante, uma infinitesimal parcela de tempo, em que você foi concebido. Com isto, ciente dos dois princípios essenciais deste exercício — ou seja, de que a eternidade pode ser contemplada a partir de um corpo não-eterno, e de que o universo é perfeito e tem um propósito — procure imaginar o instante imediatamente anterior à sua concepção, o último instante em que você ainda era parte da eternidade, pouco antes que fosse aberto o seu parêntese. Por alguma razão, você saiu do que chamamos de "*nada*" (ausência de fronteiras, regras, limites ou formas) e entrou no que chamamos de "*algo*". Mas a questão que lhe coloco é "Por quê?" Por que razão haveria você de sair da informidade e entrar na forma, apresentando-se sob esse corpo humano, vivendo durante um certo período de tempo e voltando depois para a eternidade ou informidade?

Pode-se especular bastante a respeito do sentido dessa viagem. Alguns acreditam que optaram por este mundo físico de limites e fronteiras, outros crêem ser a vontade de Deus, e há também os que dizem tratar-se de um enorme acidente sem qualquer sentido específico, apenas uma coincidência cósmica. Seja qual for a sua idéia, o fato é que o fenômeno aconteceu e você está aqui. Em minha opinião, sua presença aqui, no mundo das formas, justifica-se por uma grande missão, da qual você deve conscientizar-se e com a qual você deve começar a sintonizar seus pensamentos, sentimentos e ações em geral.

Eu, Wayne W. Dyer, consegui recuar no tempo internamente por meio de minhas meditações e descobri por que entrei no mundo da forma, tendo sido concebido em 1939. Perguntei a Deus (ou qualquer outro termo que prefira para indicar nossa essência invisível) e obtive respostas, de forma que tenho, hoje, uma noção bastante clara de minha própria missão. Percebo que nasci em 1940 para realizar certas obras e que toda a minha experiência de vida, desde minha concepção até hoje, constitui um único caminho cujo fim é a completitude dessa missão. Percebo, também, que pude e sigo podendo optar por sintonizar-me com esta ordem perfeita, e que os momentos de não-sintonia são igualmente parte integrante desta trajetória.

Meu propósito me foi nitidamente revelado por orações e meditações. A mim nada importa o que pensem quanto à minha maneira de descobrir e me sintonizar com esse propósito, pois o conhecimento de que hoje disponho me foi revelado com extrema clareza e profundidade. Fui incumbido de dar, servir, promover paz e prosperidade e tornar-me total e incondicionalmente amável para com todos. Willa Cather assim resume aquilo a que me refiro:

> Onde há grande amor sempre haverá milagres. Os milagres são mais reais quando fruto do aguçamento de nossas próprias percepções do que advindos de rostos, vozes ou poderes de cura alheios. Assim, nossos olhos podem sempre ver e nossos ouvidos sempre escutar os passos de nosso próprio destino.

É... sempre há um futuro à nossa espera...

Atingir o propósito da vida — mediante um mergulho interior e subseqüente revelação de que tal propósito é amar e servir incondicionalmente, e que requer a todo instante um esforço de sintonia com a corrente do próprio destino — é algo que modifica substancialmente a visão de mundo de uma pessoa. Após esta conquista, a realização de milagres fica como que logo ali depois da esquina, e o sofrimento se reduz consideravelmente, pois o padrão de crescimento deixa de basear-se em "Por que eu?". A partir de então, embora não compreenda, no momento em que acontece, por que é necessária e valiosa a experiência pela qual está passando, você ainda assim segue adiante. Se me fosse necessário definir *iluminação* em poucas palavras, eu diria que é "a aceitação tranqüila das coisas tais como são", sem qualquer julgamento, ressentimento, amargura, hostilidade ou remorso. Apenas, em vez de lutar contra o mundo, buscar acompanhá-lo em seu ritmo.

Ao ultrapassar, em sua vida, o nível dos resultados, você passa a voltar seus pensamentos, sentimentos e ações para a realização de sua missão. Você passa a não mais precisar do sucesso, das aquisições e do bom desempenho para situar-se em sua trajetória, pois cada momento é vivido em plenitude e com muito amor. As posses materiais naturalmente não desaparecem, mas deixam de ser o centro de sua atenção. Em vez disso, seu propósito assume sentido maior, e você se torna alegre e internamente harmonizado ao sentir que está divinamente realizando aquilo para o que nasceu. Michel de Montaigne definiu sucintamente este processo da seguinte maneira: "A maior e mais gloriosa obra-prima do homem é sua capacidade de viver por alguma causa."

Há uma enorme ironia que surge ao atingir-se o propósito da vida: as coisas que lhe eram tão caras até então perdem seu magnetismo. Você já não mais se importa com o que aparece em seu caminho, e, no entanto, ao prestar mais atenção, você nota que tais coisas começam a chegar a você em quantidades cada vez maiores. Você já não sente mais tanta alegria ao receber tais "recompensas", mas sim em pensar e agir de acordo com o seu propósito. Já não mais lhe interessa o fardo que é adquirir, classificar, proteger e cuidar de posses, pois já compreende o significado do aforismo de Satya Sai Baba: "Os desejos do homem são como as moedas que carrega para toda parte em seu bolso. Quanto mais as tem, mais lhe fazem ficar pesado." Quando tiver atingido o seu propósito, você imediatamente o saberá. Ninguém precisará contar-lhe, pois passará a não mais questionar o significado de sua vida. Você sentirá tudo que fizer em sintonia com a obra de Deus, pois estará harmonizado e voltará toda e qualquer atividade para a realização de seu propósito.

Você acaso deseja dirigir a sua vida para um propósito? Você acaso está preparado para recuar mentalmente ao momento anterior à sua entrada no mundo da forma e perguntar ao mais profundo de seu próprio ser "Por que vim para cá"? Ao receber a resposta, que será dada em grande parte por você mesmo, você começará automaticamente, independente de sua vocação, a realocar sua energia, até então presa ao sofrimento, para seu propósito. Assim, uma vez iniciada a viagem rumo a esse propósito, você penetra, então, a esfera da verdadeira magia.

A verdadeira magia, os milagres e o propósito

Ao agir segundo seu propósito, você realmente se sintoniza com a vida e vivencia uma espécie de harmonia decorrente da não-necessidade de permanente esforço para obter algo. Em resumo, você se torna tanto figurativa como literalmente mais leve. Esta sensação advém do fato de que você passa a agir livre de preocupações ou tensões. Você se sente como se estivesse sendo observado e suas atitudes são tomadas segundo essa beatitude, probidade e equilíbrio internos. Assim, ao agir de acordo com esse conhecimento interior, que lhe lembra, a todo instante, que você está em plena realização de uma missão e que você confia em sua própria competência quanto à sua execução, torna-se impossível fazer algo que não o certo na hora certa.

O mais sagrado dos livros da fé hindu, o Bhagavad Gita (Canção do Senhor), conta a história de Arjuna, o mais famoso guerreiro de seu tempo, e de Krishna (Deus), que aparece para Arjuna no campo de batalha sob a forma física de seu cocheiro, enquanto o guerreiro se prepara para a luta. Krishna conversa com Arjuna sobre a essência de ser um ser humano divino e ciente do próprio propósito na vida, o que é narrado em 18 breves capítulos. Esse foi o livro que serviu de modelo a Mahatma Gandhi em sua vida. Eis um pequeno resumo da mensagem do Gita: procure agir sempre com amor e harmonia e não se apegue de jeito nenhum aos frutos de seu trabalho. Se conseguir atingir esse estado de graça, sua vida será milagrosamente pacificada. Volte sua vida totalmente para seu sentido maior e abra mão de toda e qualquer recompensa que lhe chegue como resultado de suas ações. Este é o caminho do realizador de milagres.

Pode ser que você esteja agora pensando que lhe apresento uma filosofia bonita, porém simplista demais para ser aplicada nesse mundo canibalesco e competitivo do século XXI. Considero e respeito suas reservas. Eu mesmo fui igualmente cético durante a maior parte de minha vida. Tive de sofrer para aprender as lições da vida; estava totalmente voltado para resultados, não tendo qualquer interesse por questões de ordem metafísica, e muito menos a menor intenção de abrir mão do que obtivesse por minha produção no trabalho. Muito pelo contrário, eu trabalhava justamente com vistas a tais resultados. Estava voltado para o que iria acontecer-me, não para minha "*viagem*". Minhas áreas de interesse visavam a prêmios, dinheiro, prestígio e realizações pessoais. Enquanto fui, para os padrões convencionais, um "sucesso", não tinha a menor noção do que poderia haver para além daquilo, nem do que fosse a verdadeira magia. Só posso dizer que os milagres e a verdadeira magia começaram a brotar em minha vida a partir do momento em que sintonizei-me com o meu propósito. Foi somente quando fui capaz de desapegar-me do que vinha a mim que consegui viver em estado de graça.

Eis aqui o trecho de uma carta que recebi recentemente de uma leitora de Goodlettsville, no Tennessee, que bem ilustra a sensação de estar-se preparado para a descoberta da própria missão na vida:

> Prezado Wayne,
>
> Sento-me junto à lareira em meu escritório, que é meu cômodo favorito, e sinto-me em grande paz. Todas as coisas do cotidiano acontecem como de costume. São nove da noite, as crianças vão para a cama, meu marido arruma as malas para sua viagem a Phoenix etc.
>
> Encontro-me aqui sentada no mesmo quarto, vestida com as mesmas roupas e, embora minha aparência não tenha mudado, sei que já não sou a mesma pessoa. Saio de casa todo dia e ando pelo parque escutando os seus cassetes no walkman. Este é o meu momento, nada de telefone, nada de crianças nem barulho, apenas a sua voz em meus ouvidos e um belo parque ao qual acabei muito me afeiçoando. Eu me pergunto por que será que não o ouvi há dez ou cinco anos, quando estive tão infeliz, e concluo que naquela época não o ouviria, pelo menos não como ouço hoje. Este é o meu momento adequado para ouvir a sua mensagem. Agora, sim, escuto de verdade e adoro o que escuto. Amanhã andarei novamente e é provável que termine de ouvir *The Awakened Life*. Só faço andar, andar e andar enquanto escuto. É muito calmante. Agradeço-lhe do fundo de meu coração. Minha vida tornou-se um milagre que se revela a cada dia mais. Estou no caminho.

Para esta mulher, sua vida tornou-se um milagre apesar de nada haver mudado do lado de fora; as crianças, as atividades cotidianas, o trabalho, tudo continua lá; apenas ela veio a descobrir um sentido maior para sua vida, e não mais se ocupa com resultados. É justamente este o estado interior ao qual espero poder ajudá-lo a chegar.

Você realmente pode promover grandes mudanças em sua vida; você dispõe indiscutivelmente de um poder interior capaz de realizar tudo o que, até bem pouco tempo, lhe parecia impossível; você pode certamente conhecer o significado da verdadeira magia em sua vida; o material necessário para fazê-lo encontra-se bem aí, dentro de você; coloque-se em sintonia com seu propósito; descubra a alegria e a paz proporcionadas pela doação e pela contribuição, em vez da aquisição, e pelo simples fazer, em vez de competir ou vencer. E por que tudo isso? Simplesmente porque ninguém adquire, na realidade, absolutamente nada. A mensagem de sua vida está justamente *no que você dá.* Você vem sem nada e vai sem nada. O máximo que você pode de fato fazer com sua vida neste mundo da forma é passá-la adiante. Qualquer propósito está sempre necessariamente ligado à doação. Um pouco que experimente do que seja dar, servir, amar e promover harmonia lhe será suficiente para sentir internamente a diferença. André Gide resumiu esta sabedoria, em seu diário, de maneira especialmente bela: "A posse completa só se experimenta pela doação, tudo o que não somos capazes de dar nos possui."

Enquanto se prepara para adentrar a esfera da verdadeira magia, você deve estar se perguntando "Como o farei?", "E se precisar de ajuda?". São questões pertinentes, cujas respostas gostaria de ajudar-lhe a descobrir.

Quando o aprendiz está pronto

Quando li, pela primeira vez, o Bhagavad Gita, senti como se minha vida tivesse sido iluminada por um raio. O mesmo aconteceu quando li as cartas de São Paulo, no Novo Testamento. Esses dois antigos compêndios de sabedoria estiveram em minha biblioteca por mais de 30 anos; passei por eles centenas de milhares de vezes, olhando-os com olhos de menino e, mais tarde, de estudante universitário. Eles não tiveram qualquer significado para mim até o momento em que fiquei pronto para recebê-los, quando então me levaram a descobertas fantásticas e me auxiliaram a sintonizar-me com o meu propósito na vida.

Segundo um antigo provérbio zen, "quando o aprendiz está preparado, o mestre aparece". Quando você estiver verdadeiramente determinado a experimentar a verdadeira magia e a dedicar cada dia de sua vida à sua função maior, receberá orientação apropriada a respeito. Examinemos as quatro palavras-chave deste provérbio zen:

Aprendiz. Seja um aprendiz. Esteja aberto e desejoso de aprender de quem quer que seja. Ser um aprendiz significa dispor de espaço interior para novos conhecimentos. Lembre-se: o que está verde cresce, porquanto o que está maduro apodrece. Ao manter-se verde, você evita a maldição de ser um entendido. Se você sabe, com seu coração, que qualquer pessoa que encontre em sua vida tem muito a ensinar-lhe, então certamente saberá fazer o melhor uso daquilo que ela tem a lhe oferecer. Para agir de forma verdadeiramente mágica, é necessário, em primeiro lugar, que se seja um aprendiz da vida.

Preparado. Seja um aprendiz entusiasmado. O nível de preparo para que cresça e se torne o seu próprio aplicador de milagres é apenas uma condição mental. Como aprendiz, você sabe que tudo e todos são para você de alguma forma mestres e, já aprendiz preparado, você espera ansioso pelo que cada pessoa ou situação tem a oferecer-lhe. O "desvio acidental", que leva a uma estância nova e inesperada, é, na verdade, uma oportunidade de crescimento. Quando você, o aprendiz, está preparado, o estranho que lhe conta como venceu seu vício tantos anos atrás se torna um guia enviado até você para ajudar-lhe a lutar contra o seu próprio vício.

Quando estive pronto para deixar o álcool, verdadeiramente pronto, o mestre me apareceu numa medição com as seguintes palavras: "Você não mais deve esperar. Faça-o agora. Você terá toda a ajuda que está pronto a receber." Já havia ouvido estas palavras alguns milhares de vezes antes, mas, como não estava preparado para recebê-las, de nada me serviram. Porém, desta vez, estava realmente preparado e fui capaz de deixar o álcool de vez. Quase todos os artigos de revistas que li nos dias seguintes à decisão pareciam narrar casos de pessoas que haviam encontrado forças para deixar o álcool e as drogas. É provável que essas narrativas sempre tenham sido parte das revistas, mas somente quando estive verdadeiramente preparado é que vieram a servir-me de sérias advertências.

Estar preparado significa ter vontade, genuína e autêntica vontade. Quando você possuir essa forte vontade, descobrirá o seu próprio mestre.

Mestre. O mestre está em todos os lugares. Você receberá do universo a assistência de que necessita assim que converter seu preparo em vontade. Uma vez querendo, você encontrará mestres em cada momento da sua vida.

O mestre pode ser uma alma experiente que esteja disposta a auxiliá-lo, guiando-o em sua busca pelos milagres. Pode parecer-lhe que essa pessoa lhe surgiu por acaso ou por alguma intervenção divina, mas, na realidade, aquela alma sábia sempre esteve de alguma maneira disponível. No entanto, ele só pôde ajudá-lo quando você passou a querer essa ajuda.

Os mestres aparecem sob diversas formas. O mestre pode ser um cassete deixado "acidentalmente" por alguém em seu carro, o qual você "acidentalmente" escuta justo no momento mais adequado. Pode ser, inclusive, que já o tenha escutado por uns dois minutos na semana anterior e não tenha gostado, o que não ocorreu desta vez, quando sua vontade o aproximou do mestre. Seu mestre pode também ser um livro ou artigo recomendado por um amigo, ou uma ida não-planejada a uma palestra ou serviço de igreja em que a mensagem do palestrante ou do sacerdote parece especialmente dirigida a você. Seu mestre pode ainda ser uma criança que o segura pela mão perguntando-lhe algo sobre o que nunca antes havia pensado; você, ao responder, naturalmente responde também a si mesmo. Você pode também descobrir que seu mestre é invisível, como por exemplo um pensamento que lhe vem num momento sossegado e contemplativo, e que o anima a seguir determinado caminho etc.

Centenas de pessoas vieram a mim e me contaram ter comparecido "acidentalmente" a um ou mais eventos em que ouviram exatamente o que precisavam naquele momento. Por exemplo, uma mulher escutava um cassete meu em seu carro enquanto voltava para casa. Ao escutar-me falar, na gravação, a respeito de "quando o aprendiz está preparado, o mestre aparece", ela passou pela igreja da União, onde eu estava por iniciar uma palestra, e viu o meu nome num cartaz afixado no mural externo, que anunciava o evento para aquela noite às 19h. No instante em que lia o cartaz, eram 18h45. Ela, então, entrou imediatamente no estacionamento, comprou um bilhete e assistiu ao evento. Terminada a palestra, veio a mim, entusiasmada, e contou o incidente. "Nunca antes voltei para casa por este caminho. Estava com o carro de meu namorado, em cujo toca-fitas havia um cassete seu. Assim, quando liguei o carro, comecei automaticamente a escutar. Tenho pensado ultimamente em fazer algumas mudanças em minha vida e, após ouvi-lo na gravação e em seguida saber, de supetão, de sua presença aqui em Chicago e assistir à sua palestra, percebi que estava preparada e que fui literalmente enviada ao evento."

Tenho ouvido esse tipo de história centenas, senão milhares de vezes: "Eu precisava ouvi-lo hoje e sei que você veio bem para mim." Há 20 anos que profiro tais palestras em praticamente todas as cidades mais importantes do país e com bastante freqüência, de forma que, embora tais pessoas provavelmente já tenham visto meus anúncios antes, sua falta de preparo não permitiu que o mestre lhes aparecesse nem sequer quando este esteve bem a seu lado.

Quando você, aprendiz, estiver preparado e com vontade, o mestre aparecerá. Você só precisa olhar à sua volta, abrir seus novos olhos e perguntar-se silenciosamente: "Quem é o meu mestre?"

Aparecer. O mestre aparece em tudo e todos que venha a encontrar. Como já dissemos, não existem, na realidade, acidentes. O universo tem uma finalidade. O momento em que o mestre esteve a seu lado, e você o ignorou, foi igualmente parte do todo perfeito. Embora estivesse o mestre lá diante de você, ele não estava lá *para* você. Assim foi e assim é. Hoje, à medida que se sintoniza com a meta de sua vida e adquire a capacidade de realizar milagres, você saberá reconhecer seu mestre.

O mestre pode aparecer quando você, ao presenciar a morte de um inseto agonizante, se lembra de que deve ser piedoso. Ou quando um mendigo, em sua horripilante situação, lhe estende a mão, exigindo-lhe misericórdia; ou, ainda, quando você, ao ver um soldado carregado com seus instrumentos de morte, e pronto para matar um inimigo, se vê na necessidade de prover amor e paz na mais difícil das situações.

Quando lhe surgir a pergunta "Como me aparecerá o mestre?", medite um pouco sobre a seguinte cançoneta de James Broughton e obterá a resposta:

Isto é isso
E eu sou isso

E você é isso.
E de tal modo
Ele é isso
E ela é isso
E isso é isso
Que isso é aquilo.

É isso aí! O mestre aparece em todos os lugares e, sem o mestre, você se descobrirá à deriva.

Na verdade, homem algum é uma ilha. Encontramo-nos todos ligados uns aos outros, e todos nós aprendemos juntos e crescemos juntos nessa viagem. Você receberá toda a ajuda de que necessitar enquanto se prepara para realizar milagres e verdadeira magia.

Uma vez já compreendido o que seja posicionar-se ao início da estrada rumo ao seu propósito e dispor-se a receber a assistência de que necessitará em tal empreendimento, analisaremos então a premissa principal deste livro, a saber, de que há uma esfera ou estância da existência humana que transcende o que consideramos *normal* ou *possível*, a qual costumo chamar *verdadeira magia*. A partir do momento em que você se sinta suficientemente aberto para vivenciar aquilo que justifica sua vinda a este mundo, e que esteja igualmente aberto a receber qualquer assistência divina de que necessite como aprendiz aplicado, você estará pronto para confiar em sua capacidade de realização de milagres.

A crença em milagres e na verdadeira magia

Ao escrever sobre o mundo da verdadeira magia e dos milagres, não me refiro ao desenvolvimento de qualquer talento para transformar pedras em ouro, ressuscitar os mortos ou abrir as águas do mar. Refiro-me, antes, àquilo que você gostaria de realizar para você mesmo e que não faz por supor-se limitado para tal. Descreverei, mais adiante, as principais áreas da vida em que a verdadeira magia pode atuar, mas, por agora, quero apresentar-lhe, para que o cultive, o fundamento do que é a verdadeira magia aplicada a qualquer área de seu interesse. Se você supõe, até hoje, que certas realizações pessoais ou certo nível de êxito lhe são impossíveis, então, antes, deve examinar as crenças e os seus objetivos de vida antes de tentar implementar quaisquer estratégias da verdadeira magia.

Para que você possa tornar-se o seu próprio aplicador de milagres, é imprescindível que se sintonize com seu propósito e que esteja aberto a receber a assistência de que necessita. Uma vez sintonizado e aberto, você precisa de diretrizes que coordenem o seu treinamento mental. Trata-se de crenças ou "conhecimentos" que o auxiliam em seu processo de interiorização e subseqüente realização do que considerou, até então, impossível. Referir-me-ei a esses "conhecimentos" em todo o decorrer deste livro.

Tive de passar, em minha vida, por uma série de etapas de desenvolvimento interior até chegar ao ponto de poder escrever que confio plenamente em minha capacidade de realizar o que chamo de milagres. Chamo tais realizações de *milagres* porque até bem pouco tempo, antes de viver esta grande iluminação interna, aquilo de que sou capaz hoje me parecia totalmente inalcançável. Assim, ofereço-lhe explícita e literalmente estas mesmas etapas na esperança de que, se pude alcançá-las, então certamente você ou qualquer outra pessoa também poderá.

Lembro-me sempre das palavras de Cristo sobre sua própria capacidade de realização de milagres: "Aquele que confiar em mim poderá realizar tanto quanto realizo ou ainda mais..." Numa região profunda de seu interior você sabe que possui esse tipo de poder. Embora, talvez, não tenha a menor idéia de como usá-lo ou sequer começar a tateá-lo, você sabe haver dentro de cada um de nós uma presença divina, invisível, que está de alguma forma ligada à esfera interior onde se encontra esse poder e que só pode ser descrita, paradoxamente, como verdadeira magia.

Cristo prossegue: "...Mas vocês O conhecerão, pois Ele está na presença de vocês, dentro de vocês..." É exatamente *dentro de você* que se encontra essa presença invisível a que me refiro. Não se trata de algo externo atrás do qual deva-se correr por toda a vida, mas, antes, de algo que reside dentro de você, naquela parte invisível de você mesmo, onde as leis vigentes no mundo físico já não mais se aplicam. É justamente em sua alma, espírito, eu-profundo, mente, pensamentos etc. — chame-o como quiser — que se encontra o portal de entrada ao mundo da verdadeira magia.

Quando tiver dominado o processo interior de ampliação de consciência apresentado na primeira parte deste livro, você não será mais cético quanto à aplicação prática desta consciência, nem lhe restará dúvida de que falo, neste exato momento, por intermédio dessa divina presença interior, direta e inequivocamente para você.

Sete crenças básicas para a manifestação da verdadeira magia

Identifiquei sete crenças ou saberes básicos que podem ajudá-lo a iniciar-se nos rudimentos da verdadeira magia. Uma vez adquirido o conhecimento interior advindo de tais crenças, você já estará na estrada cujo final é a capacidade plena para realizar milagres. Ei-las:

1. *Há, dentro de você, uma força vital que, embora invisível, é apreensível.* Procure cultivar esta idéia para "chamar", aos poucos,

à sua consciência a presença dessa força invisível que atravessa todas as formas do universo, inclusive seu próprio corpo físico. Trata-se daquela inteligência universal que leva uma rosa a ser uma rosa, um besouro a ser um besouro, os planetas a se alinharem e a se moverem pelo espaço e você a ser você. Essa força, assim como seus pensamentos, sentimentos, imaginação, sonhos, fantasias e emoções, não conhece fronteiras ou dimensões. Essa força vital universal que faz parte de você é imortal, pois a morte, por constituir um fim, e portanto um limite, não pode acometer ao ilimitado. Assim, basta que saiba, neste seu primeiro passo, que essa força invisível divina e poderosa encontra-se dentro de você. Confie inteiramente em que ela se encontre bem aí, em seu interior. É justamente ela que lhe possibilita perceber e experimentar seu corpo físico e este mundo físico em que você foi temporariamente hospedado.

2. *Seus pensamentos são controlados e produzidos por você mesmo.* Em minha obra *Crer para Ver,* dediquei toda uma seção ao poder do pensamento. Aqui, procuro apenas ajudá-lo a conscientizar-se de que o pensar é a nossa maneira, por excelência, de processar e registrar nossa experiência humana. O pensamento vem de um nada existente em seu interior e termina por proporcionar a sua humanidade. Tanto o seu passado como o seu futuro estão contidos na esfera do pensamento, sendo este, por sua vez, que lhe proporciona a experiência de saúde, riqueza ou qualquer outro detalhe de seu mundo.

Segundo Ralph Waldo Emerson, "o antepassado de qualquer ação é um pensamento". Você acaba vivendo a vida que imagina viver. Se interromper sua imaginação, reflexão ou atividade de pensar, você deixa imediatamente de participar de seu mundo físico. É imprescindível aos que aspiram à vida lúcida da verdadeira magia que analisem a maneira como seus pensamentos os levaram a uma forma limitada e não-milagrosa de viver, para que possam aprender a produzir justamente o contrário. Uma vez que os milagres estão de fato à disposição de todos, nada os impede, *a priori*, de experienciá-los. Apenas não se esqueça de que os milagres são sempre concebidos pelo antepassado comum a todas as suas ações, ou seja, seu pensamento.

3. *Limites não existem.* Os limites são um produto da forma pela qual você aprendeu a pensar. Você, provavelmente, deve ter aprendido que somente a lógica e a verificação científica determinam o que é ou não possível. Ora, antes da invenção do microscópio, a maior parte das pessoas não acreditava na existência de vida microscópica! Podemos, com isso, perceber que aqueles que acreditam somente no que podem ver ou provar cientificamente estarão sempre limitados ao que os instrumentos de medição de sua época sejam capazes de alcançar.

Você já deve saber que, em algum tempo futuro, estaremos percorrendo, neste planeta, grandes distâncias aéreas em instantes em vez de horas, e que viagens interplanetárias farão parte de nosso cotidiano. Quero possibilitar-lhe perceber que o potencial para realizá-las já se encontra aqui neste momento, ou seja, a força universal atemporal que tudo coordena já está entre nós, faltando-nos apenas a tecnologia. Pois bem, você acredita agora nesta possibilidade ou precisa esperar que a tecnologia lho proveja? Há apenas 30 anos, o uso de controle remoto para mudar as emissoras de televisão era impossível, o aluguel de filme inimaginável, e o aquecimento de comida em casa, em um forno de microondas, sequer concebível. Embora a capacidade de engendrar tais milagres já existisse à época de Aníbal, sua materialização ocorre segundo um ritmo próprio. Seja uma pessoa que não admite limites em sua mente, absolutamente nenhum!

4. *Sua vida tem um propósito.* O universo é um sistema inteligente. Seu corpo físico, igualmente um universo, é constituído por uma variedade de sistemas que funcionam com impressionante perfeição, sendo também ele mesmo um sistema inteligente. Suas partes invisíveis, ou seja, seus pensamentos e sentimentos, são igualmente parte desse sistema que é você. Essa inteligência é invisível e pode ser descrita ou denominada como bem preferir; milhares de termos foram inventados com tal fim. Essa inteligência não é, entretanto, um rótulo, assim como a estátua não é o santo, nem o cardápio é as refeições. Essa inteligência é você, que jamais poderá desfazer-se dela; é sua essência e tem um propósito.

Expliquei, anteriormente, a necessidade de sintonizar sua vida diária com seu propósito e, portanto, posicionar-se e percorrer a estrada rumo a ela. O que lhe peço, neste momento, é simplesmente que saiba que você tem uma finalidade e que é capaz de chegar a realizar milagres em qualquer área que lhe for de interesse.

5. *Você pode superar suas fraquezas deixando-as para trás.* Você não deve pensar demais sobre suas fraquezas e limitações. Não será buscando arduamente desfazer sua antiga postura derrotista que chegará à harmonia interior necessária à realização da verdadeira magia. O que você pode fazer é deixar essa etapa de sua vida para trás e atravessar o portal de entrada de um novo estilo de vida.

Esse processo de deixar para trás antigos hábitos tem início em sua dimensão invisível, ou seja, em seus pensamentos. Você simplesmente abandona os obstáculos que optou por enfrentar até então e começa a se imaginar não mais precisando apoiar-se nesses que acabaram se transformando em hábitos autodestrutivos. Uma vez conseguindo fazê-lo, a parte da tarefa que cabe a seu pensamento estará pronta. A partir disto, você poderá rumar a um novo você, deixando para trás a crença de que não pode se transformar ou realizar o milagre que deseja, interrompendo definitivamente a rotina correspondente a tal crença. Imagine, então, esta rotina como já ultrapassada. Visualize-a já como parte de seu passado, percebendo que não mais vive daquela maneira.

Ao reportar-me ao tempo em que ainda vivia segundo minha antiga rotina e crença, posso hoje sorrir para mim mesmo, ciente e satisfeito de ter conseguido deixar para trás minha antiga maneira de ser. Tudo começou com um pensamento, ao qual seguiu-se uma ação baseada nesse novo pensamento, e eis-me hoje vivenciando milagres a cada dia de minha vida. Para chegar a isto, não lutei contra o problema nem busquei qualquer solução gradual, apenas deixei-o para trás. Esta é, na realidade, a forma como qualquer mudança milagrosa acaba por ocorrer quando surgem os impasses: "Como posso mudar?" ou "Como posso realizar o milagre que mais desejo?"

Após muitas trocas de idéias, aconselhamento, grupos de apoio, remédios, elixires, conversas inflamadas e "cutucões", deixa-se para trás o que há de autodestrutivo ou de obstáculo ao crescimento. Qualquer pessoa que tenha ultrapassado alguma dificuldade ou conseguido efetuar mudanças positivas em sua vida, ao deparar-se com o momento decisivo da situação que vivia, teve de abandonar, por vontade própria, a antiga rotina. Considere este procedimento como legítimo e verá que dentro em breve estará realizando verdadeira magia em sua vida.

6. *É justamente analisando o que crê ser impossível que você pode modificar sua maneira de pensar.* Faça um inventário do que crê ser impossível em sua vida; não importa se são realizações práticas, relacionamentos, saúde ou finanças, determine-se a desfazer-se de todas essas crenças. Não estou lhe pedindo para idiotizar-se ou resignar-se, mas apenas que esteja aberto às possibilidades em vez

de estar voltado para as impossibilidades. Apenas uma abertura para uma nova idéia; afinal, lembre-se de que, por enquanto, não precisa fazer nada de diferente em sua vida salvo modificar algumas imagens mentais. Novos pensamentos podem levá-lo a novas e milagrosas rotinas ou ações.

Qualquer pessoa que tenha sido, em algum momento, diagnosticada como "terminal" e sobrevivido, sabe da existência dessa capacidade dentro de cada um de nós. A força ou energia universal que outrora gerou eventualmente algum milagre continua aqui. Mesmo que os milagres tenham desaparecido, a força permanece presente. Segundo Stuart Wilde (em sua obra *Milagres*): "...uma vez que a lei universal é indestrutível e portanto infinita, podemos concluir que os poderes usados por milagreiros no passado continuam presentes e disponíveis até hoje." Assim, quero que saiba que estão disponíveis justamente para que você os explore. Esta lei universal que possibilita os milagres nunca desapareceu nem desaparecerá.

A proposta deste livro é ajudá-lo a conhecer intimamente esta lei ou energia universal e a fazer uso dela em sua vida, mesmo que os de seu convívio não saibam ou não acreditem no que você diz ao falar sobre milagres. Garanto-lhe, com toda certeza, que, uma vez conhecendo e fazendo uso desta força, sua vida se tornará verdadeiramente mágica.

Não lhe peço neste momento que já comece a realizar milagres. Peço-lhe apenas que se abra para um novo sistema interior de crenças em que você possa, ao menos, dizer a si mesmo que *talvez*, não mais que *talvez*, lhe seja de fato possível fazê-lo. Qualquer pessoa de origem muito pobre que tenha alcançado abundância em sua vida (o meu caso, inclusive) certamente teve de descobrir e usar a energia universal, de início em sua mente, para que pudesse mais adiante fazê-lo no mundo físico. Se este poder realizador de milagres sempre esteve ao alcance da mais pobre e simples alma, então também está para sua pobre alma se o assumir como uma verdade para você.

É importante que saiba que, se várias pessoas puderam sair da doença para a saúde, da obesidade para a elegância, do vício para a retidão, da pobreza para a riqueza, da descoordenação para a agilidade, da miséria para a felicidade ou da frustração para a realização, então tal capacidade é parte da condição humana em geral. Mesmo que uma só pessoa o tivesse conseguido, isto já seria suficiente para provar sua viabilidade. Aliás, até mesmo quando nunca antes aconteceu, como a cura da poliomielite, até 1954, ou uma viagem de avião, em 1745, basta que alguém o conceba em sua mente para que a humanidade venha um dia a concretizá-lo. Assim, modifique sua crença de que aquilo que imagina seja impossível e passe a crer que sim, é possível. Comece a cultivar este pensamento neste exato momento, bem agora, nesta única realidade física que você conhece.

7. *Você pode transcender a lógica.* Talvez você não se sinta muito à vontade se tiver de apoiar-se em algo ilógico ou não-irracional. Procure, ainda assim, estar ao menos aberto para uma outra dimensão, que constitui parte substancial de você e que em nada depende de lógica ou legitimação científica. Você jamais viu, tocou ou cheirou pensamentos. No entanto, aí estão eles e você os conhece muito bem; não há prova racional para a existência da intuição, mas, no entanto, ei-la aí dentro de você; até poucos anos atrás, não havia prova física para a existência de vida microscópica, embora tenha sempre estado junto a nós. O mesmo ocorre com aquela parte de você a que chamo alma. Embora não tenhamos à mão nenhum "almoscópio" que prove racionalmente sua existência, percebemos que tal dimensão é parte integrante de nossa condição humana. Há aqueles que jamais acreditarão nela sem vê-la. Já alguns outros a verão justamente por acreditar.

Estas são, portanto, as sete crenças em que você pode basear-se para se posicionar na estrada da verdadeira magia. Muitos viverão toda a sua vida segundo os limites dos cinco sentidos. Para estes, a realização de milagres e a verdadeira magia não fazem parte de sua agenda de vida. Há outros, entretanto, como você e eu, que sabem haver, para além do belo milagre que é nosso corpo por si só, uma dimensão espiritual que transcende as fronteiras de nosso universo físico. São muitas as diferenças entre ambas as percepções — *somente* física versus espiritual *mais* física. No próximo capítulo, serão descritas tais diferenças em detalhe, e também a maneira como se tornam acessíveis os benefícios proporcionados pela verdadeira magia e pela realização de milagres à medida que você espiritualiza a sua consciência.

CAPÍTULO 2

Tornando-se um ser espiritual

Nós nascemos no mundo da natureza; depois renascemos no mundo do espírito.
BHAGAVAD GITA

São poucos dentre nós os que receberam algum treinamento ou instrução quanto ao uso do poder de nossas mentes. Fomos educados sob rigorosa dieta de lógica, racionalidade e "ver para crer". Em poucas palavras, fomos educados para crer apenas no que possamos compreender e verificar. Entretanto, os milagres não podem ser compreendidos pela mente racional, pois desafiam a lógica. Não podem ser "compreendidos" segundo os padrões de pensamento a que fomos condicionados. Portanto, para que você possa adentrar o mundo da verdadeira magia, será necessário que aprenda a mover-se numa dimensão além da mente racional, ou seja, a dimensão do espírito.

Deixando o ceticismo para trás

Qualquer mínimo treinamento espiritual que você tenha recebido deve ter-lhe sido passado, provavelmente, por alguma organização religiosa. O grande ensinamento das religiões consiste em afirmar que somos espirituais por natureza e temos todos uma alma como parte de nossa constituição humana. Seu maior atraso consiste no ensinamento de que devemos todos submeter nossas almas a regras e regulamentos específicos estabelecidos de acordo como o dogma de uma determinada religião e seus representantes. A alma não se adapta a fronteiras ou leis que lhe sejam impostas. Ela é imensurável, amorfa e invisível, sendo muito difícil sequer escrever a seu respeito, pois, enquanto as frases chegam a seu fim, ela segue ao infinito.

Se você recebeu a educação que descrevi, deve ter adotado uma postura cética para com a espiritualidade. Para que possa participar do grande drama que é a realização de milagres e a verdadeira magia, precisa acreditar em sua própria essência espiritual, a qual nada tem a ver com sua filiação religiosa. Seu potencial de realização de milagres independe de como chame essa inteligência superior que atravessa sua forma ou de quem seja seu mestre espiritual. Procuro aqui apenas encorajá-lo a desenvolver um conhecimento autêntico desta parte de sua natureza humana. Maurice Nicoll escreveu, em sua obra *Living Time*, as seguintes palavras, a meu ver extremamente apropriadas à abordagem desta questão:

> Não percebemos que somos invisíveis (...). Não compreendemos que a vida é, antes de qualquer outra definição, um drama do visível com o invisível. Pensamos que apenas o mundo visível é real e estruturado e não concebemos a possibilidade de que o mundo interior, a que chamamos de pensamento, sentimento e imaginação, possa apresentar uma estrutura igualmente real e exista no espaço que lhe é próprio, o qual não nos é acessível por nossos órgãos dos sentidos.

Para chegar a conhecer interiormente a verdade contida nas palavras de Nicoll, você ainda tem muito a alcançar. Precisará acreditar no incognoscível, justamente o contrário do que lhe ensinaram. É algo que está sempre lá, como tão deliciosamente o expressou H. L. Mencken: "Penetramos tantos segredos que deixamos de acreditar no incognoscível. Mas lá está ele, lambendo calmamente seus beiços." Ele está de fato bem ali, embora não se possa tocá-lo nem sequer por um instante. Tornar-se um indivíduo espiritualizado requer esquecer os cinco sentidos, inclusive o dedo com que não se consegue tocar o incognoscível, e desenvolver uma tranqüila confiança naquela força que lhe envolve, mas a qual não pode provar por recursos lógicos ou pelos atuais meios de medição.

Uma vez chegando a vivenciar essa dimensão invisível — conhecendo essa região mais profunda de sua mente, recebendo orientação e até mesmo ajuda na aplicação da verdadeira magia em sua própria vida — isto significará que você terá deixado de ser uma pessoa somente física, um ser humano que deixa para trás uma experiência espiritual, e terá passado a ser um indivíduo espiritualizado que passa por uma experiência humana. Não se trata, de forma alguma, de uma negação de sua identidade física. Muito pelo contrário, ao tornar-se um indivíduo espiritualizado, você engrandecerá e aprimorará sua vida física em diversos aspectos. É importante deixar claro que, embora o campo de cultivo da verdadeira magia seja a dimensão do espírito, seu campo de aplicação é aqui e agora, neste mundo físico onde você vive seu cotidiano.

Você deseja que sua habilidade na realização de milagres se faça presente em sua vida física. Quando este conhecimento especial se torna real para você, algo em que possa confiar e a que possa recorrer internamente, isto equivale a ser tão rico que, independentemente do que venha a fazer, você sempre terá dinheiro. Você se sentirá confortado por saber que, uma vez tendo aberto sua conexão espiritual, você jamais a perderá, e que esta será sempre uma parte de você.

Enquanto peço-lhe que aceite a idéia desse mundo invisível que você, embora sabendo de sua existência, não pode captar com os sentidos, há muitos e respeitados membros da comunidade científica em busca de uma prova da existência da alma. Embora não seja minha intenção, aqui, provar ou rejeitar qualquer coisa cientificamente, algumas poucas palavras sobre tais estudos podem lhe ajudar em seu processo de tornar-se um indivíduo espiritualizado e no aprimoramento de seu ser físico, que é um resultado de sua espiritualidade.

O dr. Larry Dossey apresenta, em seu fascinante livro *Recovering the Soul*, esquema acessível para explicar uma teoria bastante consistente da não-unilocalização da mente humana. Segundo essa teoria, o ambiente da mente humana não se restringiria a um corpo ou cérebro; a mente existiria no tempo e no espaço ligada de alguma forma ao corpo físico. Esta idéia de uma não-unilocalização da mente abre enormes perspectivas. O dr. Dossey assim a expôs:

> Suponhamos que possamos demonstrar que a mente humana não seja unilocalizada, que seja, em essência, independente do cérebro e do corpo e que, como tal, transcenda o tempo e o espaço. Creio que tal demonstração seria, de longe, mais importante que tudo até agora descoberto sobre o organismo humano. Essa descoberta faria soar um acorde de esperança em nossa natureza interior, calado em nossa idade da ciência; inspiraria uma nova visão de mundo em que o humano triunfaria sobre a carne e o sangue; faria refluir o espírito humano para Deus, em vez de vanidades, acaso ou decadência; estimularia o desejo do homem de engrandecer-se em vez de dedicar-se a mesquinharias e fins egoístas (...). Assim, poderíamos reaver algo que nos tem estado sistematicamente ausente nos últimos tempos: a alma humana.

Esta idéia de que a alma seja atemporal e não-unilocalizada é de fato fascinante. Tal idéia tem sido investigada por cientistas de diversas áreas, e estou certo de que chegaremos em breve à sua comprovação final. Imagine o que tal comprovação poderia provocar em nossa forma de vida. Um eventual conhecimento de que a alma sobreviva à morte do corpo físico certamente nos ajudaria a aprimorar nossa atitude para com o semelhante enquanto estivermos aqui na Terra, assim como transformaria drasticamente nossas práticas médicas. Eis as palavras de dr. Dossey a este respeito:

> Se fosse provado que a mente, em sua essência, de fato transcende o corpo físico, os médicos modernos não mais teriam como meta principal a prevenção contra a morte e a decadência física, uma vez que estas perderiam o seu atual status de absolutas.
>
> (...) E, se a humanidade acreditasse verdadeiramente que a não-unilocalização da mente fosse real, teria lugar toda uma nova fundamentação ética e moral que engendraria, por sua vez, no mínimo, a possibilidade de uma radical troca de padrões sociais cronicamente insanos — tanto interpessoais como internacionais — por outros em que a vida humana fosse inteiramente voltada para fins morais, éticos, espirituais e sacralizantes.

É neste sentido que sugiro a você que procure, com cautela, tornar-se um indivíduo espiritualizado, pois é justamente nesse contexto que se vivencia toda e qualquer realização de milagres ou de verdadeira magia. Assim, uma vez passando a conhecer interiormente sua identidade espiritual, não localizada somente em seu corpo físico, todos os dados científicos exteriores perdem seu significado. Eis, a seguir, algumas opiniões de cientistas contemporâneos a este respeito, que podem ajudar-lhe a desmanchar seu ceticismo:

Robert Herrman — cientista, diretor executivo da Associação Americana de Ciência e autor de *The God Who Would Be Known*: "Quanto mais se alarga a perspectiva científica, mais difícil torna-se a compreensão do universo sem Deus."

Quando pressionados para definir Deus, teólogos e cientistas raramente se mostram de acordo. Concordam que é necessário, num mundo físico de causa e efeito, que haja algo que a tudo dê movimento, uma força invisível que, além de prover tal movimento, também manteria tudo, inclusive a matéria, em estado de coesão. Não vêem Deus como uma divindade residente em alguma longínqua paragem do céu, mas sim, como uma presença que impregna todo o universo. Afinal, como diz a Bíblia, "nele moramos, nos movemos e vivemos nossa vida".

Para a comunidade científica, que vive e festeja a comprovação, embora as questões da alma e de Deus, presentes em todos os âmbitos da vida, sejam matérias muito controversas, há concordância no reconhecimento de que existe algo no todo da vida que desafia a lógica. O fato de um coração começar a bater dentro do útero de uma mãe seis a sete semanas após a concepção constitui um fenômeno que permanece envolto em profundo mistério mesmo para os mais capazes dentre nossos cientistas. Há 40 anos, a resposta mais freqüente para a pergunta "Você acredita em Deus?" era "Claro que não. Sou um cientista." Hoje em dia, e cada vez mais, os cientistas respondem à mesma pergunta: "Claro. Sou um cientista."

Os cientistas que hoje se ocupam com a nova física quântica estão apenas começando a comprovar o que a metafísica (além da física) expressou por séculos: estamos todos ligados, há uma força invisível que permeia todas as estâncias da vida. Ainda mais impressionante do que isto, como explicado por John Gliedman no *Scientific Digest* há uma década (julho de 1982), é que "vários teóricos importantes chegaram às mesmas desconcertantes conclusões: seus trabalhos sugerem a existência de um mundo espiritual oculto dentro de todos nós". Gliedman chamou-o, ironicamente, de "o fantasma da máquina". É justamente esta aparição dentro de nós — aquela dimensão de nossa essência que transcende medidas, regras, causas e efeitos — que continua a intrigar os cientistas, embora muitos deles já estejam chegando à conclusão de que a "alma", o "fantasma da máquina", existe. Em seu artigo "Scientists in Search of the Soul", Gliedman cita muitos dos mais respeitados e distintos cientistas de todo o planeta. Alguns dentre estes concluem que nossa essência imaterial (invisível) é o que conforma nossas características humanas de autoconsciência, livre-arbítrio, identidade pessoal, criatividade e emoções. Sustentam que essa presença invisível exerce influência física sobre nós e, o que é ainda mais impressionante, que essa essência imaterial sobrevive à morte do cérebro físico.

Uma outra concepção intrigante é a de John von Neumann — matemático e cientista descrito por Hans Bethe (agraciado com um Prêmio Nobel) como, talvez, "o homem mais inteligente de todos os tempos". Bethe disse certa ocasião: "Eu, ocasionalmente, imagino se um cérebro como o de John von Neumann não seria indicativo de uma espécie superior à humana." Bem, quais foram, afinal, as conclusões de Neumann? "A realidade física é uma parcela da imaginação humana. A única verdadeira realidade é o pensamento." Eugene Wigner, agraciado com o Prêmio Nobel de física em 1963 e estudioso das formulações de Neumann, afirmou publicamente que "o homem pode ter uma consciência imaterial capaz de influenciar a matéria".

Bem, com as minhas palavras de não-ganhador do Prêmio Nobel: você *tem* a capacidade de realizar milagres e viver uma vida verdadeiramente mágica pelo uso de sua essência invisível para influenciar sua realidade física. A partir do momento em que você se torne primeiramente um ser espiritual e, a partir disto, um ser físico que viva e respire segundo esta nova ordem, você será seu próprio aplicador de milagres.

Gliedman escreveu bastante, também, sobre os diversos cientistas de renome cujas conclusões são opostas às anteriormente citadas, ou seja, para eles não há nada que prove a existência da alma. Trata-se justamente daquela categoria de pessoas que sempre afirmaram, no decorrer da história, que não podemos provar — ou seja, não existe vida microscópica, é impossível fazer máquinas voadoras, a Terra não é redonda... Para mim, a existência da alma não requer qualquer legitimação científica. Eu sei o que sei sobre mim mesmo e minha prova para tal é a minha própria experiência. Os metafísicos e os poetas exprimiram verdades que me parecem particularmente relevantes no que concerne à questão da existência da alma. Prestem atenção aos *Auguries of Innocence*, de William Blake:

> Para ver um Mundo num grão de areia,
> E um Céu numa flor silvestre,
> Mantenha o Infinito na palma de sua mão,
> E a Eternidade em uma hora...
> Somos levados a crer em mentiras
> Quando vemos com e não através do olho.
> O que nasceu na noite, perecerá na noite
> Quando a alma dorme em feixes de luz.

Que visão magnífica! Segurar o infinito na palma da mão! Somos, de fato, levados à grande mentira, que sejamos apenas corpos em constante envelhecimento. Blake nos relembra que nossa alma, nosso ser espiritual, não morre nem nasce. É eterna e amorfa tal qual um feixe de luz.

Tenha em mente, acima de qualquer outra coisa, que tornar-se um indivíduo espiritualizado requer estar em contato com sua essência invisível, ciente de que nesta encontra-se o segredo da habilidade em realizar milagres. Esta sua essência interior amorfa é a sua imaginação. Albert Einstein, que além de cientista era também poeta, resumiu-a de maneira simples e bela: "A imaginação é mais importante que o conhecimento." Se analisar a vida dos grandes homens e mulheres que viveram entre nós, você descobrirá uma corrente que os une através dos tempos. Eles começaram sintonizando-se com sua natureza espiritual e, só então, a partir daí, com sua natureza física.

Nossos maiores mestres

Todos os nossos maiores mestres, assim como aqueles que produziram grande impacto sobre a humanidade de forma geral, foram invariavelmente indivíduos espiritualizados. Não se limitaram de maneira alguma aos cinco sentidos. Todos os grandes mestres e as grandes doutrinas, tais como o cristianismo, budismo, judaísmo, islamismo, sufismo e confucionismo, nos legaram uma mensagem básica: penetre seu interior, descubra a sua essência invisível mais profunda e conheça Deus, que é o amor presente em seu interior.

Todos esses mestres espirituais eram realizadores de milagres. Eles estiveram aqui para ensinar-nos a respeito do incrível poder existente dentro de cada um de nós. Parece uma ironia o fato de que tenhamos sempre sido, em nível coletivo, obsessivos em produzir o que nos separa uns dos outros, guerras, meios cada vez mais sofisticados de disseminação de ódio e homicídio, quando os ensinamentos mais influentes e respeitados do planeta nos apresentam todos uma mensagem de amor. Por exemplo:

Cristianismo: Deus é amor, e aquele que se engaja com amor se engaja com Deus e Deus com ele.

Budismo: Aquele que não ama não conhece a Deus, pois Deus é amor.

Judaísmo: O amor é o início e o fim da tora.

Confucionismo: O amor pertence à alta nobreza dos céus. É o calmo lar onde cada ser humano deveria residir.

Sufismo: Sãos e enfermos, todos procuram, perdidos de amor, por Ele, em mesquitas, templos, igrejas. Pois apenas Deus é o Único Deus de amor. E o Amor une-os todos em Sua Morada.

Tornar-se um indivíduo espiritualizado equivale a tornar-se um realizador de milagres e conhecedor do êxtase da verdadeira magia. As diferenças entre as pessoas não-espiritualizadas, ou "somente físicas", e aquelas a que chamo de indivíduos espiritualizados, são enormes. Analise a descrição a seguir da forma pela qual os indivíduos de ambas as categorias vivenciam suas essências invisíveis ou mentes, tendo sempre para você que sua tarefa é seguir o caminho da espiritualização, caso deseje verdadeiramente conhecer esse âmbito mais sutil da vida a que chamo de verdadeira magia.

Seres espiritualizados x Seres não-espiritualizados: o dodecálogo espiritual

Chamo de *espiritualizados* os que são conscientes de suas dimensões física e invisível, e de *não-espiritualizados* os que têm consciência apenas de sua dimensão física. Estes termos, na acepção em que os uso, em nada aludem ao ateísmo ou a quaisquer orientações religiosas. O indivíduo não-espiritualizado não está errado nem é mau por vivenciar o mundo somente em sua dimensão física.

Você encontrará, a seguir, o "dodecálogo espiritual", doze crenças e práticas a serem cultivadas à medida que vai desenvolvendo sua capacidade de realizar milagres na vida. Se você tem como objetivo a verdadeira magia, é absolutamente imprescindível que se espiritualize, como indicado aqui.

1. *O indivíduo não-espiritualizado vive exclusivamente segundo os cinco sentidos. Ele acredita que, se não pode ver, tocar, cheirar ou provar algo, então este algo simplesmente não pode existir. O indivíduo espiritualizado sabe que há, além dos cinco sentidos físicos, outros sentidos a serem usados ao experimentar o mundo da forma.*

À medida que se esforça para tornar-se um indivíduo espiritualizado, e também físico, você começa a tomar cada vez mais consciência da dimensão invisível discutida neste capítulo. Você começa a notar a existência de sentidos além deste mundo físico. Embora não possa percebê-los por meio dos cinco sentidos, você passa a saber ser constituído de corpo e alma e que sua alma não tem fronteiras e transcende tanto o nascimento como a morte, não sendo governada por nenhuma das normas vigentes no mundo físico. Ser um indivíduo espiritualizado significa que você se concede a opção de ser multissensorial, o que lhe abre um novo mundo pela frente. Segundo Gary Zukav, em sua obra *The Seat of the Soul*, "as vivências do indivíduo multissensitivo são menos limitadas do que aquelas do indivíduo que vive somente segundo os cinco sentidos. Tais vivências apresentam mais possibilidades de crescimento e desenvolvimento e também mais subsídio para evitar dificuldades desnecessárias".

2. *O indivíduo não-espiritualizado acredita que estamos sós no universo. Já o indivíduo espiritualizado sabe que nunca está só.*

Um indivíduo espiritualizado sente-se bem com a idéia de ter acesso a mestres, observadores ou orientação divina em qualquer momento da sua vida. Se acreditamos que somos, antes, almas com corpos do que corpos com almas, então nossa parte invisível e eterna estará sempre disponível em caso de necessidade. Se esta nossa crença for de fato firme e inabalável, não haverá dúvidas, nem mesmo quando confrontados com os argumentos racionais dos que vivenciam somente o mundo físico. Alguns o chamam de oração intensa, outros de Deus (aquela força ou inteligência universal, onipresente) e, alguns outros, de orientação espiritual. Mais uma vez, as denominações para tal essência profunda não importam, pois esta encontra-se acima de definições, rótulos e da própria linguagem.

Para o indivíduo não-espiritualizado, tudo isso é "sem valor". Para ele, aparecemos na Terra, temos uma vida a ser vivida e ninguém é ajudado por fantasmas, nem externos nem internos; estamos num universo somente físico em que buscamos manipular e controlar o mundo físico. O indivíduo espiritualizado, por sua vez, vê o mundo físico como uma escola em que cresce e aprende a servir e a desenvolver o quanto possa sua capacidade de amar.

Os indivíduos não-espiritualizados reconhecem a existência de um ser supremo ou Deus, porém não como uma força universal dentro de nós, mas como um poder separado que, algum dia, poderemos explicar. Trata-se de uma postura de medo, não de amor. Estas pessoas não consideram que possam receber alguma orientação ou que possuam uma essência ou identidade mais profunda ou elevada, a menos que passem pela experiência de contato direto com o divino, como ocorreu a São Paulo e a São Francisco de Assis.

Os indivíduos espiritualizados simplesmente sabem, por sua própria experiência de orientação divina, que não estão sozinhos e que podem fazer uso dessa orientação para vir a realizar milagres em suas vidas.

3. *O indivíduo não-espiritualizado se volta para os poderes externos, enquanto o indivíduo espiritualizado procura incrementar seus poderes internos.*

Os poderes externos visam a dominar e controlar o mundo físico. Trata-se dos poderes da guerra e da força militar, das leis e da organização, dos negócios e das bolsas de valores. É justamente para estes poderes, que buscam controlar tudo o que é externo à essência do indivíduo, que se volta o indivíduo não-espiritualizado.

O indivíduo espiritualizado busca, por sua vez, incrementar sua capacidade interior e também a do próximo, com vistas e graus cada vez mais elevados de consciência e realizações. O uso da força para com o próximo não existe para o indivíduo espiritualizado. Ele ou ela não está interessado em acumular poder, mas sim em ajudar o próximo a harmonizar sua vida e vivenciar a verdadeira magia. Trata-se de um poder de amor que não julga as pessoas e no qual não há lugar para hostilidade ou raiva. Esse poder nos fortalece para que saibamos conviver neste mundo com os que discordam de nós e nos ensina que não há necessidade de controlá-los ou aniquilá-los. O indivíduo espiritualizado conhece o imenso poder advindo da manipulação do mundo físico pela mente. Uma mente em paz, centrada, sem qualquer ânsia em ferir o próximo, é mais forte que qualquer força física do universo. A filosofia do *aikido* e das demais artes marciais orientais não se fundamenta, absolutamente, na imposição de poder externo sobre o adversário, mas na obtenção de intimidade com essa energia externa para que qualquer possível ameaça seja desfeita. Esse incremento da capacidade interior traz a alegria de saber que a força externa não é necessária à harmonização interior.

O indivíduo não-espiritualizado não tem opção; precisa estar sempre pronto para a guerra. Muito embora alegue, com freqüência, lealdade a algum mestre espiritual cujo ensinamento é veementemente contrário ao uso de tal forma de poder, o indivíduo não-espiritualizado não vê alternativa.

O verdadeiro poder consiste na rendição ao que temos de afetuoso, harmonioso e bom em nós mesmos, sem permitir a entrada de inimigos em nossa consciência. Trata-se de uma sintonização com nossa alma que é a própria finalidade de nossa vinda a este mundo.

Quando começar a não mais sentir necessidade de dominar os outros, obter mais posses materiais e/ou controlar o ambiente à sua volta, estes serão os sinais de que você estará deixando de voltar-se para os poderes externos e passando para o incremento de suas capacidades interiores. Você descobrirá que esse poder interior não o tornará de forma alguma "bobo" ou vítima dos outros. Ocorre justamente o contrário, você perceberá que estes não são agressores potenciais. Você passará a desfazer tais ameaças e, na realidade, muito pouco as encontrará pela frente. Além disso, o fato de que não sentirá necessidade de provar o seu poder lhe abrirá oportunidades de ajudar no crescimento de outras pessoas.

Ao adquirir a capacidade de dar de si, você entrará em sintonia com sua meta maior e terá alcançado o estágio em que poderá realizar milagres. Você não pedirá, então, nada a ninguém, não por orgulho ou onipotência, mas porque se tornará a luz que ilumina a si mesmo. Este é o caminho do indivíduo espiritualizado. Somente quando não mais ansiar por poderes externos e conseguir sintonizar-se com o objetivo final de sua alma, você estará preparado para a verdadeira magia.

4. *O indivíduo não-espiritualizado se sente separado e distinto de todos os outros, como que um ser para si mesmo. Já o indivíduo espiritualizado sabe estar ligado a todos os outros e sente que*

cada pessoa que encontra em sua vida compartilha consigo de sua humanidade.

Ao sentir-se separado dos outros, um indivíduo se torna mais egocêntrico e passa a importar-se muito menos com os problemas alheios. Ele pode sentir uma certa compaixão por pessoas que estejam morrendo de inanição em outra parte do mundo, mas sua postura corriqueira a respeito é "o problema não é meu". Personalidade cindida, o indivíduo não-espiritualizado se volta antes para os próprios problemas e sente, com freqüência, como se os que o cercam seguissem o seu caminho ou buscassem o que ele busca, portanto sentindo-se compelido a "*pressionar*" o outro antes de o fazer em si mesmo.

O indivíduo espiritualizado sabe que estamos todos ligados e é capaz de perceber a plenitude de Deus em cada pessoa que encontra. Este senso de interligação resolve boa parte do conflito interior que atormenta o indivíduo não-espiritualizado cada vez que julga os outros, rotulando-os segundo suas aparências e condutas, buscando por fim ignorá-los ou tirar proveito deles em benefício próprio. Estar ligado ao próximo significa eliminar possíveis conflitos e confrontos. O conhecimento de que a força invisível que o atravessa por inteiro atravessa igualmente o próximo, proporciona ao indivíduo espiritualizado uma verdadeira vivência da "regra de ouro". O indivíduo espiritualizado pensa: "A forma como trato os outros é, em essência, a forma como trato a mim mesmo e vice-versa". Para o indivíduo espiritualizado, é bastante claro o significado de "ame o próximo como a ti mesmo", porquanto o indivíduo não-espiritualizado considera esta expressão como desprovida de sentido. Quando uma pessoa se sente ligada a outras, os julgamentos negativos simplesmente não existem, de maneira que o indivíduo espiritualizado sabe que não pode definir outros a partir de seus julgamentos; ele sabe que só pode fazê-lo em relação a si próprio.

As pesquisas sobre os níveis quânticos dos átomos revelam a existência de uma ligação invisível entre todas as partículas e todos os membros de uma determinada espécie. Esta unificação tem sido demonstrada em notórias descobertas científicas, segundo as quais a distância física, que imaginamos como um espaço vazio, não impede a ligação entre as partículas por meio de forças invisíveis. Ora, é óbvio que existem ligações invisíveis entre nossos pensamentos e nossas ações; é fato inegável, embora não possamos percebê-lo pelos sentidos. O indivíduo não-espiritualizado não consegue realizar esta associação. Já o indivíduo espiritualizado *sabe* que esta força invisível o liga a todas as outras pessoas e, por isso, trata-as como parte de si mesmo. É uma questão de saber. O indivíduo não-espiritualizado sabe e age como se fosse uma ilha, separado e distinto dos outros, desligado deles. O indivíduo espiritualizado conhece as famosas palavras de John Donne:

> Nenhum homem é uma ilha, completo em si mesmo; todo homem é um pedaço de continente, parte de um todo; se um monte de areia é varrido pelo mar, toda a Europa torna-se menor. Da mesma maneira se tal ocorresse a um promontório, à fazenda de um amigo ou à sua própria; qualquer morte humana é uma perda, pois estou engajado na humanidade; assim, não procure saber quem dobra o sino. Ele dobra para você.

Não pode haver descrição mais apurada do que seja ser um indivíduo espiritualizado. Ele encontra-se verdadeiramente engajado na humanidade e vive cada dia de sua vida segundo esta condição. Para os que acreditam serem ilhas no mar da humanidade, não há nenhuma possibilidade de vivência de milagres e verdadeira magia.

5. *O indivíduo não-espiritualizado interpreta a vida como nada mais que uma rede de causas e efeitos. O indivíduo espiritualizado, por sua vez, sabe da existência de um poder superior a atuar no universo para além de meras causas e efeitos.*

O indivíduo não-espiritualizado vive somente no mundo físico, onde imperam as causas e efeitos, ou seja, ao plantar-se uma semente (causa), vê-se um resultado (efeito); se se tem fome, procura-se por comida; se se tem raiva, procura-se extravasá-la. Trata-se, sem dúvida, de uma maneira racional e lógica de pensar e agir, pois a terceira lei do movimento — a toda ação corresponde uma reação de igual intensidade em sentido oposto — é válida em qualquer momento ou lugar do universo físico.

O indivíduo espiritualizado vive numa esfera que transcende a da física de Newton. Ele sabe que os pensamentos provêm do nada e que no âmbito dos sonhos (um terço total de nossas vidas físicas), quando somos puro pensamento, as causas e os efeitos não desempenham qualquer papel. No âmbito dos sonhos, você pode ter, num determinado momento, 40 anos e, pouco depois, 12; você pode entrar num carro com o qual sobrevoa a casa onde morou quando criança. Thoreau resumiu esta discussão com uma observação um tanto provocante: "Não consigo distinguir a vida em vigília de um sonho. Acaso não estamos sempre a viver a vida que imaginamos viver?"

Assim, o indivíduo espiritualizado sabe que os pensamentos não são regidos pelas leis da física clássica, e que é justamente por meio de nossos pensamentos que criamos nossa realidade. Aquele que vive somente a realidade das causas e efeitos não pode ser capaz de realizar milagres, pois os milagres e a verdadeira magia atuam para além da lógica da física. Uma vez que os milagres são produzidos pelo poder de nossas mentes, pode-se dizer que as causas e efeitos passam a ser substituídos por uma fé nos efeitos provindos do que chamamos de nada ou vazio.

Nossos pensamentos e crenças são, em si, milagres, e constituem as únicas ferramentas de que dispomos para lidarmos com o mundo físico. Eles se sobrepõem à lógica casual, pois parecem vir, aparentemente, do nada; daí concluirmos que nossa capacidade de realização de milagres deriva igualmente dessa estância divina a que chamamos *nada*. Se você não pode passar sem alguma explicação causal, então não poderá penetrar o mundo da verdadeira magia. Assim como os sons que produzimos derivam de um vazio silencioso, o mesmo ocorre com nossos pensamentos. Nosso potencial para a realização de milagres provém do espaço vazio e silencioso de nossa verdadeira essência interior.

6. *O indivíduo não-espiritualizado é motivado por realizações pessoais, desempenhos específicos e aquisições. O indivíduo espiritualizado é motivado pela ética, pela serenidade e por melhor qualidade de vida.*

O indivíduo não-espiritualizado se dedica à obtenção de melhores classificações, progresso pessoal e aquisição de bens. O objetivo do atletismo é a competição, ou seja, o sucesso é medido segundo padrões externos, posições, cargos, contas em bancos, prêmios etc. Embora esses padrões sejam parte substancial de nossa cultura, não devendo, portanto, serem objetos de escárnio, sua prática simplesmente não faz parte da vida do indivíduo espiritualizado.

Para o indivíduo espiritualizado, o sucesso é alcançado à medida que se consegue atuar no plano da missão maior da vida, o que não pode ser medido por desempenhos específicos ou aquisições. Ele sabe que essas coisas externas chegam à pessoa em quantidade suficiente à medida que esta se esforça no sentido de sua missão maior; sabe, também, que tal sintonia requer servir com amor. Madre Teresa, que dedicou muitos anos de sua vida a cuidar dos mais desgraçados e oprimidos nas favelas de Calcutá, assim o definiu, em sua obra *For the Love of God*:

> O fruto do amor é o serviço ao próximo, que é a prática mesma da compaixão. Religião nada tem a ver com compaixão. O mais importante é o amor a Deus, pois fomos criados com a finalidade única de amarmos e sermos amados.

É nesta linha de pensamento que se encontram as realidades interna e externa do indivíduo espiritualizado. Não é necessário tornar-se um santo dedicado aos pobres para ser um indivíduo espiritualizado. Basta saber que a vida é muito mais ampla do que um sucesso passageiro, um eventual bom desempenho ou quaisquer aquisições, e que o êxito não está no que se logra acumular, mas, ao contrário, no que se logra doar. O indivíduo espiritualizado sabe que aqui chegou de mãos vazias e daqui sairá de mãos vazias; tudo o que pode fazer é doar o que chegou a adquirir neste seu instante metafísico chamado vida, seu parêntese na eternidade. Isto não significa que o indivíduo espiritualizado não venha a atingir metas passageiras, desempenhar-se muito bem em algo a que se proponha ou adquirir muitas posses. Apenas que ele não se fundamenta nisto, ou seja, não os tem como meta maior ou princípio básico de sua vida. Em seu âmago, o indivíduo espiritualizado busca, antes, viver ética, moral e serenamente, sintonizado com seu propósito. Você não poderá experimentar a verdadeira magia se tiver como meta adquirir mais e mais para você mesmo, especialmente se tais aquisições custarem a outros. Quando chegar a sentir-se sereno e notar que sua vida está em uma totalidade melhor, ciente de que é sua mente que estabelece esta condição, você perceberá que é justamente deste estado de alma que surge a magia dos milagres.

7. Não há lugar na consciência do indivíduo não-espiritualizado para a prática da meditação. Já o indivíduo espiritualizado mal concebe a vida sem esta.

Para o indivíduo não-espiritualizado, a idéia de voltar-se silenciosamente para dentro de si mesmo — repetindo um mantra, esvaziando a mente e procurando respostas por meio do contato interior com a própria essência — beira a loucura. Para ele, as respostas são procuradas por trabalho árduo, luta, perseverança, estabelecimento, alcance e estabelecimento de metas e competição num mundo canibalesco.

O indivíduo espiritualizado conhece o imenso poder da meditação. Sabe que esta técnica o deixa mais consciente e apura sua faculdade de pensar. Ele conhece seu efeito muito especial sobre o estresse e a tensão. As pessoas espiritualizadas sabem, por experiência própria, que a pacificação interior e a busca silenciosa de respostas podem propiciar o recebimento de orientação divina. Elas sabem que há em seu interior diversas dimensões como que sobrepostas, a que podem ascender por meio da meditação (ou qualquer outro termo que expresse a prática de ficar sozinho e esvaziar a mente dos pensamentos frenéticos que tanto a ocupam na vida cotidiana). E sabem também que, durante uma meditação profunda, pode-se sair do próprio corpo e adentrar uma esfera mágica na qual vivencia-se um prazer tão grande quanto aquele temporariamente proporcionado por qualquer droga.

Blaise Pascal, o grande cientista francês, teve e nos passou a seguinte percepção: "Toda a miséria do homem advém de sua incapacidade de sentar-se a um canto, calmo e só." Uma das experiências mais gratificantes vividas ao tornar-se um indivíduo espiritualizado é justamente a descoberta deste novo mundo fenomenal. Você se sentirá literalmente mais leve, mais feliz e, ironicamente, mais produtivo do que jamais se sentiu antes. Para o indivíduo não-espiritualizado, tudo isso é uma fuga da realidade, enquanto o indivíduo espiritualizado vive-a como uma introdução a uma realidade inteiramente nova, na qual poderá cultivar a realização de milagres (para mais detalhes sobre meditação e algumas técnicas úteis, *vide* capítulo 3).

8. *Para o indivíduo não-espiritualizado, o conceito de intuição pode ser reduzido a um pressentimento ou pensamento confuso que toma a mente de uma pessoa num determinado momento. Para o indivíduo espiritualizado, por sua vez, a intuição é muito mais que um pressentimento. É uma orientação ou mesmo uma comunicação de Deus, o que não é jamais tomado como superficial ou simplesmente ignorado.*

Você sabe, por experiência própria, que sempre que ignora o que lhe diz sua intuição, acaba por arrepender-se ou aprende pela maneira mais difícil. A intuição, no caso do indivíduo não-espiritualizado, é sempre totalmente imprevisível e lhe ocorre em circunstâncias como que casuais. É freqüentemente ignorada ou preterida aos hábitos mais comuns. Já o indivíduo espiritualizado está sempre buscando cada vez mais apurar sua intuição. Está sempre atentando para as mensagens invisíveis e sabe, no fundo, que se trata de muito mais que meras coincidências.

Os indivíduos espiritualizados têm, no mínimo, alguma consciência do mundo não-físico e não se encontram restritos ao universo regido somente pelos cinco sentidos. Assim, todos os pensamentos, embora invisíveis, merecem atenção. A intuição, entretanto, é muito mais que um pensamento a respeito de algo. É como se a pessoa fosse suavemente "cutucada" para que aja de determinada maneira ou evite algo potencialmente perigoso ou prejudicial à saúde. Apesar de inexplicável, a intuição é inexorável parte integrante de nossas vidas.

O indivíduo não-espiritualizado a sente como um simples pressentimento, nada que mereça especial atenção ou estudo. Ele pensa: "Já vai passar. Isto são só as minhocas bagunceiras de minha mente." Para o indivíduo espiritualizado, tais expressões interiores intuitivas são quase como um diálogo com Deus.

Eu encaro a minha intuição em relação a tudo e a todos como Deus falando comigo. Procuro concentrar-me quando "sinto algo" fortemente e sigo essa inclinação interior. Houve épocas de minha vida em que a ignorei, porém, hoje, mais maduro, sei que tais sensações intuitivas sempre — insista, sempre me orientam rumo ao crescimento e ao sentido maior das coisas. Minha intuição me diz, às vezes, que direção tomar ao escrever algo. Quando a sigo, escrevo suave e fluentemente. Quando a ignoro, preciso lutar muito para que saia algo e reclamo do "bloqueio de escritor". Hoje, não só confio nessa orientação para escrever, como também nela me apóio para todas as demais áreas de minha vida. Cheguei a desenvolver uma relação particular com minha intuição, desde o que comer ou escrever até a forma de relacionar-me com minha esposa e outros familiares. Medito nela, confio nela, estudo-a e procuro, cada vez mais, conscientizar-me dela. Se a ignoro, pago um preço por isso e então me lembro da lição: confie, da próxima vez, em sua voz interior.

Ora, se posso falar a Deus e chamar a isso de oração, acreditando em sua presença divina universal, não vejo nada de absurdo em poder ouvi-Lo. Todos os indivíduos espiritualizados que tive oportunidade de ler compartilham desse sentimento. A intuição é uma orientação amorosa a nosso favor e eles, cientes disto, não a ignoraram.

9. *O indivíduo não-espiritualizado odeia o mal e busca eliminar o que considera ser ou encarná-lo. O indivíduo espiritualizado sabe, por sua vez, que tudo o que odeia e combate o enfraquece, e que tudo o que ele favorece e apóia o fortalece.*

O indivíduo não-espiritualizado se engaja em muitas lutas; usa instrumentos de poder numa guerra que mantém contra os que considera encarnação do mal. Tal pessoa sabe o que odeia e vive inquietação interna por conta do que crê estar errado. Assim, acaba por empregar grande quantidade de energia justamente no que julga ser mau ou estar errado.

Os indivíduos espiritualizados não se dispõem contra o que quer que seja. Não se colocam contra a miséria, mas sim a favor da distribuição de comida a todos para que cada cidadão do mundo esteja bem nutrido. Trabalham pelo que apóiam, em vez de lutarem contra aquilo de que discordam. Lutar contra a miséria só faz enfraquecer, irritar e frustar o lutador, porquanto trabalhar por uma população bem nutrida o fortalece. As pessoas espiritualizadas não se opõem à guerra. O que fazem, sim, é investir suas energias na busca pela paz. Elas não se engajam em nenhuma guerra contra as drogas ou a pobreza, pois guerras requerem guerreiros e lutadores, o que, afinal, não resolve problema algum. São a favor de uma juventude bem educada, que saiba ser eufórica, inteligente, leve e livre sem precisar recorrer a substâncias externas. Elas trabalham por esta causa, ajudando os jovens a conhecerem o poder de suas próprias mentes e corpos, sem lutar contra absolutamente nada.

Ao lutar contra o mal, usando os métodos do ódio e da violência, você mesmo torna-se parte desse ódio e dessa violência, independentemente de julgar correta a sua posição. Se todos aqueles que se opõem ao terrorismo e à guerra passassem a apoiar e trabalhar pela paz, tais horrores seriam certamente eliminados. Para cada dólar que gastamos com a paz, gastamos outros dois mil com a guerra. Gastamos, em todo o planeta, cerca de 25 milhões de dólares, a cada minuto, em investimentos de guerra e no incremento generalizado de nossa capacidade de nos matarmos uns aos outros, enquanto a cada minuto de cada dia morrem de inanição cerca de 40 crianças. Isto equivale à explosão de um Boeing 747 cheio de crianças a cada dez minutos. Quanto custa alimentar 40 crianças? Quem reverterá este quadro horripilante? Os indivíduos espiritualizados ou os não-espiritualizados de nosso planeta? Por mais que pense ser este quadro irreversível, você é parte do problema na medida em que opta por ser um lutador em vez de conscientizar-se melhor daquilo que apóia e de sua missão em sua curta estada aqui na Terra, trabalhando pelo fortalecimento geral em lugar do que já vê tanta gente fazendo.

Nossas prioridades são de alguma forma exteriorizadas. Os indivíduos espiritualizados não são escravizados pelo ódio. Concentram-se bastante no que apóiam e o colocam em prática. Mantêm-se internamente em paz e harmonia mesmo diante do muito que gostariam que fosse diferente. Tudo o que você combate lhe enfraquece; tudo o que apóia lhe fortalece. Para realizar milagres, você precisa concentrar-se única e totalmente no que apóia, pois a verdadeira magia só se manifestará em sua vida quando você eliminar todo e qualquer ódio que ainda o acometa, inclusive o ódio que mantenha contra o próprio ódio.

10. *O indivíduo não-espiritualizado não se sente em nada responsável pelo universo. Portanto, não desenvolveu senso de respeito pela vida. Já o indivíduo espiritualizado respeita a vida ao nível mesmo da essência de todas as criaturas.*

Segundo Zukav, "o indivíduo não-espiritualizado crê em nossa consciência mas não na do universo". Ele pensa que sua existência terminará ao fim de sua vida e que não é responsável pelo universo. Tornou-se, assim, arrogante.

O indivíduo espiritualizado, por sua vez, reconhece a presença inefável de Deus em todos os aspectos da vida, sentindo-se responsável pelo universo. Tem profunda admiração pela vida e pelo fato de possuir uma mente que lhe permite manipular o mundo físico. Tal admiração leva-o a apreciar e a respeitar a vida em sua totalidade, nela comprometendo-se num nível mais profundo que o do mundo material. Para o indivíduo espiritualizado, os ciclos vitais são tidos, com grandíssima reverência, como verdadeiros representantes do infinito. Trata-se de uma postura gentil e delicada para com tudo o que faz parte de nosso mundo, o reconhecimento da consciência da Terra e do universo e de que nossa vida está de alguma maneira invisivelmente ligada a tudo o que ocorre agora e que ocorreu no passado. A inteligência invisível que tudo atravessa é também parte de nós; portanto, respeitar todos os aspectos da vida é saber que tudo tem alma, e que esta alma é em todos os sentidos louvável.

O indivíduo espiritualizado sabe que não deve retirar da Terra mais do que necessita e que deve devolver de alguma forma ao universo aquilo que tomou emprestado, para que as gerações que se sucederão também possam usufruí-lo. A capacidade de realizar milagres advém de um grande respeito à vida, inclusive à sua; assim, para que possa vivenciar a verdadeira magia, você precisa aprender a pensar e a agir sempre com grande respeito por todos os aspectos da vida.

11. *O indivíduo não-espiritualizado é repleto de ressentimentos, hostilidade e ânsia por vingança. O indivíduo espiritualizado, por sua vez, não abre espaço em seu coração para tais obstáculos aos milagres e à verdadeira magia.*

O indivíduo espiritualizado sabe que todos os grandes mestres ressaltaram a importância do perdão. Eis, a seguir, alguns exemplos retirados de nossos mais importantes ensinamentos religiosos:

Judaísmo: O que de mais belo pode fazer o homem é perdoar os pecadores.

Cristianismo: Veio Pedro então e lhe disse: "Senhor, quantas vezes poderá meu irmão ofender-me e eu perdoá-lo? Será que tanto quanto sete vezes?"
Jesus lhe disse: "Não te direi sete vezes, mas 70 vezes sete."

Islamismo: Perdoa teu servo 70 vezes ao dia.

Sikhismo: Lá onde encontra-se o perdão encontra-se o próprio Deus.

Taoísmo: Retribui teu ofensor com delicadeza.

Budismo: Nunca o ódio será degradado pelo ódio: será unicamente degradado pelo amor — Esta é uma lei eterna.

É imprescindível que o indivíduo espiritualizado seja capaz de "fazer o que prega". Não pode anunciar-se praticamente uma determinada fé e agir de forma contrária a seus ensinamentos. O perdão é um ato do coração (em minha obra *Crer para ver*, dediquei todo um capítulo a esta questão).

Se você ocupar sua essência interior com sentimentos de amargura e vingança contra outras pessoas, não restará espaço para a harmonia e o amor necessários à vivência da verdadeira magia em sua vida. Ao odiar o próximo, você odiará e desarmonizará cada vez mais a si mesmo. Na verdade, é bastante óbvio que você não poderá realizar quaisquer milagres em sua vida ao estar submerso em algo tão negativo como ódio e vingança contra alguém ou algo. O perdão ao próximo é o elemento principal de uma das orações mais conhecidas do Cristianismo: "Perdoai as nossas ofensas assim como perdoamos os que nos têm ofendido." O indivíduo espiritualizado bem sabe que estas não são palavras vazias a serem proferidas num ritual antes de dormir. São, antes, um ingrediente imprescindível para os que aspiram à espiritualização.

12. *O indivíduo não-espiritualizado crê viver sob as limitações do "mundo real", e interpreta os milagres que presencia, ou que lhe são narrados, como acontecimentos casuais na vida de uns poucos agraciados pela sorte. O indivíduo espiritualizado, por sua vez, crê em milagres e em sua capacidade de receber uma orientação de amor e de viver num mundo de verdadeira magia.*

O indivíduo espiritualizado sabe que os milagres são bastante reais. Para ele, as forças que produziram milagres para outros, em outras épocas, ou mesmo na atualidade, permanecem presentes e acessíveis no universo. Já o indivíduo não-espiritualizado entende os milagres como acidentes, não tendo fé em sua própria capacidade de participar do processo de realização dos milagres.

O dodecálogo espiritual não exige muito de você. Não é difícil de entender nem requer longo treinamento ou doutrinação, podendo até ser apreendido neste instante mesmo em que você o lê.

Todo o processo de tornar-se um ser espiritual ocorre em sua essência interior invisível a que tanto tenho me referido. Independentemente de como sustentou-se internamente até então, pode ser que você queira, hoje, optar por tornar-se um ser espiritualizado. Para tal, não é necessário adotar algum credo religioso específico ou passar por uma transformação religiosa, mas tão-só decidir que assim deseja viver o resto de sua vida. É o suficiente para colocar-se a caminho.

Preciso, no entanto, mais uma vez alertá-lo para o fato de que a verdadeira magia é simplesmente inacessível aos que optam por uma vida não-espiritualizada. Sua capacidade de realizar milagres é basicamente fruto imediato de seu grau de harmonização interior, do uso que faça de sua mente e do grau de fé em sua capacidade de influenciar o mundo físico.

Um resumo do dodecálogo espiritual

A seguir, você encontrará um pequeno resumo do dodecálogo espiritual. Recorra a ele sempre que necessário e saiba que a diferença entre ser e não ser espiritualizado não está em seu corpo ou em circunstâncias físicas de sua vida, mas sim na dimensão invisível de seu ser.

	Indivíduo espiritualizado	Indivíduo não-espiritualizado
1.	*Pensa multidimensionalmente.*	Pensa e crê limitado aos cinco sentidos.
2.	*Acredita poder receber orientação divina*	Acredita estarmos sempre sós.
3.	*Dedica-se ao verdadeiro incremento de suas capacidades*	Busca usar e armazenar poderes externos a si.
4.	*Sente-se vinculado a toda a humanidade.*	Sente-se isolado de todos.
5.	*Conhece uma dimensão para além das causas e efeitos.*	Acredita nas causas e efeitos.
6.	*É motivado pela ética, pela serenidade e por uma melhor qualidade de vida.*	É motivado por realizações pessoais, desempenhos e aquisições.
7.	*Pratica a meditação.*	Rejeita qualquer meditação.
8.	*Interpreta a intuição como uma comunicação de Deus.*	Interpreta a intuição como um pressentimento casual.
9.	*Interpreta a violência contra o mal como participação no mal.*	Odeia o mal e o combate. Volta-se justamente para o que o *próprio* mal apóia.

	Indivíduo espiritualizado	Indivíduo não-espiritualizado
10.	*Sente-se responsável e pertencente ao universo, admirado por estar aqui.*	Não se sente responsável ou pertencente ao universo.
11.	*Vive uma vida de perdão ao próximo.*	Guarda ressentimentos e busca vingar-se do que julga ofensivo.
12.	*Acredita em sua capacidade de realizar milagres.*	Acredita em limites e interpreta os milagres como ocorrências casuais ou sorte.

Algumas sugestões para tornar-se um ser espiritualizado

Lembre-se: toda ação é precedida por um pensamento! Eis aqui algumas sugestões práticas para a sua espiritualização.

- *Para provar a si mesmo que você é um indivíduo que não se restringe aos cinco sentidos,* anote todas as suas vivências interiores que não possam ser reduzidas aos sentidos de paladar, visão, audição, olfato e tato. Faça um pequeno registro de seus pensamentos e percepções interiores por um só dia. Atente para quaisquer pressentimentos que lhe ocorram e anote-os para seu controle, pois, da mesma maneira que você aprende sobre sua dimensão física registrando suas ações no mundo físico, o registro consciente daquilo que originou tais ações lhe trará justamente a consciência de que elas provêm de algo absolutamente não-físico.

- *Para descobrir sua capacidade multissensorial,* teste o poder de sua mente em algo que lhe seja difícil ou custoso. Imagine-se, por exemplo, aprimorando seu toque no jogo de golfe, não bebendo numa festa, correndo dois quilômetros, batendo um bolo pela primeira vez ou passando uma tarde de sábado numa matinê com seu filho de 5 anos. Imagine algo que lhe pareça árduo ou estranho de fazer. Crie para si mesmo uma imagem mental em que executa tal tarefa difícil, e descreva-a detalhadamente por escrito ou gravando uma fita. Repita este procedimento diversas vezes e veja se já poderá realizar sua visão no mundo físico. Quando conseguir, já terá ultrapassado a barreira dos cinco sentidos. Uma vez que a imagem transcende os seus sentidos e não pode ser percebida por eles, deduz-se que a ação proveio justamente de sua dimensão invisível. Procure, então, conhecer esta dimensão mais elevada de você mesmo, que aspira a transpor as inúmeras limitações creditadas por você, a partir de uma redução proposital de suas percepções aos cinco sentidos.

- *Para familiarizar-se com a realidade de seu mundo invisível,* questione as evidências puramente físicas proporcionadas pelos cinco sentidos. Seus sentidos lhe passam uma idéia de que o mundo é reto, o que é uma ilusão. Segundo seus sentidos, o mundo se mantém inerte enquanto você se movimenta em sua superfície. Entretanto, você sabe que o mundo se move em velocidade estonteante, seja rodando em torno de seu próprio eixo ou deslocando-se milhares de quilômetros pelo espaço a cada hora. Os seus sentidos lhe dizem que os objetos são sólidos e inertes, mas ao observá-los por um microscópio potente, você os descobre ocos e em verdadeira dança de movimentos. Com isto, vemos que confiar nas limitações de nossos sentidos é viver em permanente ilusão. Procure familiarizar-se com a realidade de seu mundo invisível por meio do questionamento das evidências puramente físicas proporcionadas por seus cinco sentidos. Pondere portanto o grau de ilusão que acompanha suas percepções da realidade proporcionadas somente por seus cinco sentidos e pergunte a si mesmo por que razão tanto confia em tais sentidos.

• *Para entrar em contato com alguma orientação divina ou espiritual,* suspenda pelo menos por um dia o seu ceticismo. Procure um lugar pacato onde possa ficar só e tranqüilo consigo mesmo.

Procure, então, afastar conscientemente qualquer ceticismo ou dúvida, e peça ajuda em algo que lhe esteja sendo custoso, tentando ao máximo esvaziar sua mente de qualquer pensamento que o distraia. Procure imaginar uma cena em que você recebe ajuda de um guia que se preocupa com você e lhe trata com amor. Ainda nesse estado interior de grande tranqüilidade, concentrado, sinta a aproximação lenta da resposta que espera e perceba que não está sozinho. Apenas conheça-o e sinta-se recebendo tal ajuda. Não lhe estou sugerindo que escute vozes ou veja fantasmas, apenas que se sinta muito especialmente em paz. Registre sua sensação ao final da experiência e todas as percepções ou ajuda que venha a receber. Posso garantir-lhe que se fizer disso um hábito, você não só visitará esta sua dimensão interior mágica com bastante freqüência, como também passará a receber a tal orientação que até então lhe parecia ilusória. Vá em frente, tente. Você não precisa contar a ninguém a respeito do que está fazendo. Você fará contato direto com sua essência profunda, com a inteligência divina, que, por mais que resista, sempre lhe acompanha.

• *Para entrar em contato com a dimensão invisível a que chamamos morte,* faça algum registro daqueles sonhos em que você se vê diante de uma pessoa que fez parte de sua vida e que já se foi. Quando for dormir e penetrar o mundo invisível do pensamento, onde você cria com sua mente todos os detalhes de seus sonhos, lembre-se sempre de que ninguém morre, apenas troca-se de forma. Em seguida, procure identificar qual orientação lhe é passada pela personagem que lhe aparece no sonho. Disponha-se a falar com aquela alma durante seu sono, que é o período em que você é só pensamento. Pergunte-lhe algo e você verá que tem de fato a capacidade humana de fazê-lo. Se somos realmente almas com corpos, ao invés de corpos com almas, então todas as almas sobrevivem à fronteira a que chamamos morte, passando a habitar uma dimensão invisível. Assim, as almas podem lhe aparecer muito nítidas e bastante vivas enquanto você estiver em sua própria dimensão amorfa e invisível, de puro pensamento.

Quando for capaz de entrar em contato com tais almas em sonho e perceber quão reais continuam sendo, você verificará que a idade e a morte são reais somente no âmbito dos cinco sentidos. Uma vez tendo passado por essa vivência, você conhecerá sua própria imortalidade e sustentará um ponto de vista completamente diferente em relação à morte. Você se aperceberá de que aqueles a quem amou e que já se foram não se encontram, na realidade, longe de sua vida. Eles estão aí, acessíveis. Procure abrir-se para um contato desta ordem e, experimentando-o, receberá toda a orientação que este lhe pode trazer.

- *Para ampliar a presença desta orientação em sua vida,* saiba, desde já, que não é necessário dormir para entrar em contato com uma alma. Se você já consegue estabelecer tal conexão com a dimensão invisível durante o sono, comece a acreditar que a mesma orientação lhe estará disponível sempre que se esforçar em buscá-la, o que passará a fazer com mais freqüência e menos dúvida. Com isto, suas orações adquirirão um novo significado. Deixarão de constituir um ritual de comunicação unilateral e silencioso e passarão por uma transformação virtual em que você eleva a sua mente a um estado superior em que *literalmen-*

te participa, com Deus, do ir e vir de sua vida. Disponha-se silenciosamente, mas com muita vontade, a escutar mensagens que lhe chegarão na forma de sentimentos que o tomarão por inteiro. Seja grato e aprecie bem qualquer orientação que venha a receber. Esteja sempre a perguntar: "Como posso servir-vos e a outros com a resolução do problema que estou enfrentando?" Ao dedicar estes momentos de conexão a ajudar os outros e a manter-se consciente de seu próprio sentido maior de ser, você certamente receberá as respostas que procura.

- *Para encontrar modelos e companheiros em sua jornada*, leia sobre as experiências pessoais de gente que você admira, buscando atentar para suas vivências na dimensão do espírito. Você logo perceberá que as pessoas que mais admira passaram todas, sem exceção, por momentos de dificuldade, e que receberam, no momento adequado, a orientação e a ajuda de que precisaram. Grandes cientistas relatam, com freqüência, que vivenciam contatos espirituais com guias interiores no decorrer de suas carreiras. Segundo a maior parte das autobiografias, os mais bem-sucedidos atribuem seu sucesso à comunicação que têm com uma parte superior de si mesmos e ao recebimento de assistência divina nos momentos mais difíceis de suas vidas. Praticamente todos os grandes líderes em cada área específica, fossem atletas, escritores, religiosos, astronautas, músicos, artistas, homens de negócios etc., passaram a sentir, a partir de determinado momento de suas vidas, que estavam sendo guiados. Eles sabiam que não estavam sós e passaram a confiar na orientação divina para alcançar níveis que perceberam inalcançáveis de outra maneira.

Ciente de que a maior parte dos que atingiram alto grau de conhecimento em suas áreas se sentiram desta maneira, você não se acanhará de admiti-lo para si mesmo e até de buscá-lo. Dentro em breve, você, assim como eu, "se tornará público". Quanto aos que pensam que isto é um absurdo e que "não condiz com propósito último", passa-lhes amor e mantenha-se voltado para o seu propósito. O ceticismo deles é sua vivência atual, assim como foi, há algum tempo, a minha e a sua. Esteja tranqüilo quanto a isto.

• *Para aprender novas maneiras de relacionar-se com os outros*, comece por analisar suas atitudes para com aqueles que tende a querer dominar ou controlar, sejam seu cônjuge, crianças, companheiros de trabalho, empregados, serventes ou funcionários em geral etc. Procure relacionar-se identificando neles, para além de sua forma física, a completude de Deus. Trata-se de um excelente exercício de ampliação de sua consciência ao nível espiritual, pois, em vez de ceder ao impulso de controlar, julgar ou dominar os outros, você, ao contrário, se empenhará justamente em fortalecer e ajudar no crescimento dos que via até então como subservientes. Uma vez que possa ver através dos corpos físicos dos que o cercam, você começará a desenvolver uma relação ativa com a força invisível que flui tanto por você como por eles.

Há vários anos, comecei a fazê-lo com meus filhos. Procurei perceber os amáveis pensamentos que estavam por trás de suas ações, procurei ver através de seus rostos e pequeninas personalidades, procurei encontrar as almas que habitavam seus pequenos corpos. Ao desfazer minha compulsão de ser poderoso e controlá-los, permitir-lhes que se fortalecessem e pudessem cuidar de suas próprias vidas. Vi-os então como genuinamente eram, ou seja, pequenas almas com corpos, que, assim como todos, para cá vieram com um propósito a ser cumprido. Quando desvencilho-me de minha ânsia por poder, posso ajudar as pessoas a sintonizarem-se com seus propósitos, enquanto mantenho-me firme no meu.

• *Para aprender a viver sem precisar estar sempre controlando algo ou alguém,* procure ajudar alguém a fazer algo para si mesmo, em vez de simplesmente dar-lhe instruções a respeito. No lugar de dar-lhe uma ordem, pergunte-lhe assim: "Será que não pode fazê-lo por si mesmo?" E diga-lhe então: "Vamos trabalhar juntos para que você consiga." Um simples oferecimento de ajuda, em vez de assumir para si a execução da tarefa ou explicar à pessoa tudo o que deve ser feito, trará a você infinitamente mais forças do que qualquer aquisição de poderes externos. Isto será ainda mais verdadeiro quando você puder ajudar no crescimento de alguém com quem esteja em conflito.

A maioria dos conflitos se originam da ânsia por controlar o próximo ou provar que se está certo enquanto o outro está errado. Se você, durante seu exercício espiritual diário, puder ao menos uma vez abrir mão de controlar o outro ou de estar sempre certo, se verá então capaz de fortalecer esse outro em grau inédito. Abrir mão de dominar os outros é um dos requisitos mais básicos ao processo de espiritualização. Assim, substitua a busca por poder externo pelo único autêntico e genuíno poder, que é a capacidade de fortalecer o próximo para que ele possa ter controle sobre sua própria vida.

• *Para provar a si mesmo que você não está só,* imagine-se ligado por cordas invisíveis a todos os que encontre. Nesta cena, quando você se move para a direita, todos a quem está ligado também se movem para a direita. Quando você empurra, todos tropeçam. A partir de agora, sempre que encontrar alguém, imagine esta ligação. Com isto, você começará a tratar as pessoas como se fossem verdadeiramente parte de você e desenvolverá a tendência de transmitir amor e ajuda, em vez de sentir hostilidade e vontade de competir.

Sempre gostei muito da história do homem que recebeu de presente uma viagem ao céu e ao inferno. No inferno, ele encontrou um grande caldeirão de sopa, sendo que os únicos utensílios disponíveis para tomá-la eram colheres enormes. Os cabos de tais colheres eram, no entanto, mais longos que os braços das pessoas, de maneira que estas não podiam alimentar-se. Encontravam-se, assim, em diferentes estágios de inanição, pois não tinham como curvar seus braços. No céu, a cena era a mesma, mas as pessoas eram saudáveis e sorridentes, visivelmente bem alimentadas. O homem perguntou então a seu guia a este respeito, ao que o guia lhe respondeu: "Ah, aqui no céu, as pessoas aprendem a alimentar umas às outras." Seu propósito estará sempre em dar ao próximo. Isto é o céu aqui na Terra.

• *Para aperceber-se de que lhe ensinaram a odiar,* comece a questionar seu conceito de inimigos e ódio. Faça um apanhado geral de todos os povos que considera inimigos. Você logo se dará conta de que lhe ensinaram a quem odiar e que essas lições não passam de mero resultado da condição geográfica de seu nascimento.

Recentemente, foi-nos dito que odiássemos os iranianos. Logo em seguida, estes se tornaram oficialmente amigos, enquanto os iraquianos, até então nossos amigos, se tornaram inimigos.

Assim, forma-se uma cadeia segundo este padrão e poucos são os que entendem a seguinte mensagem: *O inimigo é o próprio ódio.* Livre-se deste ódio e da lista de povos que você é ensinado a odiar e procure harmonizar-se. À medida que for conhecendo melhor a si mesmo e sentindo internamente o amor, você passará a transmitir aos outros apenas harmonia, mesmo àqueles que lhe ensinaram que deve odiar. Desta maneira, você jamais fará parte da imensa massa de pessoas que tanto buscam odiar e matar com base no que lhes dizem seus governantes.

Imagine o que seria se cada um — sim, todos os povos envolvidos em determinada questão — se apercebesse de que não se pode estar por cima num planeta redondo. Imagine se todos se recusassem a odiar ou a ter o que chamamos de inimigos. Você pode ser um dos que contribuem para o advento de uma paz mundial. Basta que se recuse a adotar qualquer lista de odiáveis e passe a tratar todos os participantes em qualquer conflito como vítimas. Isto não significa que você seja atingido pelas más ações dos outros, mas tão-somente que você não terá ódio e fome de sangue em seu coração. Procure vivenciar externamente sua compreensão de que estamos todos ligados; lembre-se de que, ao manifestar externamente sua raiva e ódio, você fere não só seu suposto inimigo, como também a si mesmo e a toda a humanidade. Se esta mensagem lhe embaraça ou deixa em dúvida, lembre-se apenas de que ela se encontra na essência de todas as religiões e foi transmitida por todos os mestres espirituais de todos os tempos.

- *Para colocar-se em contado com o universo não-físico*, acostume-se ao conceito de *nada*. Seus pensamentos são produzidos no espaço vazio e silencioso de sua mente; do nada surge um pensamento. Do silêncio, você produz subitamente um ruído. Trata-se de um efeito sem causa, no mais físico dos sentidos. Dê a si mesmo tempo para entrar em contato com este fenômeno do nada. Experimente esvaziar sua mente de qualquer pensamento e observe, em seguida, o surgimento dos pensamentos. Ao aperceber-se da existência de uma dimensão para além do mundo da forma, em que não vigem as leis do movimento, você poderá então conceber o mundo não-físico. Você precisa demonstrar a si mesmo que qualquer coisa pode ser criada do nada, o que, de fato, ocorre a cada instante. Embora os milagres não pressuponham qualquer causa física, você deve habituar-se a tal noção por meio da vivência pessoal do fenômeno "vir do nada". Para fazê-lo, conscientize-se de que você mesmo é virtualmente um espaço totalmente vazio. Um exame de seu corpo, realizado com o auxílio de um microscópio de alta potência, lhe revelará que o seu ser físico não é senão partículas separadas por espaço vazio. Com um microscópio ainda mais potente, você descobrirá que tais partículas são, por sua vez, constituídas de outras partículas móveis igualmente separadas por espaço vazio. A maior parte do que você entende como seu corpo físico é, sob outra perspectiva, espaço vazio. Assim, analogamente, sua mente é matéria de uma longa lição sobre o que chamamos *nada*.

Estar familiarizado com este conceito de nada é mais uma indicação de que já se pode realizar milagres. Registre os pensamentos que lhe vierem durante uma parte do dia e lembre-se, ao mesmo tempo, de que estes nada têm a ver com causa e efeito. De onde vêm? Uma vez habituado a isto, você verificará que os milagres provêm desse mesmo "lugar".

- *Para colocar-se em contato com sua própria essência não-física*, retire-se do mundo físico por um breve período. Se puder, mergulhe numa câmara de isolamento, onde se privará de seus sentidos e viverá somente o nada de sua mente. Se não tiver acesso a tal local, mergulhe calmamente em sua mente e procure abstrair-se de cada um de seus sentidos, nenhum toque, nenhum paladar, nenhum som, nenhuma visão, nenhum cheiro. À medida que os sentidos se forem (o que faz toda noite durante o sono), observe o que ocorre com seu corpo. Quanto mais se abstrair de seu contato com o corpo através de sua mente onisciente e onipotente, tanto menos se baseará em sua condição física para avaliar sua vida em geral. Isto se chama "entrar em contato com a verdadeira essência de si mesmo" — sua essência invisível — e é a chave para tornar-se um indivíduo espiritualizado.

• *Para manter sua atenção voltada antes para o seu propósito do que para resultados*, mantenha sua mente, corpo e alma totalmente voltados para a atividade que desempenhe num determinado momento. De todas as pessoas que jogam tênis a cada dia no mundo, a metade não vence. Acaso isto significa que haja milhões de perdedores? Procure, em cada uma de *suas* atividades, parar e perguntar a si mesmo: "Por que estou, na verdade, fazendo isto?" Você perceberá que o resultado (a vitória ou a recompensa) é tão passageiro quanto os próprios momentos em que participa da atividade. Assim, mantenha-se concentrado em seu propósito em vez de na recompensa final. As vitórias e derrotas não deixarão de acontecer, apenas você estará no piloto automático. Mesmo que seu desempenho se mantenha inalterado por um certo período, você automaticamente passará para um nível acima. Deixe de lado o possível resultado de suas ações e verá que o nível de seu desempenho paradoxalmente se elevará.

• *Para libertar-se de preocupações com coisas sem valor*, questione sua atitude para com suas posses. Faça um inventário de tudo o que possui. Você morreria por algum desses itens? Agora pense em seus valores, ideais, pessoas amadas e se faça a mesma pergunta. Você conhece suas prioridades e sabe que estão todas relacionadas antes ao que pensa e crê do que ao que possui. Liberte-se internamente de suas posses e sintonize-se com seu propósito, ou seja, volte seus pensamentos e ações diárias para o que lhe é verdadeiramente importante. Você está aqui por uma razão específica e não para estocar material orgânico. Você chegou até aqui sem esse material e em breve daqui irá igualmente sem ele. O que sobrevive é seu desempenho em servir a seus próprios ideais e àqueles com quem teve contato. Concentre-se em seu propósito e se verá voltando-se automaticamente para o mundo espiritual.

• *Para movimentar-se no plano espiritual*, comece por dedicar um dia à ética em vez de às regras. Faça um inventário das regras a que você impreterivelmente obedece. Em lugar de comportar-se segundo regras de outros, estabeleça para você mesmo um "dia ético", em que sua alimentação, vestimenta, trabalho, vida doméstica e tudo o mais que faça neste dia se fundamentem na ética, não nas regras preestabelecidas. Pergunte a si mesmo o que há de moral, pleno de sentido e amável a ser feito, não quais são as regras. Assim, você deixará de voltar-se para os resultados e passará a concentrar-se em seu propósito. Lembre-se sempre de que algumas dentre as mais detestáveis atitudes humanas são tomadas com a justificativa "estou apenas cumprindo as leis". As leis estabeleceram que os negros deveriam sentar-se na parte de trás dos ônibus, que as mulheres não poderiam votar, que não haveria problema em se possuir arma de fogo etc. As pessoas que se fundamentam na ética se desvencilharam dessas destrutivas regras arcaicas. Seja uma delas, ao menos por um dia. Afaste-se das regras e viva eticamente, sem importar-se com o que estas têm a lhe dizer.

• *Para tornar-se mais sereno consigo e com o mundo*, dê-se um período de calma, diariamente, durante uma semana. Isto é extremamente importante e algo ao qual você, provavelmente, resistirá. Encorajo-o a dar-se este maravilhoso presente, ao mesmo tempo um passe para a verdadeira magia. A ocasião mais apropriada é pela manhã, cedo, após uma ducha rápida e antes que alguém se levante. Fique sozinho durante trinta minutos e, calmamente, ingresse e apazigue a sua mente. Sente-se numa posição confortável, feche os olhos e simplesmente concentre-se em esvaziar a sua mente, tornando-se intensamente consciente de sua respiração. Você logo perceberá que está ficando mais calmo e, mesmo que nada mais obtenha, verificará que isso foi uma valiosa ajuda para reduzir o estresse e a tensão em sua vida. Se você prosseguir, seguindo algumas das dicas que menciono no próximo capítulo, garanto que descobrirá uma parcela de si mesmo que lhe dará toda a orientação amorável de que você precisa para cada aspecto de sua vida. Mais do que isso, a meditação irá destruir toda a ilusão de isolamento existente em sua vida.

- *Para aproximar-se de sua intuição e cultivá-la*, trate aqueles "cutucões" interiores que por vezes lhe vêm à mente como hóspedes queridos, em vez de rotulá-los de simples pressentimentos. Quando lhe vier a próxima intuição, procure parar e registrar o que acontece, seja qual for o conteúdo. Então, em vez de ignorá-la ou expulsá-la de sua consciência, pergunte a ela: "Por que minha mente deseja que eu tome tal rumo?" Experimente dialogar com essa voz da intuição e verá o que aprenderá ou lhe ocorrerá nos dias seguintes à experiência. Ao aprender a manter tais diálogos interiores, você passará a confiar em sua intuição e acabará por descobrir sua amável presença e valiosa contribuição à sua mente. Atente para a seguinte história:

> Dois monges discutiam a respeito da bandeira do templo. Um dizia que a bandeira havia se mexido, enquanto o outro sustentava que o vento a havia movido. Mestre Eno ouviu-os de passagem e lhes disse: "Não foi nem o vento nem a bandeira, mas suas mentes que a moveram." Os monges então se calaram.

Assim, da próxima vez que tiver uma intuição e, em seguida, vontade de ignorá-la, opte por segui-la. Você precisa cultivar o hábito de confiar em sua intuição. Observe o resultado de sua ação intuitiva; comece a registrar todos os benefícios que lhe ocorrerem ao seguir sua intuição. Tais conversas interiores, tais debates sobre o que fazer e qual direção tomar podem ser bastante bem concluídos a partir da pergunta "que opção manterá minha sintonia interior com meu propósito?". Siga então um passo adiante nessa direção. Em pouco tempo, sua intuição se tornará sua mais confiável companheira. Você passará a valorizar e celebrar suas vindas à mente.

• *Para manter-se voltado para o que apóia do que para aquilo a que se opõe*, faça um inventário de tudo em sua vida a que se opõe e transforme esta lista numa relação de tudo o que apóia. Em vez de colocar-se contra o mal, coloque-se a favor do amor. Em vez de ser contra os maus hábitos de estudo de seu filho, busque ajudá-lo a ser um jovem disciplinado. Ao manter seus pensamentos longe daquilo a que se opõe, você deixará de ansiar por combatê-lo e tenderá a apoiar os itens "a favor" de sua lista. Este é um excelente método para eliminar boa parte da inquietação interior e do estresse advindos da lista dos "contra". Lembre-se: tudo o que combate o enfraquece; tudo o que apóia o fortalece.

• *Para desenvolver uma postura de amor e fortalecimento para consigo mesmo*, transforme todos os julgamentos negativos que faz a respeito de si mesmo em afirmações positivas em seu favor. Em vez de opor-se à sua preguiça, procure ter mais energia. Ao buscar mais energia, você poderá eliminar sua preguiça, ao passo que ao opor-se à preguiça, você seguirá irritado e indisposto consigo e enfraquecerá sua decisão de mudar. Isto vale para seu peso, seus vícios, todo o seu metabolismo e todos os seus "maus hábitos". Em vez de associá-los a uma imagem negativa de si mesmo, associe-os ao que apóia e a suas capacidades, e verá que adquirirá automaticamente força para corrigi-los.

• *Para entrar em estado de iluminação*, reserve diariamente uma parte do dia para estar admirado. Sim! Total e completamente admirado. Agradeça por seu fígado, mãos, cérebro e por sua mente invisível e misteriosa. Admire-se com o simples fato de estar aqui, especialmente se considerar as possibilidades matemáticas. Observe as funções de seu corpo e os trilhões de células que atuam conjuntamente para mantê-lo vivo. Você deve admirar-se com tudo isso diariamente. O ar que respira, a água que bebe, a comida que, de pequeninas sementes, cresce para mantê-lo nutrido. A atmosfera, o ozônio, tudo. Seja grato por tudo, aprecie e desenvolva seu senso de responsabilidade para com o universo. Trate todas as esferas da vida com grande respeito e admiração, ciente de que tudo se movimenta rumo a uma meta final. Alguns minutos a cada dia de admiração total o aproximarão muito mais rapidamente de seu despertar espiritual do que qualquer curso de metafísica. A iluminação é a aceitação e apreciação simples e silenciosa de tudo o que é. Você pode entrar em tal estado neste exato momento. Basta que seja grato por sua mente e recursos que permitem que leia estas palavras, e que se admire pela maneira magistral como funcionam. Admire-se e se iluminará. Ilumine-se e os milagres farão parte de seu cotidiano.

- *Para remover antigos ressentimentos e mágoas,* isole em sua mente uma pessoa que sente tê-lo enganado em algum momento de sua vida, alguém que não lhe tenha pago uma antiga e longa dívida. Talvez um ex-cônjuge que o tenha abandonado ou abusado de você, ou um pai ou, ainda, uma antiga paixão que o tenha descartado. Isole esta pessoa de seus pensamentos. Agora, apenas por alguns instantes, procure imaginar-se dando-lhe amor em vez de sentir ódio ou mágoa. Procure perceber que eles entraram em sua vida para ajudá-lo a aprender uma lição, e que, por mais dolorosa que seja esta lição, isso só chegou a você porque faz parte de seu propósito. Quando for capaz de passar-lhe amor em vez de ódio, você não só estará curando a si mesmo como também entrará na reta final para tornar-se um indivíduo espiritualizado.

Considere uma má ação que lhe tenha sido feita como uma mordida de cobra. Quando se é mordido por uma cobra, sente-se duas dores distintas: uma é a dor da mordida em si, que não pode ser "desmordida"; aconteceu, machucou e lá está a marca para prová-lo, após o que já se terá aprendido a desviar das cobras. A outra é provocada pelo veneno que lhe foi inoculado e que passou, então, a circular em seu corpo. Este sim é o assassino. Ninguém jamais morreu por uma mordida de cobra. É o choque provocado pela presença do veneno no corpo que é, na realidade, fatal. O mesmo ocorre com o ódio e o perdão. O evento em questão aconteceu e não pode ser desacontecido em seu mundo físico. A raiva e a mágoa remanescentes continuam, no entanto, a circular em você, como veneno, por muito tempo após a cura e desaparecimento da mordida, e é você e somente você que tem o poder de expulsar esse veneno assassino; essa opção lhe estará sempre disponível. Lembre-se das sábias palavras de Buda: "Você não será punido por conta de sua raiva, mas sim por sua própria raiva." É impossível realizar-se milagres quando se está envenenado com mágoas de outras pessoas.

Comece hoje mesmo a afirmar: "Eu sei que tenho dentro de mim poder para erigir uma vida de plenitude e alegria. Eu sou um milagre e, portanto, também um realizador de milagres." Uma das mensagens básicas deste capítulo explica como tornar-se, antes, um ser espiritual que passa por uma experiência humana do que um ser humano que passa por uma experiência espiritual. Este capítulo pode ser resumido também pelas palavras de um homem simples que viajou pelos Estados Unidos, no início do século XIX, distribuindo sabedoria popular. Trata-se de Will Rogers, que nos lembrou a todos: "Assuma, então, que não se envergonharia de vender o papagaio de família para a fofoqueira da vila." Sem dúvida, um bom conselho espiritual!

CAPÍTULO 3

Preparando a mente para a realização de milagres

Uma vez que nosso caso é inédito, devemos pensar e agir de maneira igualmente inédita.
ABRAHAM LINCOLN

A tarefa final em sua jornada rumo à verdadeira magia é a preparação da mente, ou essência invisível, para uma vida na qual os milagres sejam habituais ou corriqueiros. No capítulo anterior, examinamos a idéia de que há um propósito para a sua existência em um universo pleno de sentido. Vimos como sintonizar seus pensamentos e ações com o propósito divino para o qual você foi retirado de seu anterior estado amorfo, na eternidade, e introduzido neste mundo da forma. É necessário também que você reconheça conscientemente a existência de uma orientação amorosa, que se encontra disponível, e da qual deve aprender a fazer bom uso. Você pode vivenciar a seguinte condição colocada por Hazrat Inayat Khan: "O místico faz mais que citar escrituras. Ele não só diz 'busquem, antes, o reino de Deus', como dedica a totalidade de sua vida a esta busca." Tratase, de fato, de algo que abrange todos os âmbitos da vida, o que não significa que você deva isolar-se do resto do mundo ou alterar a condição de vida ou trabalho. O que você *alterará* é aquela realidade invisível que é unicamente sua.

Você encontrará neste capítulo um guia com cujo auxílio poderá preparar sua mente para que possa viver num mundo em que a verdadeira magia não só é possível como é direito seu. Uma vez preparado, você não só acreditará em milagres como os realizará em sua vida cotidiana. Estudei e passei algum tempo com aqueles que considero realizadores e aplicadores de milagres, e sei, por suas experiências e pela minha própria, que o que apresentarei a seguir é um modelo de preparação da mente que corresponde às reais necessidades dos que buscam tal empreendimento.

Catorze chaves para a preparação da mente para o milagre

Eis 14 chaves para o estabelecimento de um meio propício à realização de milagres e de verdadeira magia. Embora trate-se de tarefas mentais a serem levadas a cabo pela sua parte invisível, há exercícios específicos a serem realizados bem aqui neste mundo. Após cada chave, fiz uma lista de sugestões para a aplicação, neste mundo físico e visível, dos conhecimentos de uma mente preparada.

1. *Procure ser comedido em seus julgamentos e descrenças.* Assim como à maioria de nós, devem ter-lhe ensinado a ser cético quanto a tudo que não possa ver e tocar. Você precisa desfazer esta descrença, assim como o faz ao assistir a um filme ou ler um romance.

Quando assiste a um filme ou lê um romance, você suspende voluntariamente sua descrença para que possa aproveitar a história sem lembrar-se a todo instante de que a mesma pode não ser verdadeira. O mesmo ocorre com o mundo da verdadeira magia. Você suspende voluntariamente sua descrença e penetra temporariamente num mundo de infinitas possibilidades. No caso de não apreciá-lo, você pode a qualquer momento interromper a experiência e retornar ao mundo do ceticismo e da descrença. Contar-lhe-ei a seguir uma experiência por que passei recentemente.

Em seu livro *Em busca do eu*, Shirley MacLaine escreve a respeito de um senhor brasileiro chamado Maurício Panisset, que diz possuir poderes milagrosos que jamais havia presenciado em minha vida à época em que li seu livro. Na realidade, meu treinamento de até então me levava a considerar tal coisa com certa dúvida e ceticismo. Eis um trecho da obra:

> Maurício Panisset nasceu em 6 de março de 1930, em Minas Gerais, Brasil. Foi o terceiro filho numa família em que o pai, um pastor metodista, se interessava por metafísica. Sua mãe cedo concluiu que não poderia suportar a incontrolável rebeldia do filho. Assim, desesperados, seus pais o levaram, aos seus 9 anos, para morar com a avó numa fazenda (...). Ele ia sempre à floresta, onde dizia (mais tarde) ter sido seguido por "luzes". As luzes lhe apareciam sob a forma de bolas brilhantes e lhe "falavam" cada vez que apareciam (...). Ao atingir a puberdade, as luzes desapareceram. Em 1949, aos 19 anos, prestando serviço militar, numa noite de sentinela, as luzes reapareceram (...). Em 1969, as luzes se intensificaram em tal grau que voltaram a "falar-lhe". Em 19 de abril de 1969, uma das luzes lhe falou com tanta intensidade que Maurício não pôde ignorá-la. A luz lhe disse: "Você precisa usar sua própria luz para curar os enfermos. Vá ao hospital e comece."

Embora tivesse me intrigado a história de Maurício, devo admitir que aventei a possibilidade de que Shirley tivesse usado de algum truque inteligente ou talvez "extrapolado o limite", pois, afinal, todos *sabemos* que luzes não falam ou agem da maneira como descreve em seu livro. Pois bem, minha descrença veio a ser derrotada no verão seguinte.

Próximo ao final de nossa estada anual de verão em Maui, encontrava-me na Igreja da União de Maui, Havaí, como palestrante convidado. Sempre faço isto, antes de partir, como retribuição a esse lindo paraíso espiritual do oceano Pacífico, onde recebi tanta inspiração e orientação divinas.

Terminada a minha exposição, uma mulher convidou a mim e a minha esposa, Marcie, para um encontro com ela, o marido e um pequeno grupo de amigos em sua casa na cidade de Lahaina. A mulher, Gail Longhi, e seu marido, Bob, são donos de um dos mais famosos e cobiçados restaurantes do Havaí. Gail explicou que havia convidado uma pessoa muito especial, a respeito de quem Shirlev MacLaine havia escrito em seu livro *Em busca do eu*. Seu nome era Maurício e, a considerar pelo que havia escutado em minha palestra na igreja, ela imaginou que apreciaríamos um encontro privado com aquele homem notável. Naquele instante veio-me à mente a reação que tivera ao ler sobre os talentos de Maurício, e aceitei o convite com satisfação. Minha mulher e eu concluímos que se tratava de uma oportunidade talvez única de conhecer a magia desse mestre e, igualmente importante, de desfazer voluntariamente nossas descrenças e julgamentos.

Quando lá chegamos, foi-nos dito que Maurício nos veria em cerca de 45 minutos. Ele se encontrava numa sessão com a mãe de Gail, num quarto cuja janela dava para o pátio interno da casa. De repente, vimos, num momento em que havíamos saído ao pátio, o que pareciam ser raios de luz naquele quarto — explodiam em enormes rajadas de luz branca, um verdadeiro show de luzes!

Pouco tempo depois, a mãe de Gail desceu as escadas e passou por nós com um olhar apaziguado e calmo e desapareceu casa adentro. Mais uns poucos minutos e desceu Maurício, que vestia uma camiseta sem mangas ensopada de suor. Encontramo-lo em seguida na cozinha, onde bebia grande quantidade de água. Sua aparência era de um homem de quase 60 anos, baixo, robusto e maravilhosamente sereno e humilde. Ele explicou educadamente que precisaria de uns 15 a 20 minutos antes de ver-nos. Ao agradecer-lhe, ele retrucou num inglês estropiado: "Não, não me agradeçam. É obra de Deus, não minha."

Passaram-se cerca de 20 minutos, durante os quais Bob assegurou a todos que não havia a menor possibilidade de truque, explicando que o show de luzes havia ocorrido em seu próprio quarto e que havia conduzido pessoalmente Maurício até lá, onde teve com ele sua primeira sessão. Comentou até a razão da escolha daquele cômodo. Eu, de minha parte, apenas esperava com minha mente aberta e minha descrença suspensa.

Maurício pediu que subíssemos com ele. Marcie e eu decidimos participar juntos da experiência, pois assim poderíamos corroborar uma vivência do outro e compartilhar o que quer que testemunhássemos.

Deitamos diagonalmente sobre a cama, nossas cabeças uma ao lado da outra e as mãos dadas. Maurício ligou um gravador e começamos a escutar, em volume baixo, uma música de meditação tocada por uma flauta. Ele veio por trás de nossas cabeças e posicionou seus dedos sobre a testa de Marcie. Em seguida, pronunciou em voz alta as palavras "energia, energia, energia" e mais algumas palavras em português que não pudemos entender. Retirou, então, seus dedos da testa de Marcie e os estalou fortemente, sempre repetindo "energia, energia". De repente, o quarto milagrosamente se iluminou. A luz emanava de suas mãos e era como se um raio tivesse atingido o recinto. Marcie estava de olhos fechados mas podia, ainda assim, ver a luz por suas pálpebras. Quanto a mim, não fechei meus olhos em nenhum momento sequer. Encontrava-me estupefato.

Maurício veio e tocou minha testa com seus dedos. Sua mão estava mesmo muito quente. Mais uma vez pronunciou "energia, energia, energia" e algumas palavras em português. Senti como se tivesse visitado temporariamente outra dimensão. Havia eletricidade na luz e na energia, e meu corpo foi acometido por um grande choque. O quarto brilhava. Imagine! Da total escuridão à luz brilhante das mãos daquele homem!

Permanecemos naquele quarto mais de 20 minutos. Nesse período, ele pousou uma das mãos sobre meu joelho e, a outra, sobre meu calcanhar, que eu havia ferido num tombo feio sobre pedras escorregadias na semana anterior. Senti enorme calor e a luz mais uma vez emanou de Maurício e iluminou o cômodo. Ao todo, ele realizou este procedimento de 12 a 15 vezes durante nossa sessão, após o que nos recomendou que permanecêssemos deitados por alguns instantes e deixássemos a experiência assentar, pois poderíamos sentir certa tontura. Em seguida, saiu do quarto e desceu as escadas.

Ficamos então deitados de mãos dadas por vários minutos, em silêncio, sentindo-nos mais próximos um do outro do que jamais até então. Não nos era necessário falar. Descemos as escadas juntos, lentamente, olhando para os outros sete ou oito reunidos no quarto.

Minha esposa é extremamente ligada a nossas crianças. Ela se dedica integralmente a seus bebês e parece tornar-se cada vez mais intensamente voltada para os sete que deu à luz. Na noite do encontro com Maurício, nossa filha adolescente Stephanie cuidava da irmã Saje Eykis, então com 9 meses. Após a sessão, Marcie havia descido as escadas como que em transe, com um olhar pacificado, totalmente diferente. Poucos instantes depois, tocou o telefone e era Stephanie dizendo que não conseguia fazer o bebê parar de chorar e reclamar. Um telefonema como esse nos faria, em qualquer outra circunstância, voltar imediatamente para casa, a fim de que Marcie pudesse afagar o bebê como só ela sabe fazer. Mas Marcie havia entrado em outro mundo após a experiência com as luzes, e sua resposta a Stephanie me surpreendeu tanto que saí de meu transe. Ela disse: "Desculpe-me, Stephanie, mas você terá de se virar. Enquanto não chegamos, procure fazer o que puder para fazê-la parar de chorar." Era uma Marcie diferente da que eu conhecia até então. Enquanto voltávamos para casa, concluímos que havíamos passado por uma vivência muito especial e indescritível.

No dia seguinte, notei o desaparecimento de uma antiga protuberância, um tanto desagradável, sobre minha clavícula, e que o calcanhar ferido não mais incomodava. Ao prestar mais atenção, notei que o ferimento estava quase totalmente curado, sendo mesmo difícil perceber qualquer sinal do machucado.

Quando vivenciei esse episódio eu pensava, havia várias semanas, sobre a confecção deste livro. Durante minhas meditações, foi-me diversas vezes assegurado que eu receberia todas as provas de que precisasse para escrever um livro sobre a realização de milagres. Foi-me por várias vezes assegurado que minhas dúvidas se dissipariam e que eu poderia escrevê-lo. O contato com Maurício e a experiência real de ver aquelas luzes foram suficientemente convincentes para concluir que a verdadeira magia de fato existe.

Creio ter podido vivenciar a verdadeira magia por ter voluntariamente suspendido minha descrença. Estou convencido de que a suspensão da descrença é o primeiro passo na preparação da mente para a realização de milagres. Eu lhe proponho que cultive uma nova e declarada abertura interior a tudo o que lhe possa ocorrer.

Para saber o real nível de abertura de sua mente, resolva a seguinte charada do matemático Douglas Hofstadter:

> Um pai e seu filho vão juntos, de carro, a um jogo de futebol. Em determinado ponto do caminho, precisam cruzar uma linha férrea. O carro morre bem no meio do cruzamento. Ao escutar ao longe a aproximação de um trem, o pai tenta desesperadamente religar o motor mas não consegue e o trem atinge o carro. O pai morre instantaneamente e o filho sobrevive, tendo de ser levado urgentemente a um hospital para uma cirurgia cerebral. Ao entrar na sala de cirurgia, a pessoa que realizará a operação empalidece e diz: "Não posso operar este menino. É meu filho." Pois bem, a questão é: Qual a relação entre o menino e essa pessoa? Você tem alguns minutos para pensar antes de olhar a resposta (as palavras seguem de trás para a frente). "A aigruric aires atief alep eãm od oninem."

Manter a mente aberta e suspender nossa descrença é um procedimento que nos permite vivenciar novas experiências, porquanto o encerramento da mente e a ausência de vontade de dissipar nossas descrenças nos mantêm amarrados a antigas maneiras de pensar e ver. A verdadeira magia só é acessível aos que imaginam todas e quaisquer possibilidades, deixando que o "como acontecerá" se encarregue de si mesmo. O que lhe peço neste momento que faça é só isto, nada mais. Apenas abra sua mente e suspenda seu ceticismo ou descrença. Este é o início do processo de realização de milagres.

SUGESTÕES PARA ALCANÇAR ESSE AJUSTE MENTAL

• *Faça afirmações para você mesmo, permitindo-se adotar novas idéias.* Diga a si mesmo: "Manterei minha mente aberta."

"Recuso-me a julgar quem quer que seja ou qualquer idéia." "Estou aberto às infinitas possibilidades que me são, neste exato instante, acessíveis." "Não será somente por não poder ver ou totalmente compreender algo que o considerarei inexistente." "Hoje, ao menos por hoje, suspenderei minha descrença e estarei completamente aberto ao que quer que me venha ao encontro." "Agirei no sentido de minha nova abertura, não de meu antigo ceticismo."

- *Mantenha pelo menos um pequeno canto de sua mente aberto à realização de milagres.* Analise a vida de outros que vivenciaram milagres e saiba que estes lhe são igualmente possíveis. Converse com seus amigos e conhecidos e pergunte-lhes se já vivenciaram alguma vez o que você chamaria de um milagre. Leia livros e artigos de ou sobre pessoas que tenham vivido tais experiências. Ao permitir-se crer em tais histórias e experiências genuínas, você estará se abrindo para vivenciar em e para si mesmo tais experiências.

2. *Reserve uma região de sua mente a para verdadeira magia.* Uma vez começando a suspender sua descrença e ceticismo, você já terá iniciado a preparação de sua mente para a realização de milagres. Faça disso uma parte bastante particular de sua vida. Reserve uma pequena parcela de sua consciência somente para testar-se nesse campo. Em meu caso, a reserva de tal espaço foi imprescindível para minha auto-aplicação de milagres. Foi justamente tomando banho, durante o qual calmamente meditei, que vim a considerar a real possibilidade de deixar o álcool. Embora a bebida não constituísse um grande problema — apenas umas poucas cervejas após a corrida diária — tratava-se de algo que eu fazia todo dia e que sentia, intuitivamente, não ser saudável. Perguntei a mim mesmo (ou a meu guia, Eykis): "Será que poderei abrir mão do álcool a partir de 1° de janeiro do ano que vem?"

Apenas aventei a possibilidade. A resposta me veio cristalina: "Não beba hoje e repita a pergunta amanhã. Só hoje. Agora! Você não precisa mais esperar."

Minha região mental mágica é reservada a questionamentos desta ordem, sobre que direção tomar em distintas situações. Ela nunca falha. Por isso, eu lhe recomendo que reserve sua própria região invisível e amorfa em sua mente, tratando-a como seu "cantinho da liberdade". Sempre que precisar, recorra à assistência e orientação amorosa que sempre estarão à sua disposição.

SUGESTÃO PARA ALCANÇAR ESSE AJUSTE MENTAL

- *Afirme para si mesmo, em voz alta, todos os dias, que você é um ser espiritual de passagem por uma experiência humana e que, nessa esfera espiritual, não há limites.* Afirme em voz alta que a inteligência universal que perpassa todas as formas do universo também o perpassa e que a lei universal que possibilitou a realização de todos os milagres da história deste planeta não foi jamais suspensa. Continua em vigência até hoje e lhe está disponível. Esta afirmação o ajudará a abrir-se para que possa conhecer as forças universais, em vez de seguir cético e fechado à atuação de tais forças em sua vida. Para começar, afirme. Depois, sim, aja segundo a afirmação.

3. *Afirme para si mesmo que é uma pessoa ilimitada.* Quando tiver conseguido alocar uma região de sua mente para a verdadeira magia e estiver confiante de poder "consultá-la" quando quiser, comece então a afirmar para si mesmo, em particular, que os poderes que possui são literalmente ilimitados. Há uma regra prática. Se você pode conceber algo em sua mente, ele pode ser trazido ao mundo físico.

Antigamente, eu acreditava ser incapaz de realizar um *backhand* no jogo de tênis. Enquanto aceitei isso, de fato não consegui executá-lo. Hoje, é a minha jogada mais constante. Mudei minha crença, e a minha forma me acompanhou. Creia que, quando executo um *backhand* bem-sucedido, parece-me um milagre. Acreditar em qualquer limitação, e chamo a atenção para o *qualquer*, é um golpe contra você e o seu desejo de experimentar a verdadeira magia.

A questão central é, na realidade, que você e somente você é capaz de operar magia em sua mente. A opção está sempre em suas mãos. Não se trata de sorte, mas de conceber a si mesmo como parte da força divina presente em todas as formas do universo.

Quando criança, você muito provavelmente mantinha boa relação com sua própria magia invisível interior. Criava, em sua fantasia, situações em que engatinhava, andava, subia em árvores etc. Você tranqüilamente nadaria, por mais difícil que lhe parecesse. Você sabia que realmente o faria, e tudo partia de sua mente. Eram pensamentos invisíveis seguidos do que fosse necessário para realizá-los no mundo material. Você montaria e pedalaria uma certa bicicleta mesmo que bambeasse o tempo todo e caísse a cada instante. Não havia limites em sua mente. Tudo o que obteve partiu de uma crença. Você não mudou fisicamente do momento em que largou da borda da piscina e nadou por si mesmo. Sua essência física não se modificou da época em que não nadava para a época em que passou a nadar. A diferença era tão-somente uma crença. O mesmo vale para os que andam ou não andam e para os que escalam montanhas ou não escalam montanhas. Você não perdia seu tempo dizendo: "Não, nunca conseguirei ficar de pé. Terei de ficar sentado aqui para sempre. Acho que não consegui herdar os genes necessários para ficar de pé." Não havia espaço em sua mente para dúvidas quanto à sua grandeza em tais áreas. Você, antes, concebia a idéia supostamente impossível em sua mente e depois procurava pô-la em prática.

Houve determinado momento em sua vida que você começou a duvidar de sua própria capacidade mágica. Nunca duvide do fato de que, sob o ponto de vista de quem engatinha, andar seja verdadeiramente um milagre. Você perdeu sua capacidade de estender essa crença a milagres novos e mais "impossíveis". Você passou a adotar as descrenças daqueles "limitados" que o cercam e que lhe dizem "você deve conhecer seus limites" ou "você não conseguirá fazê-lo" ou, ainda, "você é como seu pai. Ele também não tinha jeito para isso". Enfim, a lista é tão extensa quanto as próprias limitações.

Para reaver a magia de sua infância e tornar-se o seu próprio aplicador de milagres, você precisará modificar os pensamentos que originaram seu mundo de limites e fronteiras. O processo tem início em sua mente e, uma vez que você produz seus pensamentos, portanto tem a capacidade de recriar para si mesmo uma imagem de sua vida futura. Ora, por que não incluir nessa imagem também a presença da verdadeira magia?

SUGESTÃO PARA ALCANÇAR ESSE AJUSTE MENTAL

- *Faça uma lista das limitações que você esteja certo de possuir.* Procure, a seguir, analisar a maneira como outras pessoas conseguiram vencer as mesmas limitações. Quando se aperceber de que possui este poder interior para transcender tais autolimitações, você já estará no caminho certo para vivenciar a verdadeira magia a que me refiro no decorrer deste livro.

4. *Prepare-se para o convívio com a intuição.* Você precisa habituar-se à idéia de que "apelos interiores" e "súbitos pressentimentos" sejam verdadeiras vozes internas a oferecer-lhe orientação.

Conforme disse no capítulo 2, considere sua intuição como uma comunicação particular entre Deus e você, assim como você fala particularmente com Ele, chamando a isso de oração. Não é de todo estranho que recebemos respostas do além, especialmente quando se acredita poder fazer contato com a inteligência universal que lá se encontre. Lembre-se, não importa o *nome* que se dê a essa inteligência universal. Eu a chamo *Deus* e você pode chamá-la como bem entender. O importante é saber que essa inteligência está presente, faz parte de você e de tudo que vive.

Habitue-se às vozes de sua intuição e escute-as considerando-as guias afetuosos oriundos do mundo espiritual, não-físico. Minha própria fórmula pessoal é: se eu a sinto, então é real; e, se é real, recuso-me a ignorá-la. Eis a seguir dois exemplos:

Numa viagem de férias à Cidade do Panamá, na Flórida, minha esposa dirigia o carro enquanto minha filha Tracy e sua prima dormiam no banco de trás; eu cochilava, descansando de seis horas ao volante. De repente, algo dentro de mim me acordou e notei, então, que o carro à nossa frente estava prestes a bater no carro que o antecedia. Minha esposa não podia ver, em seu campo de visão, o que ocorria adiante do carro à nossa frente e não havia, portanto, se apercebido do perigo que corríamos. O carro à nossa frente desviou para o acostamento a fim de evitar a batida, e eu, no mesmo instante, agarrei o volante e joguei o carro para o acostamento, no que o motorista que vinha atrás de nós também foi alertado para a situação, evitando-se assim terrível acidente.

Que espécie de intuição me orientou naquele momento? Chame-a como quiser. Eu a entendo como Deus falando comigo. Estou certo de que Deus, de maneira incompreensível, me cutucou e acordou naquele dia de verão dos anos 1970. Por quê? Creio que ainda tinha muito a fazer por aqui — gerar os filhos que ainda estavam por nascer, escrever minhas obras e exercer todas as demais atividades de que me ocupei desde então. Como podemos argumentar com a perfeição do universo? São chamadas inexoráveis que recebemos, e, quando é a nossa vez, nada é capaz de impedi-lo.

Nosso amigo Larry, que nos ajudou, há vários anos, a decorar nossa casa, contou-nos uma vivência, quando se dirigia rumo a um sinal verde, a 70 quilômetros por hora, quando de repente começou a ouvir uma voz interior que lhe implorava, aparentemente sem qualquer razão de ser, que pisasse fundo no freio. Pouco depois de seguir sua intuição, parou a alguns centímetros de um carro que avançava o sinal vermelho no cruzamento.

Tenho absoluta certeza de que também você deve ter passado por inúmeras situações em que uma voz interior lhe alertou para algo, sem que percebesse nenhuma razão para tal, o qual veio a mostrar-se, posteriormente, fatal. Acontece a todos. Nada que aconteça a alguém pode ser considerado coincidência ou simples sorte. Há de haver algo para além disso, pois, do contrário, muitos não receberíamos tais mensagens de forma tão constante.

Procure apreender, com sua mente invisível, que os pressentimentos não são meros acidentes. Procure responder-lhes de uma maneira que lhe seja benéfica. Você está sendo guiado. À medida que aprende a confiar nesses guias, você passa a compreender a lição por eles ensinada, mesmo que não imediatamente.

A razão principal pela qual a realização de milagres e a verdadeira magia não são acessíveis à maioria de nós, ocidentais, consiste no fato de que somos ensinados por gente que não confia em sua própria intuição. Precisamos seguir um currículo cuja quase totalidade é composta de pensamento lógico-racional e solução de problemas. Nossas escolas enfatizam quase que unicamente a aquisição de conhecimento, ignorando praticamente o aspecto perspectivo da vida dos estudantes. A intuição, a esfera da vida em que nos perguntamos "como me sinto frente a isto?", é tida como infantil, inferior e indigna de atenção. Na realidade, a intuição, aquela voz interior murmurante que você freqüentemente escuta, é tão parte de você quanto sua capacidade de resolver equações de 2º grau, escrever poemas ou eliminar seus excrementos. Ela está aí, é real. Preste atenção! Somente quando transcender sua crença de que o conhecimento racional seja superior à intuição e à percepção é que poderá ter a verdadeira magia como seu modo de vida.

SUGESTÃO PARA ALCANÇAR ESSE AJUSTE MENTAL

• *Como exercício, escute e siga sua intuição uma vez por dia.* Converse consigo mesmo ratificando o poder de seus pressentimentos invisíveis. Procure seguir, hoje, pelo menos uma vez, um desses pressentimentos de maneira nova. Esqueça o que possa resultar disso e lembre-se que, só de atentar para a sua intuição, você vence a tendência para ignorá-la. Começar a prestar esta atenção já é um grande passo para a compreensão do vocabulário da intuição. Todos os seus pensamentos se originam nessa orientação amorosa que você sempre recebe. Busque a melhor "posição para suas antenas" a fim de atentar à sua voz interior no momento certo. Você só saberá retirar bom proveito de sua intuição se estiver conscientemente "sintonizado em seu canal".

5. *Descubra o segredo que reside no centro e sabe.* Familiarize-se com a idéia de que o nada, o vazio, tem algo a oferecer-lhe em sua trajetória rumo à verdadeira magia. Considere as seguintes palavras tantalizantes de Robert Frost, que inspiraram essa idéia: "Dançamos em círculo sobre um anel e supomos,/Mas o segredo reside no centro e sabe."

Que quer dizer Robert Frost ao falar de um segredo no centro? Quando puder responder a esta pergunta, você terá destrancado a mais oculta das portas de acesso à verdadeira magia.

Saiba que é o espaço entre as notas que compõe a música. A música (som em forma) não é uma nota ou uma série de notas. Para que se constitua em música, é necessário que haja espaço vazio e silencioso entre as notas. Uma nota sem espaço é um som contínuo. A música decorre do silêncio entre as notas. Um nada? Sim, mas imprescindível para a produção do som no mundo da forma. Sem o nada, não há música.

Saiba que é o espaço interno de um vaso que lhe confere sua característica de vaso. O vaso não é meramente argila, cristal ou qualquer outro material usado em sua confecção. O que define um vaso como vaso é um espaço vazio silencioso e invisível cercado por algum material. Se der uma martelada no vaso, o material lá permanecerá, mas vaso já não haverá nenhum. É absolutamente necessário que haja um nada, um espaço vazio e silencioso, para que se possa ter um vaso. Sem o nada, não há vaso.

Saiba que um quarto não pode ser um quarto se não for constituído de um espaço vazio e silencioso cercado de uma estrutura material. Um quarto não é o concreto, a madeira ou as vigas que constituem sua parte material. Empilhe tudo num depósito e não haverá quarto algum. É necessário que se tenha um espaço invisível, vazio e silencioso, cercado por uma forma específica, para que se tenha um quarto. Sem o nada, não há quarto.

Este espaço invisível, vazio e silencioso, que preenche *todas* as formas é denominado Tao. Escreveu-se que o Tao passível de descrição não pode ser o verdadeiro Tao, que está para além de qualquer descrição, linguagem ou símbolos. Está, paradoxalmente, em tudo. Shen-hsui assim o descreveu: "Ver o nada — eis a verdadeira visão, a eterna visão." O vaso, o quarto, a música, tudo faz sentido para nós quando procuramos compreender o nada com nossa mente racional. Sem o espaço vazio, simplesmente não podem existir. Isto vale para tudo que é feito de matéria. É necessário que lá esteja o nada silencioso para que as coisas existam. Conforme Lao-tzu, "portanto, já que retiramos proveito do que é, deveríamos reconhecer a utilidade do que não é".

Também você é forma material (pele, ossos, sangue, cartilagem) que cerca o vazio silencioso e invisível que é você mesmo. Você não existiria, não fosse o nada que o preenche. Cada célula de seu corpo é constituída de partículas que envolvem um espaço vazio. Cada molécula é, da mesma maneira, constituída de partículas que envolvem um nada. Trata-se da própria substância da vida. Quando a vida deixa seu corpo, ela não pesará menos ou mais. Portanto, sua própria vida, sua própria existência, não tem peso e é invisível. Um nada!

O segredo que se encontra no centro e sabe é o vazio que, embora externamente silencioso, está sempre lá, e é deste segredo no centro que surgirá sua habilidade em realizar milagres.

Como freqüentemente se observa, os poetas estão sempre a lidar com esses difíceis conceitos. Eis as palavras de Wordsworth a este respeito:

> Senti (...) uma sublime sensação
> Algo mais do que profundamente difuso,
> Cuja morada é a luz de sóis crepusculares,
> Oceanos circulares, o ar vívido,
> O céu azul e a mente humana;
> Espírito e movimento que impelem
> Todas as coisas pensantes, objetos todos de todos os
>   pensamentos,
> E perpassam todas as coisas

SUGESTÃO PARA ALCANÇAR ESSE AJUSTE MENTAL

• *Lembre-se sempre que o mundo da forma circunda o vazio invisível.* Lembre-se de que você é uma forma ao redor da energia vital invisível. Tenha sempre isto em mente e esforce-se o quanto puder para descobrir "o segredo que reside no centro e sabe". Visto que é invisível, você só poderá atingi-lo mentalmente. Pergunte a si mesmo: "Por que estou aqui? Quem sou eu?" As respostas às suas profundas perguntas lhe surpreenderão.

Demore-se neste espaço interior, procurando aproximar-se do guia invisível que orienta a sua vida. Confie ao menos hoje. Deixe-o operar da maneira amorosa que lhe é peculiar. Deixe que o guie e descobrirá que pode apoiar-se no segredo que reside no centro e sabe. Mantenha sempre contato com este guia interior e não se acanhe por sua causa. Quanto mais confiar que sua vida tem um propósito, e que você não será enganado, tanto mais participará do mundo harmonioso e pacífico da verdadeira magia.

6. *Aprenda a aprender por meio da conscientização e da confiança em vez da dúvida e do medo.* Há duas formas básicas de adquirir nova compreensão das coisas. Você pode escolher entre o caminho do medo e da dúvida e o caminho da confiança e da consciência. Ao optar por este último, você verdadeiramente se abre para seu potencial mágico. Boa parte de seu ensino foi voltada, muito provavelmente, para sua capacidade de desenvolver habilidades específicas. Houve época em que você esteve repleto de dúvidas sobre coisas que, hoje, sabe serem verdadeiras.

Em meu caso, houve época em que tive dúvidas a respeito de minha capacidade de falar de improviso a uma audiência por vários minutos, imagine várias horas. Minha dúvida me levou ao medo e, por conseguinte, a várias técnicas para vencer o medo. Aprender pelo medo e pela dúvida foi uma longa e dolorosa experiência. Fosse minha audiência um grupo escolar ou um encontro de homens de negócios, eu me sentia sempre muito mal quando tinha de falar-lhes.

Aprender a falar a uma audiência a partir da consciência e da confiança me foi uma experiência de longe mais gratificante. Comecei a ver-me capaz de conduzir uma apresentação, com a certeza interna de que tinha condições para fazê-lo e confiante de que receberia apoio se deixasse de lado as dúvidas. Aprendi que a platéia não se importaria se eu cometesse uns poucos erros ou me perdesse momentaneamente, pois falava com meu coração e os entusiasmava no que expunha. Apercebi-me, no dia em que recebi da Toastmasters International o prêmio Golden Gavel de melhor palestrante do ano, que minha passagem do medo e da dúvida para a consciência e a confiança foi, para mim, um verdadeiro milagre.

Você pode abordar boa parte de suas próprias experiências de maneira semelhante. Ensinaram-lhe a duvidar, numa cultura que está sempre dizendo-lhe: não pode, está errado, você é muito pequeno, muito grande, muito jovem, muito velho, você é uma moça, você é um rapaz, você não tem boa base, ou bom currículo, ou bom treinamento ou boa experiência. É a dúvida que traz o medo de sua grandeza, medo da rejeição, de errar, da amizade e, até mesmo, do sucesso.

É verdade que a dúvida e o medo lhe proporcionaram experiências válidas, mas paga-se um preço bastante alto. É fácil perceber que este não é o melhor caminho para a felicidade e a plenitude, para tornar-se uma pessoa integrada. Se você deseja familiarizar-se com a verdadeira magia, é necessário que substitua seu aprendizado pelo medo e pela dúvida por um aprendizado fundamentado na confiança máxima em seu conhecimento interior.

Para efetuar esta mudança, você deve preparar sua mente de uma maneira especial. Eis a seguir um caminho:

> Aprenderei o que preciso aprender de qualquer maneira. Portanto, em vez de optar pelo caminho restritivo do medo

e da dúvida, esforçar-me-ei para aprender minhas lições de vida a partir da confiança e da consciência. Confiarei em minha capacidade totalmente pessoal de produzir em minha mente o que desejar. Trata-se de minha mente e de meus pensamentos, o que equivale dizer que está em minhas mãos optar pela dúvida ou pela confiança. Neste momento, opto pela confiança. A opção está entre duvidar de minha capacidade de realização de milagres ou nela confiar. Agirei em total concordância com o que venha a optar. Para mim, o ditado "penso, logo existo" é, de fato, uma fiel descrição da condição humana.

Quando minha filha Serena tinha 5 anos, procuramos fazer com que pensasse dessa forma ao ensinar-lhe a andar de bicicleta. Nos oito primeiros meses, ela não quis que retirássemos as rodinhas de apoio, reclamando que ainda não se sentia preparada. Em seguida, sentiu-se pronta. Exercitou sua autoconfiança e consciência por três dias, antes mesmo de montar no veículo. Ela praticava suas afirmações em voz alta: "Eu me vejo andando de bicicleta. Confio em mim mesma e sei que posso aprender qualquer coisa, inclusive andar de bicicleta." Quando chegou o momento de montar na bicicleta, ela estava tão entusiasmada por fazê-lo, que nem sequer havia lugar para o medo. Foram raras as vezes que presenciei tal confiança e determinação na realização de novas tarefas. Sua preparação prévia lhe possibilitou um milagre, pois, em questão de poucos minutos, lá estava ela andando de bicicleta por si mesma. Naturalmente, passou por umas poucas quedas, alguns arranques meio bambeantes, mas seguia pedalando calçada afora, sem nenhuma ajuda, enquanto exclamava orgulhosa: "Estou andando de bicicleta, estou andando de bicicleta!"

Em determinado momento, ela esbarrou num pequeno hidrante e caiu na grama. Isso a desanimou por um instante, quando, deitada sobre o solo, resmungou: "Não consigo andar de bicicleta." No entanto, suas afirmações positivas e autoconfiança sobrepujaram a dúvida e ela logo se levantou, equilibrou-se sobre a bicicleta, pediu-me um ligeiro impulso e logo estava gritando "consegui, consegui"!

Foi justamente a preparação prévia que viabilizou seu milagre. E não duvide, de forma alguma, de que isto não tenha sido, para Serena, de fato um milagre. Quando chegou o momento e ela se sentiu preparada, foi justamente seu esforço mental de autoconfiança e percepção que lhe possibilitou materializar o que desejava e concretizar seu milagre. O milagre teve início em sua mente amorfa e imensurável, e foi levado a cabo no mundo físico por meio da força de sua autoconfiança e consciência.

Sejam quais forem os milagres que possam sobrevir, é imprescindível que você assuma postura interior de confiança e conscientização. Tenha sempre em mente, ao buscar essa nova consciência, que por trás do medo encontra-se a falta de força, a fraqueza. Aquilo que teme é o que combate, e qualquer combate sempre o enfraquece. O medo o torna impotente e impede o acesso aos planos mais elevados da existência. Por trás da confiança, por sua vez, encontra-se o fortalecimento e o amor; nenhum julgamento, raiva, ódio, medo ou ânsia por luta. O amor é altamente fortalecedor. Enfim, a opção está sempre em suas mãos e começa no mundo interior, amorfo, de sua mente.

SUGESTÕES PARA ALCANÇAR ESSE AJUSTE MENTAL

- *Ao encontrar-se hoje com pessoas estranhas, procure, ao menos por alguns instantes, interagir com elas confiante e cônscio do que faz.* Ao falar com algum funcionário ou alguém ao telefone, procure tratá-lo com confiança e respeito. Ao menos tente. Diga a si mesmo: "Eu confio nessa pessoa. Não duvidarei dela e sei que tudo correrá bem." Este hábito de aprender a partir da conscientização e da confiança lhe servirá em milhões de situações! Suspenda sua dúvida e medo e confie que tudo funcionará bem.

7. *Afirme para si mesmo que sua intenção gera sua realidade.* Memorize esta frase e lembre-se sempre: "Minha intenção gera minha realidade." É bem provável que lhe seja difícil conceber que sua intenção possa gerar milagres. A maioria de nós aprendeu e cresceu ouvindo que os desejos, as esperanças e as fantasias são as sementes de nossa futura realização pessoal. Entretanto, os desejos são inertes. Não movimentam energia, nem geram realidades para você. A intenção, sim, é a energia de sua alma em contato direto com sua realidade física. Aquilo que vê ao seu redor, as pessoas com quem anda, seus hábitos diários, sua capacidade de ganhar dinheiro, a forma como se relaciona com as pessoas, sua forma física e praticamente tudo o que diz respeito a sua realidade física, tudo isso é fruto de sua intenção, ou seja, da maneira como seus pensamentos se tornam realidade no mundo físico.

Tornar-se consciente de suas próprias intenções o levará a conscientizar-se de sua própria natureza espiritual. Sua intenção pode ou não estar sintonizada com o que sabe ser seu propósito. Se você sabe que o ato de amar e servir como educador, pai ou mãe, advogado ou motorista de táxi constituem o seu propósito, então sua intenção certamente seguirá o mesmo caminho. Você deve muito provavelmente ver-se cercado de outras pessoas cujos valores são semelhantes aos seus. Esses valores e sua essência espiritual mais profunda são um reflexo de suas intenções. Se você vê o mundo como um lugar de doação; se você é otimista quanto à capacidade do homem em reduzir sua agressividade; se você é capaz de perceber bondade nos outros, então é muito provável que encontre muitas pessoas que também queiram dar a você. Assim, você vivencia uma gratidão e ainda ensina o próximo a amar.

O contrário é igualmente verdadeiro. Se a sua intenção é retirar deste mundo o máximo que puder para si, é muito provável que depare em seu caminho com pessoas mesquinhas e sedentas de poder. Seus amigos têm ajuste mental semelhante e você insiste em convencer-se da mesquinhez e banalidade do mundo. Vê como suas intenções invisíveis podem criar a sua realidade?

O segredo para conseguir mudar sua vida está em suas intenções. O desejo, a esperança e o estabelecimento de metas nada mudam sem a intenção. Para consegui-lo, é necessário deixar de lado a energia inerte do desejo e enganjar-se na energia ativa da realização e da intenção. Se olhar atentamente para dentro de si, você se aperceberá de que tudo o que logrou realizar até hoje, inclusive aquilo de que menos se orgulha, foi fruto de suas intenções. Seus relacionamentos pessoais são um reflexo do que criou com suas intenções. Sua situação financeira é também fruto de suas intenções. Uma vez ciente de que você é responsável por suas intenções, de que estas têm origem em você, se dará conta de que é e sempre foi responsável por seu mundo.

Durante o ajuste de sua mente para a verdadeira magia, tenha, por favor, e acima de tudo, em mente esta noção. A realização de milagres em sua vida deriva tão-somente de sua intenção de alcançá-lo, nunca de seu desejo ou meta. Para estabelecer um ambiente interior propício à verdadeira magia, você precisa "ligar" sua mente, ou seja, retirá-la da inércia e colocá-la em ação. Assim, e só assim, você será capaz de transformar seus potenciais em realidade prática no mundo material.

SUGESTÃO PARA ALCANÇAR ESSE AJUSTE MENTAL

- *Em vez de apenas estabelecer metas ou desejos de como gostaria de viver, procure falar a língua ativa da intenção.* Por exemplo, quando estiver doente, diga a si mesmo "eu pretendo curar-me desta doença" em vez de "eu gostaria de ficar bom" ou "eu me propus a livrar-me desta doença". O conceito de intenção, de pôr em prática suas propostas interiores, o ajudará a fazer o que precisa ser feito para transformar seus pensamentos em realidade física. Procure distinguir bem nitidamente o que para você são desejos e esperanças daquilo que você neste momento pretende realizar. Quando, de fato, pretendo tornar-me mais saudável, e tenho consciência plena de tal intenção, imediatamente me levanto e faço algum exercício, mesmo que seja apenas dar uma volta pelo quarteirão. A intenção lhe permite, literalmente, transformar um pensamento em ação, o que constitui, por excelência, a matéria-prima dos milagres.

8. *Vivencie a rendição e o satori.* A rendição é um ato do coração, uma aceitação do que você, desde o início, já havia vagamente percebido.

- Esse é um sistema inteligente do qual sou parte.
- Essa inteligência é invisível.
- Essa inteligência é também uma parte de mim.
- Eu decidi que confiarei nessa inteligência.

Render-se equivale a encher sua vida de inspiração. Quando está inspirado, você se sente pleno de sentido. Ao confiar na inteligência invisível do universo, você se sente orientado. Esse processo não requer nenhuma grande habilidade esotérica. Pode de repente acontecer e, com freqüência, acontece num estalar de dedos. Este processo é chamado, na doutrina zen, de *satori*, o que pode ser aproximadamente traduzido como *súbito despertar*. Assim o descreve Alan Watts:

> Satori é basicamente uma experiência súbita e costuma ser descrito como uma "inversão" da mente, tal como ocorre em

uma balança quando é colocado mais peso de um lado que de outro.

Denomino esse processo (satori) de "passagem pelo portal". Pode-se levar décadas ponderando, lutando, preocupando-se, escorregando e caindo, num lento processo de aproximação desse portal que parece estar longe. Então, inexplicavelmente, a coisa acontece quando você passa pelo portal. Depois, olhando para trás, para os tempos em que se aproximava dele, você se diz, admirado: "Como pude estar tão cego por tantos anos?" O que lhe parecia tão difícil e impossível tornou-se, de uma hora para outra, sua maneira de viver. Trata-se de tão pouco esforço que você logo percebe a "grande mentira" que é a noção de que só se possa alcançar mediante muita luta e esforço. Essa experiência de satori, ou de atravessar o portal, é fruto de uma decisão interior de harmonização consigo e com seu mundo físico, de uma decisão por render-se.

Eu vivi diversas experiências satori em áreas distintas de minha vida. Uma delas diz respeito ao fato de ter crescido num ambiente voltado para a escassez. Aprendi que tudo deveria ser vendido a preço de custo ou barganhado, e acreditava que jamais havia o suficiente de nenhum produto. Deduzi, assim, que nunca teria dinheiro suficiente, que nunca poderia gastar além do limite e que o máximo que poderia esperar da vida era uma posição na classe média, conforme o padrão do país. Pois bem, assim pensei e agi nos primeiros 30 anos de minha vida. Meus pensamentos se ocupavam muitíssimo com escassez e eu olhava para minha vida como um "não haver suficiente". Tinha extrema cautela com os gastos e os controlava muito cuidadosamente. Em resumo, embora não estivesse subnutrido, era vítima de uma forma de viver voltada para a escassez, em que minhas crenças invisíveis regiam minhas ações e determinavam o modo de ser de meu mundo.

Então, em dado momento, atravessei o portal. Bum! Satori! Aconteceu durante uma meditação, quando escutei "você já é tudo isso", cinco simples palavras que me encostaram contra a parede e me proporcionaram uma visão de riqueza inteiramente nova. Naquela época, eu me encontrava em plena batalha interior. Não sabia se permanecia em meu emprego seguro de professor, onde obtinha renda fixa, ou se buscava trabalhar por mim mesmo, *sabendo* que tudo correria bem. Quando me vieram as palavras "você já é tudo isso", percebi, naquele mesmo instante, durante a meditação, que eu não *precisava* mais. Eu já era o que precisava. Já podia parar de caçar e lutar e verificar que "estava aqui", que "tinha chegado". Tive, então, de sintonizar-me com meu propósito e parar de preocupar-me com o que não tinha. Naquele exato momento e naquele exato local, eu me rendi. Havia adquirido um novo conhecimento. Minha consciência, que antes dizia "você jamais terá o suficiente", passou a dizer "você será protegido; você não mais precisa gastar sua energia vital preocupando-se com isto". A partir de então, foi exatamente o que fiz!

O que terminou por acontecer é que fui tão protegido que nem sequer posso descrevê-lo. Sou hoje muito mais capaz de concentrar-me. Desde então, pude dar muito mais do que poderia imaginar-me tendo. Este foi o ato de rendição que teve lugar num momento de despertar. Isto é satori.

Se olhar para momentos de sua vida em que passou por mudanças positivas significativas, você verificará que houve, em cada uma dessas mudanças, um instante de despertar. Uma mulher que perdeu uns 70 quilos em cinco meses me narrou o instante em que se olhou no espelho e foi tomada por um pensamento esfuziante: "Chegou o momento. Eu a ajudarei. Você não deve mais envenenar-se com excesso de comida."

Um cliente me contou, certa vez, como mudou de ocupação:

> Depois de anos de saber que estava exercendo a profissão errada, e que não me encontrava alinhado ao meu propósito, numa bela manhã, a caminho do trabalho, de repente senti que não mais podia prosseguir enganando a mim mesmo. Naquele momento avassalador, eu me rendi. Senti que seria protegido e assim foi. No mesmo dia, pedi demissão e não olhei para trás. Eu era corretor de seguros e tinha um bom padrão de vida. Agora trabalho como conselheiro em um programa para crianças carentes. Sinto-me realizado e não me preocupo com minha renda. Aquele momento de demissão foi tão intenso que tudo o que posso dizer a respeito é que senti, pela primeira vez, totalmente confiante de que tudo daria certo e que eu poderia realizar minha intenção sem qualquer ansiedade ou tensão. Passei a ter um conhecimento interior e tudo o que posso dizer é que me rendi.

O satori está disponível em qualquer momento de sua vida, mas só chegará se você estiver aberto e desejoso de render-se. Todos os mestres do espírito nos ensinam que a realidade da vida nos fala em silêncio. É possível que sua consciência barulhenta e inquieta não lhe permita ouvir o apelo silencioso. Para conseguir atingir o estado mental propício à vivência de milagres, você deve simplesmente deixar-se levar. Basta saber. Basta simplesmente confiar. Procure aquietar-se e então escute sua própria mente. Deixe-se ser orientado pelo despertar da rendição. Desfazer-se de uma perpétua luta interior contra a vida é uma ótima preliminar para chegar ao satori. Você certamente já viveu momentos tranqüilos e contemplativos, em que teve súbita iluminação e certeza interior de que podia e devia realizar algo. É possível atrair tais momentos para si pela prática da rendição. Renda-se à percepção de que você é poderoso e capaz de agir por um propósito em sua vida. O resto virá quando passar pela experiência de "ver a luz" ou pela gloriosa vivência de satori.

SUGESTÃO PARA ALCANÇAR ESSE AJUSTE MENTAL

• *Reporte-se aos hábitos que há muito o prejudicam.* Podem ser vícios como preguiça, irritabilidade, fobias, falta de disposição, rompimento de relacionamentos ou qualquer coisa que não o leve aos resultados que procura. Estabeleça que vai atravessar o portal e desfazer hábitos prejudiciais ao menos uma vez por dia. Lembre-se da sabedoria do satori. Renda-se ao fato consumado de que os hábitos têm origem nos pensamentos. Renda-se a uma nova consciência que lhe sussurra: "Eu posso fazer isto neste momento. Eu receberei toda a ajuda de que necessito na medida em que me mantiver firme em minha intenção e mergulhar em mim mesmo em busca de assistência." Agora, neste exato momento, anuncie a si mesmo que não é mais aquela pessoa mal-acostumada. Você experiencia o satori. Por um momento, despertou para um novo você. Passe agora ao momento seguinte neste mesmo espírito de rendição, sem pensar no amanhã nem em nada futuro. Esteja apenas aqui e agora; neste momento terá a resposta. Eis a maneira como conseguirá realizar mudanças aparentemente tão difíceis: passo a passo, mergulhado no estado de graça interior que lhe permite render-se e parar de lutar.

9. *Aprenda a agir como se a vida com que sonha já estivesse aqui.* Aja como se aquilo que concebe em sua mente já se encontrasse aqui no mundo físico. Comece a tratar seus pensamentos e visões como muito mais do que simples meandros amorfos de sua mente. Uma vez que você cria seus pensamentos, estes geram suas intenções e suas intenções engendram sua realidade. É necessário que deixe de duvidar da importância de seu mundo interior e comece a agir e comportar-se como se as imagens da realidade a que aspira já fizessem parte de seu mundo prático. Isto pode parecer um tanto

decepcionante ou "sem graça", mas é o único método que conheço para a superação das limitações que se acredita ter.

Se você deseja estar bem-disposto, mas age sem disposição, está prejudicando a sua própria imagem. Mesmo que, ao olhar-se ao espelho, veja rugas ou outra razão qualquer para a sua falta de disposição, precisa começar a agir como se já estivesse bem-disposto. Não permita, em hipótese alguma, que uma "pessoa cansada" penetre e tome conta de seu corpo. Coloque-se, de início, mesmo que forçosamente, numa condição de bem-disposto, tal como deseja ser, e comece a praticar alguma atividade de sua escolha que requeira tal condição. Desta forma, já não se trata mais de um mero desejo, mas de realidade prática. Pode ser que fique inicialmente decepcionado, mas uns poucos instantes de ação, "como se o milagre já existisse", são suficientes para torná-lo real. Mesmo que pareça sem sentido ou idiota forçar uma abundância diante da evidência de escassez no mundo que o cerca, faça-o assim mesmo. Aja, por um momento, como se estivesse de posse de tudo o que necessita. Repita-o no momento seguinte e descobrirá aquilo que todos nós verdadeiramente temos.

Este mesmo princípio vale para a maneira como trata o próximo e o orienta em sua entrada na dimensão da verdadeira magia. Trate-o como se já fosse ou tivesse o que deseja ser ou ter. Uma criança que o escute dizendo "você já é brilhante e talentoso; você já sabe como fazê-lo e, mesmo que me diga o contrário, eu sei com meu coração que você é capaz de alcançar o que deseja" já tem meio caminho andado. Quando meus filhos se dizem inseguros, não deixo de valorizar seus sentimentos, mas dirijo-me a eles como se fossem capazes de tudo. "Eu sei que você ainda não acredita, mas o que eu sei é diferente. Para mim, você é capaz e já está preparado, só que resolveu fingir que não está. Pode querer enganar os outros e até a você mesmo de vez em quando, mas a mim jamais enganará. Eu sei mais do que você."

Ao habituar-se a esta prática, você se verá dirigindo-se a todos como se já estivessem vivendo seus próprios milagres. Você passa a tratar seus pais que estão envelhecendo e reclamando como pessoas capazes de superar os limites a que se impuseram. Passa a tratar os doentes como se estivessem bem: "Você é por demais forte e saudável para estar doente sequer em pensamento. Você já está se curando. Daqui a pouco estará bem." Assim, da mesma maneira, tratará de sua saúde, considerando-se são e não permitindo que sua mente destrua seu corpo com expectativas de doença e incapacidade. Uma perna quebrada é uma perna quebrada, mas esta só se tornará um fardo em sua vida se você assim o desejar. Se resolver que não será vencido por uma fratura, que não ficará pensando quão infeliz é e que continuará, dentro do possível, a fazer tudo o que fazia quando não tinha a perna quebrada, em pouco tempo estará recuperado.

Observei cada um dos processos de gravidez de minha mulher, Marcie, durante os quais ela exercia as mesmas atividades de quando não estava grávida. Seus pensamentos eram de ação, de saúde, de estar vivendo plenamente e de admiração contemplativa pela vida humana que crescia dentro de seu corpo, o que a levava a literalmente viver esta realidade. Com esta consciência do milagre que realizava, ela deu à luz sete crianças. Presenciei os casos de muitas de nossas amigas, que, de tanto que reclamavam e diziam que seria terrível, acabaram por passar por momentos desagradáveis durante a gravidez. Sem dúvida alguma, esta prática de agir como se o milagre que procura em sua mente já estivesse aqui, em plena vigência, constitui um grande avanço para os que buscam este mundo fenomenal da verdadeira magia.

Em 1965, eu trabalhava, durante o dia, como professor de uma escola pública secundária em Detroit, Michigan, e, à noite, ia à faculdade. Um dia, quando me encontrava na diretoria da escola, após o término das aulas, ouvi que o diretor perguntava a uma secretária se alguém, dentre os funcionários, tinha algum conhecimento sobre obtenção de verbas federais. Ele buscava uma pessoa para dirigir um programa especial que demandaria subsídio do governo, mas não conhecia ninguém suficientemente qualificado para liderar um empreendimento de tal porte. Naquela época, minha renda não era das mais satisfatórias, de maneira que a possibilidade de aumentá-la justamente pela liderança de um programa de assistência a estudantes carentes me pareceu sensacional. Disse imediatamente ao diretor ser um especialista em programas subsidiados pelo governo e que me dispunha a redigir uma proposta, garantindo-lhe que seria aceita. Eu não acreditava que estivesse fazendo aquilo. Apresentava-me como entendido em algo de que tinha apenas ligeira noção.

O diretor aceitou minha proposta e passei, naquela mesma noite, seis horas na biblioteca da universidade estudando a fundo tudo relativo à concessão de verbas federais para programas de auxílio a jovens carentes. No dia seguinte, redigi a proposta, baseando-me em modelos que descobri na biblioteca. Indiquei-me como diretor do programa, especificando a verba necessária à sua realização, inclusive meu próprio salário, e, preenchendo um formulário que encontrei numa publicação federal, enviei a proposta a Washington.

Em três semanas, recebemos a verba e logo tornei-me especialista na obtenção de verbas federais para projetos especiais. Em seguida, duas outras escolas me contrataram para dirigir oficinas sobre "obtenção de verbas federais" para seus funcionários. Pois bem, consegui um segundo emprego bem-remunerado, tive oportunidade de prestar real assistência a jovens carentes, e meu patrão agradecia aos céus por ter a felicidade de dispor de um residente "especialista" no assunto sempre que precisasse.

Ao imaginar algo e agir como se tal imagem já fosse real, você não só se torna um especialista como, literalmente, seu próprio autor de milagres. Se parte do princípio de que jamais poderia iniciar determinado empreendimento por "não possuir o treinamento, credenciais, experiência etc." necessários, então é justamente sobre esta realidade que agirá. Comece agindo como se fosse um especialista, mesmo que sinta, de início, que está enganando a si mesmo. Se você tiver suficiente fé em si e estiver preparado, o mestre aparecerá e você poderá aprofundar-se naquela atividade e "desenvolver" a credencial que lhe falta.

Este processo tem início em sua mente e lhe permite enxergar, para além da realidade física, uma outra dimensão, uma dimensão na qual tudo é possível e qualquer aprendizado lhe está disponível. Quando comuniquei a meu patrão que conhecia os procedimentos quanto às verbas federais, de maneira alguma o iludia ou a mim mesmo. Eu pude, sim, entrever, para além do que se apresentava diante de mim, uma dimensão invisível onde eu poderia realizar o que minha mente quisesse. Para mim, internamente, eu era um especialista, e tudo o que me restava era converter meus conhecimentos teóricos em prática, ou seja, transformar pensamentos em matéria. Visto que isso funcionou, como, aliás, quase sempre ocorre, verificamos que um especialista é alguém que acredita em sua própria capacidade e não teme agir de acordo. Embora não possa, hoje, realizar uma cirurgia cerebral, não tenho dúvidas de que, ao imaginar-me neurocirurgião, eu poderia receber o treinamento necessário para tal, o que obviamente, requereria muito mais tempo do que uma noite numa biblioteca.

É verdade que você pode adquirir quase que prontamente todo o conhecimento de que necessita para realizar boa parte do que deseja, mas é imprescindível que comece por uma crença e, em seguida, aja como se o objeto de tal crença já fosse real. Jamais me imaginei neurocirurgião, mas vejo-me capaz de exercer diversas profissões. Na realidade, são poucas as atividades em que não me imagino capaz de exercer com apenas um mínimo de treinamento prático, seja na área política, administrativa, gerencial ou até mesmo tecnológica. Na realidade, sei que, se acredito e confio suficientemente em mim mesmo para aprender o que seja necessário, então há poucas coisas que não possa realizar num período de tempo relativamente curto. Uma vez que você sabe poder fazer algo e age para levá-lo a cabo, os meios se tornarão evidentes. Agir como se você já fosse o que deseja tornar-se, ciente de que pode de fato alcançá-lo, é o melhor caminho para eliminar inseguranças pessoais e adentrar em seu próprio reino de verdadeira magia.

SUGESTÃO PARA ALCANÇAR ESSE AJUSTE MENTAL

- *Se você deseja alcançar algo que sempre lhe pareceu inacessível, aja, por hoje, como se esse algo já estivesse à sua disposição.* Por exemplo, se você sempre quis estar em ótima forma física, mas nunca o conseguiu, aja hoje como se tivesse um físico perfeito. Pergunte a si mesmo "O que faria se tivesse tal disposição?" e busque ser essa pessoa hoje mesmo. Deixe o carro em casa e vá à loja a pé; nade cinqüenta voltas; alimente-se devidamente; faça exercícios; leia um livro sobre nutrição. Em outras palavras, viva no mundo físico como se aquilo que deseja já estivesse à sua frente. Este é o caminho para a realização de milagres. Se você deseja ser uma pessoa confiante, mas não age cotidianamente nesse sentido, faça-o então hoje, ao menos por uma vez, aja fisicamente da maneira como imagina que uma pessoa confiante o faria.

10. *Viva de acordo com suas necessidades espirituais à frente das necessidades físicas.* Ao enganjar-se no processo de ajuste de sua mente para a verdadeira magia, você deve, desde o início, acostumar-se a priorizar as necessidades de sua essência espiritual. Expus detalhadamente este procedimento no capítulo 2. Na dimensão

de sua consciência mais elevada, encontra-se sua habilidade em realizar milagres tanto para si quanto para o mundo. Tais milagres só se concretizarão se suas atitudes estiverem em conformidade com sua essência espiritual, ou seja, suas escolhas cotidianas devem seguir o dodecálogo espiritual (resumido nas páginas 78 e 79). O acesso ao mundo dos milagres é a sua capacidade de *fazer escolhas baseadas somente em suas percepções espirituais, as quais, por sua vez, lhe servem de guia para o mundo físico.*

Assim, por exemplo, embora nitidamente o ato de enganar alguém não esteja em conformidade com sua essência espiritual, você pode optar, por alguma razão, pela legitimação pessoal deste ato. Nesse caso, você estaria priorizando uma necessidade de sua essência física em detrimento das necessidades de sua alma ou essência invisível, que sempre aspira por amor, harmonia, doação, verdade, compartilhamento, paz e perdão. Quaisquer atitudes que não satisfaçam ou mesmo que ignorem essas necessidades de sua essência superior o afastam da verdadeira magia.

Em sua mente você pode começar a sintonizar-se e buscar optar por aquilo que impeça sua autofragmentação e o leve à vivência da completude, da unificação consigo mesmo e com o mundo. Você só experimentará o verdadeiro poder dos milagres quando primeiramente satisfizer suas necessidades espirituais e, só então, suas necessidades físicas.

Se você costuma enganar ou trair as pessoas e sabe que isto contradiz sua essência espiritual e seu propósito nesta vida, então procure, ao menos hoje, relacionar-se de forma autêntica e verdadeira com as pessoas que engana. Fazer isso não requer qualquer nobre confissão, apenas lhe oferece uma oportunidade de sintonização. Quando você começa a não mais enganar, isto se tornará um hábito, da mesma forma que enganar havia sido até então. O novo hábito lhe proporcionará a possibilidade de realizar milagres, o que é impossível quando se engana as pessoas.

Você não pode escapar de sua própria alma. Assim como sua sombra, ela está aí mesmo quando parece não estar! Enquanto você está sintonizado basicamente com sua essência física, beneficiando-se aparentemente de alguma mentira, lá está, paciente e consciente, sua essência invisível. Esta última, sua própria alma, simplesmente não permitirá que sua essência física exceda os limites característicos de quem engana a si mesmo.

A prioridade do espiritual sobre o físico é necessária em todas as áreas de sua vida. Seus pensamentos são muito mais importantes do que provavelmente imagina. O amor é uma virtude da alma; é, antes de qualquer coisa, uma sintonização com sua essência espiritual. Quando você está sintonizado, age sempre de acordo com o princípio do amor. Se, por outro lado, você prioriza o físico, é provável que se veja tratando os outros sem amor e, depois, lamentando-se por tê-lo feito. A pessoa que abusa física ou verbalmente dos outros e em seguida sente remorso se encontra tão dessintonizada quanto aquele que não sente remorso algum (embora a desarmonia, neste último caso, seja mais óbvia).

Sua responsabilidade primeira é para com seu lado espiritual. Antes de agir, consulte sua mente para que se torne mais verdadeiro consigo mesmo. Crie uma harmonia interior na qual sua alma afetuosa oriente seu comportamento físico, em vez de seguir impulsos físicos, relegando a alma a segundo plano.

Aqueles que deixam fluir seu mundo de acordo com as necessidades da própria alma experienciam a verdadeira alegria e o sentimento revigorante de estar em paz consigo mesmo. É justamente nessa atmosfera que ocorrem os milagres e a verdadeira magia, quando você está inspirado, quando sabe que tudo o que deseja, tudo o que faz, provém daquilo que pensa, de dentro de seu espaço interior vazio e tranqüilo a que chamamos alma. Trata-se nada mais que uma mudança de posição interior. Não é necessário livrar-se de hábitos físicos, nem fingir que seus desejos físicos não existem. Em vez disso, reorganize suas prioridades, estabelecendo contato primeiramente com o mundo invisível que é a sua alma, voltando a atenção antes para ela, deixando que seu comportamento no mundo físico seja então orientado por tais pensamentos. Em vez de fazer de seus apelos físicos o foco de sua vida, "o motor que move o trem", faça uma troca. Esses procedimentos físicos tornar-se-ão os vagões-dormitórios e o carro-restaurante puxados por uma locomotiva que é a sua alma invisível. Ambos são eternamente onipresentes. Trata-se apenas de uma questão de quem orienta e quem é orientado. Quando puder compreender isto, perceberá o significado da afirmação "Penso, logo existo" e se dará conta de quão radicalmente diferente é de "existo, logo penso". Em sua obra *Meditações metafísicas*, Paramhansa Yogananda descreveu essa sintonização com as belas palavras a seguir, as quais recomendo que releia com freqüência:

> Os raios jubilosos da alma poderão ser entendidos se você interiorizar a sua atenção. Pode-se chegar a tais percepções com treinamento mental, em que se aprende a apreciar o belo cenário de pensamentos que forma seu reino interior invisível e inatingível. Não busque felicidade apenas em belas roupas, casas limpas, jantares deliciosos, almofadas macias e luxo em geral, pois isto fará com que sua felicidade dependa unicamente do que está do lado de fora. Procure deslizar, em seu avião interno, para o horizonte do império ilimitado dos pensamentos. Lá, visualize a gigantesca dimensão das aspirações espirituais que podem ajudá-lo e aos outros a se desenvolverem.

Ao visualizar tais aspirações espirituais, você não só se desenvolverá, e aos outros, como chegará mesmo a saber o significado da verdadeira magia. Isto acontece com o clique interno de sua mente, que se conecta à fonte de sua alma, assim como o interruptor está conectado a uma fonte de eletricidade. É justamente nesse instante que você perceberá a maneira correta de conduzir a sua vida física, em vez de a esta submeter seus sentimentos e pensamentos. Sua alma, seu espaço interior vazio e tranqüilo, está à sua disposição para consultas; sempre o guiará na direção certa e lhe proverá de todos os meios necessários à obtenção de resultados mágicos em sua vida se e somente se considerá-la uma prioridade e deixá-la verdadeiramente orientar a sua vida material. A opção está em suas mãos. A sintonização é um ato do coração que o liga à sua alma. Olhe para dentro de si e escute... suas prioridades serão claramente identificadas e atendidas por sua essência física.

SUGESTÃO PARA ALCANÇAR ESSE AJUSTE MENTAL

- *Reorganize suas prioridades ao menos por um dia.* Procure, hoje, fazer de suas imagens mentais a parte mais importante de sua vida e viver de acordo com elas. Imagine-se passando uma noite agradável com a pessoa a quem ama. Traga essa imagem à sua mente e imagine-a real e da maneira que seria a mais agradável para ambos. Não deixe que a imagem se vá. Este é um típico exemplo de sintonização com sua essência espiritual. Tudo é, até aqui, um pensamento invisível. Agora, transforme este pensamento em ação exatamente da mesma maneira que o produziu em sua mente. Pois bem, acabo de mostrar como você pode priorizar seu lado espiritual, possibilitando assim que sua vivência física derive dessa nova sintonia.

Isso pode ser aplicado a uma reunião de negócios, férias, e a tudo o mais que ocupe a sua vida cotidiana. Primeiramente, sintonize-se com aquela presença afetuosa que se encontra bem aí em sua mente. Em seguida, mantenha firme consigo a cena que imagina e procure transpô-la à realidade. Os indivíduos espiritualizados não permitem que seus pensamentos e sentimentos derivem de suas ações, mas entendem, antes, que seus pensamentos geram seu mundo físico. Ao sintonizar-se prioritariamente com seu mundo espiritual e manter firme essa prioridade, você em breve verificará que é fácil conservar a sintonia operando em sua vida cotidiana.

11. *Analise o seguinte paradoxo: "Você nunca terá suficientemente aquilo que não quer."* Tenha este paradoxo sempre em mente à medida que se prepara para vivenciar os milagres da verdadeira magia. Considere tudo o que as pessoas não querem. O alcoólatra faz pouco do álcool que destrói sua vida, mas, ainda assim, sente nunca tê-lo em quantidade suficiente. O mesmo ocorre com o viciado em drogas. A pessoa que se irrita e se enche de ódio com facilidade faz pouco da raiva que a toma, mas nunca resiste ao convite para uma discussão. O obeso odeia a comida que tanto deseja, mas esta nunca lhe é suficiente. Muitos de nós fazemos pouco do dinheiro que parece regular nossas vidas, e da necessidade de lutar por ele, mas nunca sentimos tê-lo em quantidade suficiente.

A resposta a essa charada de como chegar ao ponto de não desejarmos intensamente o que nos é venenoso está exatamente na compreensão do que chamamos de *querer*. Há um velho provérbio zen que diz: "Se procuras algo, não o encontrarás." Aquilo que você tanto deseja lhe envia a seguinte mensagem não-escrita, não-falada, mas bastante real: "Sou incompleto sem aquilo que tanto desejo. Se o obtiver, serei mais completo, mais íntegro." Essa incompletitude é, no entanto, uma ilusão. Uma vez que já é tudo, você de fato não precisa de mais nada para autocompletar-se. Quando tomar real consciência disto, suas necessidades desaparecerão e você será capaz de sair-se bem sem aquilo que não quer mas que tão intensa e misteriosamente deseja. Isso não significa que você será simplesmente uma pena que voa aleatoriamente ao vento, sem rumo, mas que estará livre da insanidade que é a busca desesperada daquilo que não quer e que, de alguma maneira, o prejudica.

Quando resolvi desistir de correr atrás de dinheiro, comecei a ganhar mais do que podia imaginar até então. Por quê? Porque estava cumprindo minha missão na vida e confiando que o universo satisfaria minhas necessidades. Quando abri mão de buscar no álcool grandeza, relaxamento ou euforia, tornei-me mais do que procurava ser por meio de substâncias externas. Por quê? Porque sintonizei-me antes de mais nada com meu lado espiritual. Quando apercebi-me de que minha mente era capaz de criar o estado de euforia, leveza e relaxamento que desejasse — e quando desejasse — e de que meu propósito era dar, amar e servir ao próximo a partir desse estado mais "elevado", então não mais precisei fazer uso daqueles venenos que, sentia eu, jamais eram suficientes. Detestava o ambiente hostil que, freqüentemente, eu mesmo criava, mas tinha a compulsão infernal de reproduzir cada vez mais aquilo que execrava. Quando abri mão de estar sempre certo, consegui destruir a raiva e a tristeza que acompanhavam essa atitude. Acredito enfaticamente que não se pode adentrar a esfera da verdadeira magia enquanto se cultiva sistematicamente pensamentos indesejáveis.

São João da Cruz ensinou que aquele que deseja estar seguro na estrada por onde caminha deve fechar os olhos e andar no escuro. Para mim, isso é uma sugestão de que devemos confiar na orientação que recebemos de nossa essência invisível. Leia o poema de São João da Cruz, no qual esse tema é tratado:

Se desejas experimentar todas as coisas,
então procura não experimentar de nada.
Se desejas possuir todas as coisas,
então procura não possuir nada.

Se desejas ser tudo,
então procura ser nada.
Para alcançar o que não conheces,
deves tomar o caminho que desconheces.
Para possuir o que não possuis,
deves tomar o caminho em que nada possuis.
Para ser o que não és,
deves tomar o caminho em que nada és.

Por mais paradoxal que possa parecer, este é o treinamento do autor de milagres. Renda-se, confie, evite acumulações e metas exteriores; permita-se viver pleno de sentido e orientado. Ao alcançar esse estado de graça, você se verá em paz consigo mesmo, mais ativo, mais completo, e as riquezas que tanto desejou até então lhe chegarão em quantidade mais do que suficiente para satisfazer suas necessidades e vontades. O mais importante é saber que você já é completo e que nada externo a você, no mundo físico, pode fazê-lo mais completo.

Uma vez ciente disso, a busca pelo que, na realidade, não necessita ou não quer se reduz e sua vida adquire novo sabor, o delicioso sabor do sentido de ser. Eis então completa a ironia: as coisas que mais deseja chegam a você sem que tenha de caçá-las e, nessa nova situação gloriosa de sentir-se completo sem elas, passa-as adiante e as mantém circulando. Saiba, em seu coração, que você não precisa de mais nada para se completar, e então verá como as coisas externas se tornarão cada vez menos importantes em sua vida.

SUGESTÃO PARA ALCANÇAR ESSE AJUSTE MENTAL

- *Faça um inventário das coisas que você constantemente busca, mas que, na verdade, não quer em sua vida. Em seguida, faça um inventário das coisas que gostaria que fizessem parte de sua vida.* Você poderia substituir, em seus relacionamentos, a falsidade pela verdade. Quanto ao álcool, você pode substituí-lo por oito copos diários de água. Substitua a raiva por amor e harmonia.

Ao ser capaz de identificar o que lhe é venenoso e de usar sua mente invisível para materializar milagrosamente o que verdadeiramente deseja e sabe que merece, você se verá, por fim, vivendo em harmonia. Experimentará no mundo físico exatamente o que julga poder criar. Faça um inventário de sua vida e adapte-a às necessidades de seu propósito.

12. *Não peça nada a ninguém e pratique a aceitação incondicional.* Preparar sua mente para a realização de milagres requer uma postura que pode parecer *a priori* alienante: "não pedir nada a ninguém". O ato de pedir aos outros gera um ambiente no qual milagres não podem ser realizados. Aquilo que, neste instante, você busca internamente, em sua mente, requer incondicional aceitação dos outros tais como são, ou seja, é preciso que esteja isento de julgamentos e exigências para que possa, de fato, vivenciar a verdadeira magia.

Isso pode parecer, à primeira vista, uma atividade impossível, mas, antes de rejeitá-la, lembre-se de que se trata apenas de um exercício preparatório. Assim, uma vez que sua mente é um território privado todo seu, você pode, ao menos, marcar uma "entrevista particular" para essa aceitação incondicional por alguns dias e verificar se não passará a sentir nova espécie de serenidade.

Não pedir nada a ninguém lhe trará uma autêntica sensação de liberdade. Sempre que estiver prestes a indispor-se ou irritar-se com alguém, pare e diga a si mesmo: "Eles não me devem nada. Eu não espero nada deles. Eu, agora simplesmente os aceitarei como são." Você verificará que dois dias de aplicação prática dessa atitude lhe farão muito bem, especialmente se o fizer com a pessoa que lhe é mais próxima.

Para mim, essa pessoa é minha esposa. Ao lembrar-me de que ela não me deve nada, de que ela é uma presença afetuosa em minha vida e não tem obrigações para comigo, só assim posso aceitá-la incondicionalmente. Preste atenção, pois não estou dizendo que devo concordar com ela em tudo durante todo o tempo, apenas que não devo exigir nada. Sua presença, sua alma e seu corpo são uma dádiva maravilhosa a mim oferecida para que deles possa compartilhar. Mas não são obrigações ou dívidas. De maneira alguma posso possuí-la, nem ela ou qualquer outro a mim. Responsabilidade total temos unicamente por nossas próprias almas. Ao nos lembrarmos disto, minha mulher e eu alcançamos uma bela, espiritual e alegre parceria. Quando me esqueço disso, como às vezes me ocorre, sentimo-nos tensos e desconfortáveis, e a verdadeira magia simplesmente não se manifesta.

Este princípio lhe proporciona imensa liberdade em todas as áreas de sua vida. Você vê os outros como dádivas, como pessoas de quem você nada pede, enquanto ocupa-se ao mesmo tempo de seus afazeres mundanos. Até mesmo aqueles que são pagos para servi-lo, tais como garçons, funcionários públicos, vendedores, atendentes e empregados em geral, devem receber de você este tipo de atenção. Espero deles a realização de seu trabalho e lhes sou grato pelo que acrescentam à minha vida em troca de salários ou impostos. Entretanto, não sou de maneira alguma melhor que eles simplesmente porque escolhi ser o pagador e eles os pagos. Trata-se de papéis pelos quais se optou, nem mais nem menos. Instigante, porém, é o fato de que quanto menos você espera, exige ou pede algo, tanto mais ocorre que esse algo chegue a você, assim como, também, melhores serviços prestados.

Perceber a grandeza de Deus no serviço ao próximo e tratar os outros com respeito, em vez de exigir deles atenção, são atitudes que produzem quase sempre um resultado mágico. Não estou sugerindo que trate bem as pessoas com vistas a obter algo em troca, mas, sim, por ser esta a sua maneira de engajar-se no mundo. Seu propósito passaria a ser o amor e a harmonia. Seja um veículo de amor e harmonia em todos os lugares por onde passar e presenciará resultados surpreendentes.

Essa atitude de não exigir nada de ninguém é também apropriada em sua relação com Deus, ou universo, ou espírito, ou como queira chamar a inteligência invisível que perpassa todas as formas. Não se esqueça de que essa inteligência invisível é também parte de você. A expressão "o reino dos céus está dentro de você" não é um clichê morto, é uma realidade. Deus atua *com* você e não *para* você. Saiba que a vida é uma dádiva e que o universo nada lhe deve nem cuida de você de maneira especial.

Para ser capaz de realizar milagres, é necessário compreender a diferença entre desejar que algo extraordinário aconteça e estar propenso a que isso aconteça. Exigir milagres para provar a existência de Deus não passa de um exercício de futilidade. Os milagres não ocorrem nem ocorrerão em sua vida nem na de ninguém como resultado de um pedido ou exigência. É necessário que queiramos e saibamos abrir-lhes passagem para que possam manifestar-se.

Este ponto me foi claramente relevado enquanto realizava algumas pesquisas para a redação deste livro. Passei todas as manhãs meditando durante cerca de uma hora embaixo de uma árvore florida do Havaí. A cada manhã, olhava para o mesmo galho da mesma árvore e pensava: "Se há algum fundamento nesta minha experiência espiritual, se tenho de fato algum poder em minha mente capaz de afetar o mundo à minha volta e se os milagres estão verdadeiramente ao nosso alcance, então que aquela flor caia sobre o solo próximo à minha mão estendida. Que eu possa consegui-lo apenas com minha mente e estarei convencido." Assim foi o diálogo interno entre minha mente e o mundo físico. No entanto, a flor jamais caiu. A cada manhã eu pensava: "Será *esta* manhã. Será hoje que conseguirei fazê-la cair apenas com o poder de minha mente."

Pois bem, num belo dia fui convidado para dar uma palestra numa igreja local. Às 5h30, no dia da palestra, meditava sob a "minha árvore", perguntando para minha orientação interior de que tanto falei: "Como posso servir? Quem sou eu para passar mensagens espirituais a pessoas que vêm de perto e de longe somente para ouvir-me? Será que há de fato algum fundamento neste meu crescente conhecimento interior de que os milagres sejam uma possibilidade para todos nós? Será que devo escrever e falar mais profundamente do que nunca sobre este assunto?"

Era a manhã mais calma e sem vento que havia vivido até então. O galho acima de mim estava imóvel enquanto eu pensava no que diria às pessoas que se reuniriam em poucas horas para ouvir-me. Tinha apenas uma sombra de dúvida quando, no exato momento em que perguntava sobre a autenticidade de tudo isso e se devia de fato desempenhar esse papel de falar sobre milagres, aquela mesma flor caiu do galho sobre a minha mão estendida, justamente no momento em que *não* estava concentrado em meu desejo. Esse galho era o único objeto que se movia naquela manhã sem vento. Balançava-se sobre a minha cabeça de forma tão notória que parecia, somente ele, tomado por uma força invisível.

Fui tomado por uma calma muito estranha. Tudo tornou-se, então, cristalinamente nítido e, a partir daquela manhã, as dúvidas foram sanadas e afastadas de minha consciência. "Você não pode querer milagres, Wayne, mas sim *querer* permitir que estes venham a você e por você." Interrompi naquele instante a meditação, levei a flor comigo e fui para a igreja, sabendo o que falaria naquela manhã. Foi justamente nessa palestra que encontrei Gail Longhi, que nos levou, por sua vez, até Maurício.

Percebi que havia recebido uma mensagem muito especial naquela manhã. Nada poderia jamais convencer-me de que aquela flor — que se desprendeu de seu ramo numa manhã sem vento e caiu sobre minha mão num momento em que eu nada lhe pedia ou perguntava, embora já tivesse tentado fazê-la cair magicamente apenas com meus pensamentos — havia parado em minha mão por uma gigantesca coincidência. Foi justamente quando deixei de lado meu pedido que recebi a resposta de que precisava. O mestre, por assim dizer, me apareceu no momento certo e comecei a presenciar milagres inéditos e surpreendentes em minha vida. Quando aquela flor caiu em minha mão, percebi, então, que tinha a capacidade e que me seriam dadas as ferramentas de que necessitava para falar e escrever sobre o mundo da verdadeira magia. Aquele simples e pequeno evento naquela manhã em Mauí, ocorrido pouco antes de minha primeira palestra sobre esse assunto, viria a transformar minha vida, há apenas poucos anos, de maneira que jamais havia imaginado.

A vida é o que é. Nem mais, nem menos. Não peça nada dela, como nos diz Emerson: "As rosas abaixo de minha janela não aludem a rosas anteriores nem a rosas melhores; elas são o que são; elas existem com Deus hoje." Assim também é com você e comigo. Procure chegar interiormente ao ponto de não pedir nada a ninguém, nem mesmo da própria vida. Procure enxergar o divino em todas as pessoas que encontre. Ao aceitar essa condição, você estará preparando sua mente para a verdadeira magia.

Em vez de pedir aos outros, procure dar. Torne-se o doador, mesmo que só tenha a oferecer o brilho de seu amor e a aceitação incondicional do outro. O verdadeiro autor de milagres é o doador, não o receptor. Aquele que dedica sua vida a dar, recebe, ironicamente, muito mais do que aqueles que estão sempre querendo mais. Tudo dependerá de como se prepare para tal proposta interior!

SUGESTÃO PARA ALCANÇAR ESSE AJUSTE MENTAL

• *Reserve para si um dia em que não pedirá nada a ninguém.* Seja para seu cônjuge, filhos, companheiros de trabalho ou quem quer que venha a encontrar hoje, procure dar-lhes ao invés de deles tomar ou receber. Uma surpresa muito agradável lhe espera a partir do momento em que passar simplesmente a dar sem esperar nada em troca. Como verá, quanto menos esperar e exigir dos outros, tanto mais receberá.

Experimente dar amor ao próximo e aceitá-lo incondicionalmente; observe o que acontece. Como poderá zangar-se ou sentir-se ofendido se você nutre expectativas? Este é um excelente exercício a ser adotado quando se sentir lesado ou subestimado. Não espere reconhecimento e deixe que todos ao seu redor sejam como quiserem ser. Logo verificará que o reconhecimento que supõe precisar é desnecessário. Na realidade, alterar-se por esse motivo é mais uma maneira de permitir que os outros o controlem com ações ou falta de ações. Ao prescindir desse reconhecimento e dar aos outros simplesmente por ser este seu propósito (e nada mais), você se verá recebendo exatamente o que tanto esperava. A partir de então, você não mais precisará desse reconhecimento. Você apenas o receberá quando vier, dar-lhe-á o devido valor e continuará no caminho de seu propósito.

13. *Comece a desenvolver em si uma força autêntica.* À medida que prepara sua mente para a realização de milagres, pense no que seria capaz de transformá-lo num ser humano verdadeiramente forte. Este conceito de força pessoal é freqüentemente discutido, sem que se pare para analisar o que significa ser pessoalmente forte.

Força pessoal, para mim, não é a capacidade de dominar ou controlar os outros. Se a força fosse medida nesses termos, o que seria de sua força quando essas pessoas, a quem você controla, o abandonassem? Para ser verdadeiramente forte, sua força não pode depender da reação dos outros para com você, nem apenas de sua força ou aparência física. Se sua força depende de sua beleza física, onde estará quando a beleza se for? A verdadeira força não está no corpo físico; as mudanças no mundo material são muitas e inevitáveis. Uma sintonia restrita a seu lado físico é um caminho que diverge do verdadeiro fortalecimento, pois é transitória e depende da reação de outros. Assim, tudo cuja autenticidade dependa do mundo físico ou material está fadado ao fracasso, uma vez que o mundo material e seus padrões de atratividade e força estão em permanente mudança.

O verdadeiro fortalecimento requer outro tipo de jornada, a qual deve ocorrer em sintonia com o propósito de sua alma. Cada passo dado em direção à sintonia com esse propósito é igualmente um passo em seu fortalecimento pessoal. Nunca se esqueça, contudo, de que você vive numa cultura que prioriza o físico em detrimento do espiritual ou invisível. O mundo ao seu redor procura persuadi-lo a uma sintonia somente física. Portanto, lembre-se, à medida que lê estas páginas, de que seu objetivo é o fortalecimento pessoal, com vistas a torná-lo o seu próprio autor de milagres.

Uma vez que a transformação do espírito requer igual transformação do corpo, será provavelmente necessário que mude radicalmente seus hábitos alimentares e físicos. Tais hábitos se desenvolveram num contexto cultural que o seduz a uma sintonia exclusivamente física. À medida que for crescendo espiritualmente, sua alma lhe implorará que elimine de seu corpo substâncias venenosas, enquanto seu lado físico continuará atraindo as substâncias tóxicas. Essa sintonia física pode literalmente enfraquecê-lo e impossibilitar a transformação milagrosa que imagina para si.

Entretanto, sua luz interior, embora não perceptível por seus cinco sentidos, sabe bastante bem o que você precisa quanto à sua nutrição e exercícios físicos.

Quando sua sintonia estiver completa, você seguirá seus sinais interiores quase que sem esforço. Você se verá e se sentirá mudando de tal maneira que converterá sua condição de falsa força em verdadeiro processo de fortalecimento. As tentações físicas não desaparecerão e você lhes abrirá espaço vez por outra, mas sua nova sintonia espiritual será predominante em sua vida, de maneira que umas poucas escorregadelas não afetarão a nova relação estabelecida com sua essência mais profunda. Tal sintonia lhe trará resultados em praticamente todas as áreas de sua vida.

Uma sintonia apenas com o âmbito físico pode tentá-lo a caçoar, roubar, constranger, enganar, humilhar, agredir fisicamente ou ainda viciar-se. Se esta for a sua opção, você verá sua força esvair-se; você terá irresponsavelmente optado pelo enfraquecimento. As recompensas imediatas passarão uma impressão, especialmente para os outros, de que está mais forte, mas você saberá, em seu íntimo, que está mais fraco. Você perceberá que, mais uma vez, terá sucumbido à fraqueza da tentação e ignorado suas verdadeiras necessidades interiores.

A verdadeira força, a capacidade de realizar o que parece impossível quando se está sintonizado apenas com os cinco sentidos, é alcançada a partir de passos mágicos. Estes passos são pensamentos que o orientam no sentido de atentar para algo que você já conhece, mas que relegou a segundo plano em favor de satisfações imediatas no mundo físico. Uma pequena vitória de vez em quando é a maneira correta de experimentar, talvez pela primeira vez em sua vida, um verdadeiro fortalecimento.

O verdadeiro fortalecimento é a certeza interior de que se está sintonizado, servindo a Deus pacífica e harmoniosamente, bem como a consciência de poder criar o que for necessário para dar continuidade a esse serviço sem manipular ou prejudicar ninguém. Trata-se de um novo jeito de ser, que pode manifestar-se de diversas maneiras sutis.

Por exemplo, no decorrer dos 27 quilômetros que dirijo entre meu consultório e minha casa, há inúmeros semáforos, tráfego lento e diversas retenções. Quando estive sintonizado basicamente com meu âmbito físico, estava sempre com pressa, com raiva de cada pequena parada ou motorista lento, cruzando sinais amarelos de atenção, geralmente nervoso por cerca de noventa minutos todos os dias. Eu me permitia ficar nervoso por conta das vivências no mundo físico, as quais eram parte da vida que havia escolhido para mim mesmo.

Quando me reequilibrei, comecei a vivenciar uma verdadeira força interior naquela mesma situação. A partir de então, passei a imaginar de antemão toda a cena em minha mente antes de iniciar aquela excursão de 27 quilômetros pelas condições externas do "mundo real", antes mesmo de entrar em meu carro. Dediquei-me a visualizar internamente tudo como gostaria que fosse. Antes de sair, imagino-me em paz durante a viagem, parando diante dos sinais amarelos, mantendo-me em uma só faixa e até mesmo abençoando aqueles que, por dirigirem a uma menor velocidade, me fazem reduzir a marcha. Esta é a imagem mental com a qual entro em meu carro rumo ao consultório; calmo, relaxado e pronto para desfrutar os próximos 45 minutos de minha vida.

Estou verdadeiramente forte! Não sou mais afetado emocionalmente pela maneira como os outros dirigem ou pelo ritmo dos semáforos. Não dependo mais de condições externas específicas para amar, desfrutar e ver sentido nos momentos em que me encontro no trânsito. Passei a sintonizar-me prioritariamente com o âmbito espiritual e invisível e só secundariamente com o âmbito físico.

Antes, meus pensamentos e sentimentos — meu âmbito invisível — decorriam do que me acontecia no mundo físico. Agora ocorre justamente o contrário, meus pensamentos e sentimentos — minha essência espiritual e invisível — determinam minhas vivências físicas. É o verdadeiro fortalecimento, o controle de si mesmo em meio ao mundo que o cerca, o que é possível praticamente em todas as áreas de sua vida se optar por fortalecer-se mediante a priorização das necessidades de sua alma invisível em todas as possíveis situações de vivências no mundo físico.

Se agir assim consigo mesmo, esse fortalecimento pessoal diante das situações da vida se torna fácil e natural, aplicando-se a tudo o que faça e a todos que encontre. Sintonize-se com sua alma, escute seus apelos interiores de que seja pacífico e esteja voltado para seu propósito; assim se tornará uma pessoa verdadeiramente forte. Este é o preparo de que necessita para que a verdadeira magia lhe seja acessível como opção de vida.

SUGESTÃO PARA ALCANÇAR ESSE AJUSTE MENTAL

- *Abra mão, por um breve período, de controlar os outros em virtude de seu tamanho, posição profissional, força física, aparência física, idade, dinheiro ou o que quer que seja externo a você.* Imagine-se apenas como uma alma interagindo com outras almas. Trate a todos como se de fato tivessem consigo a magnificência de Deus. Imagine que não existam quaisquer atribuições físicas. Experimente-o por um ou dois dias. Sinta quanta força autêntica você efetivamente possui.

Eu sempre faço isso com meus filhos pequenos. Imagino-me não possuindo meu corpo adulto e toda a força de quem já cresceu. Procuro relacionar-me com eles durante algum tempo — por exemplo, a caminho da escola — como se não tivéssemos corpos e somente nossas almas estivessem presentes no carro, e vejo quanto isso os fortalece tanto quanto a mim. Eu os escuto, em vez de dar-lhes ordens; passo-lhes amor, em vez de instruções. Eles me vêem como um orientador que os ama, não como um pai "gente-grande" que pode fazê-los executar o que eu quero que façam.

Abra mão de sua ânsia em controlar e substitua-a pela aceitação incondicional daqueles que percebe serem parceiros de alma, todos iguais aos olhos de Deus. Transforme seu casamento ou relacionamento próximo em uma parceria espiritual; nada de autoridade; ninguém deve nada a ninguém; apenas dois parceiros unidos por um laço invisível, sem que um sinta ânsia em dominar o outro. À medida que converta sua ânsia por dominação e controle em respeito incondicional e harmonia afetuosa, você se surpreenderá ao ver-se fortalecendo aos outros e a si mesmo. Embora este mundo de que falo seja invisível, ele é muito mais poderoso e autêntico que tudo que se resuma a uma dimensão somente material ou visível.

14. *Faça meditação diariamente.* Aprenda a meditar e faça da meditação uma prática cotidiana. Esta etapa final na preparação de sua mente é, para mim, a mais significativa.

Eu não podia imaginar-me, cinco anos atrás, meditando de forma regular. Hoje, não posso conceber minha vida sem essa prática, pois trata-se do meio pelo qual posso chegar ao estado mental que venho descrevendo no decorrer deste capítulo. Não posso imaginar-me subindo num palco ou palanque para falar sem antes meditar. Da mesma maneira, cada trecho de texto que escrevo é precedido por uma meditação. Minha vida se fundamenta basicamente em meditação — silencioso mergulho interior à procura da inteligência invisível e da orientação amorosa que me está sempre disponível.

O processo da meditação nada mais é do que um mergulho silencioso em si mesmo com o intuito de entrar em contato com sua essência superior. Depois de um tempo, você faz contato direto com o que sempre foi um mistério em sua vida. Você descobrirá Deus, aquela inteligência invisível e infinita que está sempre presente em você e em sua vida diária. Veja a seguinte descrição deste processo feita por Richard D. Mann em *The Light of Consciousness:*

> O corpo parece estar modificado, purificado; as imagens mentais adquirem estranha clareza, nada familiar; o registro espontâneo da importância das experiências vividas pode tomar a forma de esfuziantes percepções profundas. Até mesmo a calma e o silêncio se tornam uma bênção e uma descoberta. Tudo o que acontece pode ajudar na estrutura interna da consciência do indivíduo...

O aprendizado da meditação começa, assim como qualquer outro aprendizado, com uma crença, com um pensamento que tem origem em você. O pensamento é simples: "Eu acredito que haja um fundamento nessa experiência de meditação e desejo investir energia para descobri-lo." É só isso! Um simples reconhecimento de que a meditação tenha algum valor intrínseco — mesmo que nada saiba a respeito — e uma decisão de conhecê-lo com a mente aberta são suficientes.

Para obter tal abertura mental, pense por um momento nos grandes pensadores que admira. Considere as vidas e conselhos desses mestres espirituais que foram mais influentes que bilhões de outras pessoas que viveram neste planeta. Todos eles nos sugerem que meditemos, que mergulhemos em nós mesmos, que busquemos orientação no espaço vazio invisível e silencioso existente no interior de cada um de nós. A meditação lhe oferece a oportunidade de conhecer sua essência invisível, permitindo-lhe, assim, que esvazie sua mente da hiperatividade permanente e conheça a calma interior. Por meio da meditação, você aprende a pacificar-se, livrar-se do estresse, encontrar respostas em áreas anteriormente confusas, não se precipitar e, por fim, ao adotar a meditação como opção de vida, ser capaz de pacificar-se a qualquer momento. Repito, a qualquer momento! Durante um encontro de negócios, na ocorrência de uma tragédia, durante uma competição esportiva, literalmente a qualquer momento! A meditação o ajudará a tornar-se o seu próprio autor de milagres, bem como a conhecer o significado da verdadeira magia.

Gostaria de lembrar-lhe novamente o que disse o brilhante cientista e filósofo francês Blaise Pascal sobre os benefícios da meditação: "Toda a miséria humana decorre da incapacidade de o homem sentar-se a um canto, só e em silêncio." Esta frase é, para mim, fantástica e pondero por que não incluímos a meditação em todos os níveis de nossos programas educacionais. Em toda a minha experiência com a meditação, jamais senti nada que não paz, amor e confiança. Trata-se de algo simples, acessível a todos nós sempre que quisermos e que contribui enormemente para nosso bem-estar.

Pois bem, como fazê-lo? É simples! Apenas resolva que o quer. Escute o gênio literário Franz Kafka:

> Você não precisa sair de seu quarto. Continue sentado à sua mesa e escute. Aliás, nem escute, apenas espere. Aliás, nem espere, apenas fique em silêncio, calmo e solitário. O mundo se oferecerá livremente a você para que se desmascare; não há escolha; ele vibrará em êxtase a seus pés.

Não há maneira certa ou errada de meditar. Não há nenhum método específico a ser seguido. Trata-se apenas de permitir-se adentrar em outra dimensão, livre das limitações vividas em seu mundo físico. Em estado meditativo, você pode simular uma dificuldade ou problema em sua mente. Veja-o, experimente-o primeiramente em sua essência invisível e então imagine-o tendo lugar em seu mundo físico tal como gostaria que fosse. Você pode solicitar orientação divina perguntando silenciosamente: "Como posso agir afetuosamente e servi-Lo ao participar desse evento?" "O que posso pensar em lugar dos pensamentos autodestrutivos que assolam minha mente e prejudicam minha felicidade?" Lembre-se do segredo: "Penso, logo existo."

A meditação é uma oportunidade de criar o que você virá a ser, mediante um mergulho no mundo invisível do pensamento, onde simulará seu plano inicialmente, quase como que num ensaio divino para o concerto da vida. Sim, você receberá as respostas que procura. Sim, você será capaz de realizar milagres que lhe eram antes impossíveis. Sim, você será capaz de deixar seu corpo, entrar no reino celestial dentro de você e retornar para vivenciar, na realidade, a verdadeira magia.

Em sua obra *Os três pilares de Zen*, Philip Kapleau resumiu o que você pode obter com a meditação:

> O homem comum, cuja mente é um quebra-cabeça de reflexões, opiniões e preconceitos entrelaçados, é praticamente incapaz de concentração total; assim, sua vida se baseia antes em suas próprias idéias do que na realidade. O zazen (meditação), ao concentrar a mente totalmente num objeto ou ação, liberta-a de pensamentos cruzados e nos proporciona plena harmonia com a vida.

Pois é, você verdadeiramente deixará de ter idéias sobre sua vida e passará a vivenciar seu propósito neste mundo, a missão heróica de sua vida. Taisen Deshimaru nos explicou isso de outra maneira: "Ao dispor de um copo cheio de líquido, você pode eternamente discutir sobre suas qualidades, se está frio, quente, se é de fato composto de H_2O, ou se é água mineral ou mesmo saquê. Pois bem, a meditação é bebê-lo!"

Veja só! Aprender a meditar é aprender a viver em vez de falar sobre a vida; é uma autêntica sintonia com seu propósito como ser espiritual que passa por uma experiência humana.

Há diversos livros e guias maravilhosos de meditação, escritos por gente muito mais qualificada do que eu. Farei uma descrição do funcionamento da meditação, mas quero deixar claro que exporei aquilo que funciona *para mim*. O que mais me satisfaria seria se a minha descrição o encorajasse a praticar a meditação; entretanto, você só saberá do que se trata e quais benefícios ela pode oferecer-lhe quando experimentá-la diretamente.

Descobri que o momento do dia mais adequado à minha meditação é pela manhã, bem cedo. É possível que também queira reservar sua primeira hora da manhã, talvez pouco antes do horário em que geralmente acorda, para a meditação. Não se preocupe com o cansaço; uma hora de meditação pode equivaler a uma noite de sono. Em meu caso, ao terminar uma meditação, sinto-me mais descansado que se tivesse dormido a noite inteira. Tomo um banho longo e quente e então sento-me ao chão, cruzo as pernas e fecho os olhos.

Meu objetivo inicial ao meditar é atingir o estado alfa. Para mim, isto equivale ao que sentiria se fosse hipnotizado; as ondas cerebrais se alteram, tornando-se literalmente mais lentas. Sei que atinjo esse estado quando começo a sentir-me mais leve e eufórico. Sinto meus braços mais leves, parecendo plumas, e posso levantá-los com um mínimo de esforço, como se fosse ajudado por uma força invisível que é parte de mim. É uma sensação muito agradável semelhante a uma leve embriaguez sem estimulantes químicos ou álcool. Depois de vários anos de meditação, posso hoje atingir este estado alfa em alguns segundos.

Burt Goldman, em sua obra *How to Better Your Life With Mind Control*, escreveu um excelente capítulo — "Atingindo o Estado Alfa" — no qual descreve detalhadamente como chegar a esse estado. Para mim, o que melhor funciona são respirações profundas as quais procuro inspirar e expirar o mais calma e longamente possível sem a intromissão de nenhum pensamento. Resisto à tentação de dar atenção a diversos pensamentos que bombardeiam minha consciência pela contínua e lenta repetição de um mantra interior (digo sempre "Ey-Kiss"), que procuro compassar ao ritmo de minha respiração. Posso sentir literalmente a alteração na química de meu cérebro ao sentar-me, concentrar-me e repetir continuamente "Ey-Kiss".

Já usei também o que chamo de técnica do relógio de 24 segundos. Primeiramente imagino um relógio feito de inúmeras luzes que ressaltam o número 24. Passo-o então para "23". A única regra a que me submeto desde o início é que vá passando os números de "24" até "0", *vendo* a iluminação de cada um dos números. Se eu vier, em algum momento dessa contagem, a distrair-me ou se algum pensamento penetrar em minha mente, mesmo que por um microssegundo, coloco o relógio de volta no "24" e reinicio o processo, evitando quaisquer pensamentos ou distrações mentais. Esta é uma maneira de aprender a concentrar-se em uma só coisa e esvaziar a mente de todo e qualquer outro pensamento. Conseguir percorrer toda essa trajetória do "24" ao "0" é uma realização monumental! Quando consigo, já estou em alfa.

No estado alfa, sente-se incrível leveza em ser. Sinto-me mais leve e sou tomado por alegre e maravilhosa sensação. Como já disse, ao atingir esse estado, meus braços se tornam leves como plumas e minha cabeça parece não ter peso. Concentro-me então mais plenamente em minha visão interior e posso criar um quadro colorido, pastel ou totalmente branco. Sinto-me só, em paz, muito feliz e pronto para usar este tempo de meditação para o que quiser.

O que fazer durante a meditação

Cada sessão de meditação oferece um tempo que pode ser usado de diversas maneiras valiosas; suas opções são ilimitadas. Ao decidir que quer mergulhar em si mesmo e descobrir Deus, você estará adentrando o universo espiritual. Este é o caminho pelo qual os milagres precisam passar para se manifestarem em seu mundo físico. Esses momentos de meditação são muito bem-vindos e sugiro que sejam tratados como divinos e especiais. Não deixe que ninguém os perturbe ou interrompa.

Na meditação ativa, pode-se apresentar problemas e perguntas. Quando me deparo com um problema corriqueiro, costumo perguntar "qual é a lição neste caso?" ou "o que tenho a aprender desta situação?" Por exemplo, houve uma época em que tive problemas com minha filha de 14 anos. O assunto era um rapaz com quem ela desejava namorar. Naquela época parecia impossível conversar sem que nos tornássemos nervosos e obstinados. Perguntei, durante uma meditação, "qual é a lição neste caso? Como posso ser útil à minha filha?" De repente ela surgiu em minha tela interior. Chorava e eu lhe perguntava:

"Qual é o problema? Vamos conversar."

Ela respondia: "Não posso conversar sobre isso com você, você que é meu pai, e é de outra geração. Você realmente não entende."

Coloquei, então, em minha tela mental, o que chamo de *círculo da verdade*, uma técnica minha de meditação na qual todos que entrem no círculo só podem dizer a verdade. Coloquei minha filha no círculo e ela me dizia que lhe era impossível compartilhar comigo, seu pai, o que sentia. Eu ia a ela, então, no círculo, segurava sua mão e dizia: "Concordo com você. Você tem um problema e não pode compartilhá-lo comigo, pois tenho preconceitos e sou um pai superprotetor. Estou tão preocupado em evitar que se machuque que realmente não consigo escutar o que você diz ou sente. Mas conheço alguém com quem poderá falar."

Voltei mentalmente à época em que tinha a idade dela. Pois bem, lá estava eu, com 15 anos, segurando as mãos de minha filha. Nessa visão, eu podia ver-me vestido a caráter, a loção pós-barba barata, o mocassim e a brilhantina em meu cabelo. Adolescente como ela, pedia-lhe que me contasse o que a incomodava.

De pé no círculo da verdade, ela se abriu e me contou, adolescente para adolescente, tudo o que a incomodava em seu pai. Ela disse, entre outras coisas, que eu não conseguia ser objetivo e não confiava em sua capacidade de avaliação.

Ao terminar a meditação, eu chorava, mas sentia que conseguira um avanço. Embora tudo isso tivesse sido um "mero" ritual mental, havia acontecido, na prática, um milagre.

Naquela mesma manhã, pouco mais tarde, tive a mais importante conversa com a minha filha até então. Contei-lhe o que havia ocorrido durante minha meditação. Sentamos de mãos dadas e explicamos um para o outro o que sentíamos, buscando compartilhar o que nos incomodava mutuamente. A situação foi resolvida. Abraçamo-nos e dissemos as palavras mágicas "eu te amo; procurarei considerar mais a fundo a sua opinião". Contei esta história para exemplificar uma dentre as diversas atividades que podem ser desenvolvidas durante uma meditação.

A meditação é um meio que oferece inúmeras possibilidades de resolução de conflitos. A orientação se encontra bem aí, dentro de você. Enquanto medita, você pode fazer perguntas e receber respostas; também pode voltar no tempo, reviver experiências e extrair lições de cada uma dessas experiências. Pode fazer contato com aqueles com quem já conviveu e que se mudaram para longe ou já se foram deste mundo físico. Pode estabelecer contato com a inteligência divina que habita em seu interior e usá-la de maneira inteiramente inédita. Pode aprender a ter acesso ao cerne de qualquer doença que seja parte de sua vida, abençoar o incômodo ou a enfermidade e buscar o significado de tal doença. Pode também conhecer sua capacidade de curar. Pode descobrir que sua mente produz substâncias químicas capazes de reduzir seu desconforto e ajudá-lo a curar-se. Você pode aprender a pedir e a receber coragem para deixar de lado vícios e hábitos insalubres.

E, por fim, você pode chegar ao ponto de superar os pensamentos e a atividade da mente. Você pode transcender para o campo unificado da consciência no qual não há mantras nem pensamentos. Isto é a felicidade. Nesse estado, tem-se percepções que simplesmente não podem ser explicadas; somente vividas e registradas. Eu prometo.

Após a meditação, continuo sentindo incrível leveza em meu ser. Sinto-me centrado e capaz de concentrar-me no que for necessário, bem como disposto a perceber a plenitude de Deus nos outros. Passo automaticamente a comer melhor, fazer escolhas mais saudáveis, beber mais água, fazer mais exercícios e sentir-me mais generoso, mais disposto a perdoar, menos tenso e menos cansado. Na verdade, é impossível exprimir com palavras o imenso valor que a prática da meditação tem para mim.

Pediram-me, recentemente, que contribuísse, juntamente com o Dalai Lama, Madre Teresa e mais uns trinta outros, com uma experiência pessoal para a confecção de um livro chamado *For the Love of God.* Uma vez que a meditação se me apresenta como minha mais significativa vivência de Deus, foi justamente sobre ela que escrevi. Eis a seguir um trecho do que disse:

> Encontro Deus ao dedicar uma pequena parte de meus dias a penetrar — por meio da oração, meditação ou como se

> prefira chamá-lo — em um outro nível de consciência. Fecho meus olhos e respiro. Concentro-me, esvazio minha mente e começo a sentir o amor que está sempre lá à minha espera quando consigo acalmar-me o suficiente para tal. Ao fazer isto, transcendo o tempo e o espaço e me disponho na presença mesma de Deus, o que me leva a um estado de harmonia e graça que supera tudo o que já conheci (...).
>
> Não é importante a maneira como se faz. Não se trata de uma experiência uniforme para todas as pessoas ou que possa ser assimilada a partir de experiências de outros, mas de estar interiormente aberto para vivenciá-lo diretamente, de imediato, colocando em prática na própria vida as mensagens que receber. Ao consegui-lo, você estará ligado a tudo e todos de forma amorosa, afetuosa.

Minha técnica é minha técnica. Não é parte de qualquer treinamento formal ou oficial de meditação. Funciona para mim e adveio, tal como também será para você, da intenção de entrar em contato com a parte mais elevada de mim mesmo. Quando acreditar na presença desse seu eu mais elevado, você descobrirá a sua própria técnica. Não será como a minha nem como a de ninguém; será somente sua, pessoal, uma forma bastante eficaz de entrar em si mesmo. Há, de fato, muitos livros e guias maravilhosos para ajudá-lo nesse empreendimento, mas, neste momento, o que você precisa mesmo é a verdadeira intenção interior de descobri-lo por si mesmo.

Um resumo das catorze chaves para a preparação da mente para o milagre

Quando você estiver determinado a treinar sua mente para a realização de milagres, é possível que a lista a seguir lhe seja de alguma ajuda. As 14 sugestões que se seguem não foram colocadas em qualquer ordem de importância ou prioridade. São apenas um começo, e só podem ser colocadas em prática a partir de sua mente invisível. Elas são as chaves capazes de destrancar o portal que o conduzirá à verdadeira magia em sua vida cotidiana.

1 Evite julgar e afaste-se da descrença.
2. Reserve uma parte de sua mente para a verdadeira magia.
3. Afirme-se como uma pessoa que não conhece limites.
4. Prepare sua mente em função do conceito de intuição.
5. Descubra o segredo que reside no centro e sabe.
6. Aprenda a aprender a partir da conscientização e da confiança em vez da dúvida e do medo.
7. Afirme para si mesmo que sua intenção gera sua própria realidade.
8. Procure vivenciar a rendição e o satori.
9. Aprenda a agir como se a vida a que tanto aspira já estivesse bem diante de você.
10. Priorize, em sua vida, as necessidades espirituais e não as físicas.
11. Estude o já mencionado paradoxo: "Você jamais terá suficientemente aquilo que não quer."
12. Não peça nada a ninguém e aprenda a aceitar todos e tudo tais como são.
13. Comece a se tornar uma pessoa verdadeiramente forte.
14. Pratique diariamente a meditação.

Uma vez que tenha aberto o caminho interior, o caminho exterior logo se seguirá. Os próximos capítulos tratarão justamente de ajudá-lo no desenvolvimento de seu caminho exterior. No momento em que você se dispõe a preparar sua mente para que os milagres se manifestem em todas as áreas de seu mundo físico, deixe ecoar em sua mente as seguintes palavras de Lao-tzu (do *Tao Te Ching*):

> Quando encontrares o caminho
> outros a ti encontrarão.
> Passando pela estrada
> serão levados à tua porta.
> O caminho que não pode ser ouvido
> ecoará em tua voz.
> O caminho que não pode ser visto
> refletir-se-á em teus olhos.

PARTE DOIS

Aplicação prática da consciência da verdadeira magia no cotidiano

CAPÍTULO 4

A verdadeira magia e os relacionamentos

...olhem todos; embora apareça por Fora, está Dentro; em sua Imaginação; da qual este Mundo da Mortalidade não é mais que uma sombra.
WILLIAM BLAKE

Embora já tenha escrito bastante sobre a viagem interior e a imensa alegria que advém da descoberta e remissão interior àquela região vazia e calma onde a orientação divina é parte de seu ser, é importante não esquecer que essa viagem se concretiza também e em grande medida em seu relacionamento com as pessoas que dividem este mundo com você. A medida exata de seu desempenho na vida é dada pelo grau de sucesso em seu relacionamento com as outras pessoas. É justamente quando alcançar a inspiração em seus relacionamentos, a ponto de conviver pacífica e alegremente com os outros, é que você atingirá o estado que descrevi como "estar sintonizado com seu propósito". Em poucas palavras, você experimentará a verdadeira magia justamente quando seus relacionamentos estiverem bem.

Procure imaginar qual seria para você um estado ideal de relacionamento com os outros. Não deixe que nada atrapalhe essa visão. Essa é a sua fantasia. Como gostaria que fossem suas relações amorosas em seu dia-a-dia? Como gostaria de relacionar-se com seus filhos? Você gostaria de sentir-se amado e importante, de saber que aqueles com quem lida nos momentos mais significativos de sua vida verdadeiramente o amam? Você gostaria de sentir-se sexualmente satisfeito e alegre? E quanto aos amigos e conhecidos? Você gostaria de vivenciar um perfeito dar e receber, em que prevaleçam o respeito e o cuidado mútuos? E no que diz respeito a seus relacionamentos no trabalho e nos negócios em geral? Você gostaria que aqueles para quem trabalha confiassem bastante em suas habilidades e fossem capazes de cativar o respeito e o carinho daqueles outros cuja orientação no trabalho é de sua responsabilidade? E o seu relacionamento com as pessoas no mundo de maneira geral? Os estranhos com quem cruza todos os dias, os funcionários de diversos setores à sua espera para oferecer-lhe diversos serviços, as pessoas ao lado de quem senta em aviões e ônibus. Como gostaria que fossem todos esses relacionamentos se tivesse uma varinha de condão e pudesse transformá-los todos em realidade?

A capacidade de desenvolver relacionamentos mágicos em sua vida começa e termina em você mesmo. Se você deseja realizar milagres para si próprio e verdadeiramente viver uma vida plena, sincera para consigo mesmo, tudo o que precisa é assumir total responsabilidade pela maneira como se relaciona com aqueles com quem compartilha este planeta divinamente perfeito. Esta área da verdadeira magia requer, assim como as outras, muita desaprendizagem e uma forte vontade de pensar de maneira nova, mágica. Você pode desenvolver relacionamentos de amor e plenitude com qualquer um em sua vida.

Eis agora, então, a parte difícil. Não se trata absolutamente de fazer com que as pessoas mudem para que esse maravilhoso estado de coisas se concretize. Apenas deixe que essa noção "radical" penetre por alguns instantes em sua consciência e prepare-se para vivenciar um pouco da verdadeira magia em todos os seus relacionamentos pessoais.

A mente como a chave para os relacionamentos

Para que seus relacionamentos sejam milagrosos em *todas* as áreas de sua vida, é preciso que redefina quem você é. Como já sabe, estou lhe pedindo que se autodefina como ser espiritual que passa por uma experiência humana e não o contrário. Ao enfatizar que é um ser espiritual, você se conscientiza de que sua parte invisível, a mente, é aquela na qual você processa, na realidade, todas as suas experiências. É a maneira como opta vivenciar o seu próprio mundo que determina a natureza e a qualidade de seu mundo físico, inclusive seus relacionamentos com todos.

É claro que você não pode tornar-se fisicamente uno com outro ser humano. Você não pode tornar-se o corpo de outra pessoa. Ora, a única maneira de ter outra pessoa em sua vida é naquela parte invisível que temos chamado de pensamento ou mente. Sim, é em sua mente que você conhece as pessoas. Embora possa tocar, beijar, segurar ou acariciar as pessoas, são só e unicamente os seus pensamentos acerca dessas atividades físicas que determinam a qualidade de seus relacionamentos. Sua mente é tudo de que dispõe para relacionar-se, até mesmo um toque físico é vivenciado na mente. Lembre-se agora da frase-chave: PENSAS, LOGO ÉS! Uma vez que não pode viver fisicamente outra pessoa, só poderá fazê-lo em sua mente. Conclusão: todas as pessoas em sua vida são simplesmente pensamentos em sua mente, não seres físicos. Seus relacionamentos com as pessoas são a maneira como pensa sobre elas. Sua vivência de todas essas pessoas encontra-se *apenas* em sua mente. Seus sentimentos para com a pessoa amada provêm de seus pensamentos. Por exemplo, embora o ser amado possa ter um comportamento que lhe pareça ofensivo, é o seu comportamento em relação ao dele que determina o futuro do relacionamento. As ações dele são dele e você não pode possuí-las, você não pode ser ele, você só pode alcançá-lo com sua mente.

Seus parceiros na vida, seus filhos, sua família, seus sócios no trabalho, as pessoas estranhas com quem cruza e até mesmo aqueles que vivem em outros lugares deste planeta e que são, metafisicamente, também seus irmãos e irmãs, todos são pensamentos. Quando ocorre um seqüestro ou acidente do outro lado do mundo, você sente algo pelas vítimas. É este algo que o liga àquelas pessoas; elas são pensamentos. Mas estão também em seus pensamentos, de modo que você está ligado a elas por pensamentos invisíveis.

O contrário é ainda mais difícil de ocorrer, pois você é um ser físico *e* um ser invisível somente para si mesmo; para os outros, você é somente um pensamento. Da mesma maneira que eles são para você um pensamento, você é para eles um pensamento. Seus relacionamentos têm lugar, na verdade, em sua essência invisível, a qual não tem fronteiras nem limites. Assim, a satisfação em seus relacionamentos é determinada pelo uso que faz de seus pensamentos.

Use seus pensamentos para criar relacionamentos

Pois bem, chegou o momento de fazer a si mesmo a mais importante das perguntas: O que você pensa das pessoas com quem se relaciona? Lembre-se, aquilo que pensa é o que determina, e seus pensamentos têm origem em você mesmo. Se você se encontra pensando nos defeitos da pessoa que ama, esta será sua vivência daquela pessoa, o que determinará seu relacionamento com ela. Você seria ferido pelo desamor e pelo desgosto.

Ao presenciar o comportamento de alguém, você recebe negativamente esse comportamento, dizendo a si mesmo "detesto quando ela faz isso", "espero que ele se cuide" ou "detesto quando ele age assim como um imbecil na frente das pessoas"? Uma reação negativa só traz mais desgosto e negatividade, pois você só pode agir sobre o que pensa. Num caso como este, o único material de que disporia para agir seria a própria negatividade.

Em vez de receber o comportamento dos outros sem julgamentos, como o caso descrito, há outras maneiras de agir sem essa atitude. Lembre-se, não é ele ou ela que faz o mau relacionamento, mas você pela direção que dá a seu pensamento. Por que não dizer "ela está em seu caminho e essa é a maneira como precisou agir ou reagir agora. Afinal, ela tem tantas outras excelentes qualidades que amo. Procurarei enfatizar essas qualidades, pois quero que esse relacionamento seja o melhor possível, e sei que se for o melhor possível em meus pensamentos, assim será na prática cotidiana". Ou ainda, "ele só pode cuidar de si até onde sabe fazê-lo. Sei que isso é destrutivo para ele, mas não me aterei ao que me desagrada. Passar-lhe-ei amor apesar de suas atitudes"?

Isto pode parecer uma maneira um tanto inocente de relacionar-se com as pessoas, até mesmo nada sincera a princípio, já que não reflete seus verdadeiros sentimentos. Mas tenha sempre em mente que seus verdadeiros sentimentos têm origem em seus pensamentos, ou seja, se você está interessado em realizar milagres para si mesmo, então precisa pensar de maneira milagrosa.

Estabelecer relacionamentos que sejam verdadeiramente mágicos significa abster-se de julgar o próximo. Além disto, é impossível, na prática, definir os outros a partir do julgamento que faz deles. Neste caso, você estaria no máximo definindo a si mesmo como alguém que precisa julgar, pois os outros só podem ser definidos por seus próprios pensamentos e ações. Assim, o que você deve empenhar-se seriamente em fazer é pensar sobre os outros justamente aquilo que está de acordo com suas expectativas para os relacionamentos, ou seja, criar pensamentos voltados para o tipo de relacionamento que deseja estabelecer. Da mesma maneira que você se torna num determinado dia aquilo que pensou naquele dia, também seus relacionamentos se tornam aquilo que pensa deles.

Quanto mais se busca ou esclarece os limites de um relacionamento, tanto mais limitado ele de fato será. Seu objetivo ao realizar milagres em todos os seus relacionamentos é aperfeiçoar-se em olhar as pessoas à sua volta como reflexo do milagre que deseja realizar. Não há outro caminho.

Lembre-se de que um dos ditos cruciais deste livro afirma que o universo e tudo o que nele se encontra têm um propósito. Sua vida tem uma grande missão divina que precisa ser descoberta, pois só assim você poderá começar a realizar milagres. Você deve saber e agir como se estivesse cumprindo essa necessidade divina, e a mais importante mensagem deste capítulo é que os relacionamentos pessoais, cada um deles, são igualmente parte dessa necessidade divina.

Antes de analisarmos como realizar milagres em todos os tipos de relacionamentos, é necessário que a noção de necessidade divina esteja firmemente plantada em sua mente, de modo que possa começar a atuar por meio dela cotidianamente e desaprender velhos hábitos que impedem os milagres. Sua vida e todos os seus relacionamentos são plenos de sentido.

Atinja o propósito nos relacionamentos

Pode-se dizer, de maneira geral, que a qualidade de nossas vidas é diretamente proporcional à qualidade do relacionamento que mantemos com as pessoas e, para completar a equação, nossos relacionamentos com as pessoas são um reflexo de como nos relacionamos conosco. Sim, é exatamente isto, conosco. Pois bem, expliquemo-lo em uma breve revisão do que já vimos neste livro.

Você mantém um permanente relacionamento com sua mente e seu corpo. Ao pronunciar as palavras "eu disse a mim mesmo", refere-se a dois seres: o "eu" alude à sua essência invisível (o pensamento) e o "mim mesmo" alude a seu ser físico, que tem nome, endereço e CPF. Quando "você" chama a "si mesmo" de imbecil, trata-se do seu "eu" invisível julgando o seu "mim mesmo" visível. Este é o permanente relacionamento que você mantém ao longo de seus dias aqui na Terra.

Seu objetivo é encarar a si mesmo como um ser espiritual que passa por uma experiência humana e preparar sua mente para introduzir a verdadeira magia em sua vida. Você deseja eliminar a dicotomia existente entre sua essência invisível e sua essência física, entre aquele "eu" e aquele "mim mesmo" da frase "eu disse a mim mesmo". Se você pensa que é um imbecil, então certamente agirá como imbecil. Não há exceção para esta regra. Se você pensa que é forte, afetuoso, sensível, divino e também passível de cometer erros, então é como tal que certamente agirá.

Assim, a partir do momento em que cultive uma consciência de seu corpo, mente e alma como algo uno, e passe a vivenciar a unidade dentro de si mesmo, você estará pronto para compartilhar este senso de integridade e sacralidade com os outros, e é justamente neste ponto que entra a questão dos relacionamentos. Só quando ama a si mesmo, é capaz de passar amor ao próximo. Independentemente do tipo de relacionamento que mantenha com alguém, você só poderá dar-lhe aquilo que tiver dentro de si para dar. O que ocorre conosco é exatamente como a laranja do provérbio: quando ela é espremida, o que sai é o que está em seu interior, independente de quem tenha espremido, ou das circunstâncias em que aconteceu.

O que se encontra em seu interior só pode ter chegado lá pelos seus pensamentos; não há nenhuma outra via de acesso. Se você conserva ódio, é ódio que você passará. Se você não respeita a si mesmo, é justamente falta de respeito o que dará aos outros. Se você cultiva e guarda consigo amor e compaixão, dará amor e compaixão ao próximo.

Seus relacionamentos percorrem o mesmo caminho que você. Se você opta por sofrer e perguntar por que as coisas não andam bem, como expus no capítulo 1, então seus relacionamentos também sofrerão; se você segue o caminho dos resultados e começa a ver que há lições a serem aprendidas na vida, então seus relacionamentos também refletirão este padrão. Se você se sintoniza com seu propósito, e dirige sua vida para ele, seus relacionamentos também refletirão essa postura de vida. Lembre-se de que o propósito da vida está ligado à doação, a adquirir sem nunca reter, para o resto da vida. Tudo o que pode fazer de sua vida é doá-la a serviço do próximo. É exatamente nesse âmbito da sintonia com o propósito da vida que ocorrem os milagres nos relacionamentos.

Depois de passar pela necessidade de sofrer e dominar os outros, depois de passar por uma atitude de "o que há ali para mim?" em seus relacionamentos e, por fim, centrar-se na doação, no serviço ao próximo e na abstenção de julgamentos, então pode a verdadeira magia fazer parte de sua vida cotidiana. George Washington Carver fez a seguinte descrição a respeito do que me refiro: "Seu potencial na vida depende de sua capacidade de ser terno com os jovens, piedoso para com os idosos, simpático para com os irados e tolerante para com os fracos e os fortes, pois algum dia em sua vida você já terá sido cada um destes."

Eis a definição do sentido de ser ou propósito em seus relacionamentos: tratar os outros nas diversas etapas de suas vidas exatamente da maneira que gostaria de ser tratado nas diversas etapas de sua própria vida. Todas estas palavras encerram o sentido de doação. Esse propósito consiste em dar de si e recusar-se a perguntar "o que há nisso para mim?". Ele demanda um relacionamento baseado mais no amor do que no julgamento. Ele requer dar de si para os outros incondicionalmente e aceitar o que quer que lhe chegue com amor, mesmo que seja inesperado.

Ao reagir ao ódio com o ódio ou à raiva com a raiva, você não o faz simplesmente porque dirigiram-se a você dessa maneira, mas porque esse sentimento está dentro de você. Por mais que esprema uma laranja, você não pode obter suco de ameixa. Por mais difíceis que sejam certas situações vividas, você jamais poderá passar ódio se o que tiver dentro de si for somente amor.

Uma vez sintonizado com seu propósito, você se verá tomando atitudes inteiramente inéditas para com os outros, que se aproximarão de você em proporção muito maior que na época em que tanto procurava fazê-los agir da maneira que você queria. Trata-se mesmo de um paradoxo. Quanto mais você dá, mais recebe; quanto mais tenta forçar algo em benefício próprio, tanto menos desfruta do que tão desesperadamente busca.

Vejamos o principal ingrediente de um relacionamento bem integrado e examinemos alguns métodos para alcançá-lo.

Amor: o ingrediente principal de qualquer relacionamento

O amor é o ponto crucial de relacionamentos integrados e sintonizados com seu propósito. Não se trata simplesmente de saber dizer as palavras "eu te amo", pois estas são também usadas por pessoas que diariamente abusam e ferem o próximo. O amor é dar e nada tem a ver com aquilo que você recebe. O amor é um processo interior que você insere num relacionamento. Um relacionamento sintonizado tem o amor no sentido de doação como sua pedra angular. A melhor descrição que li a respeito deste tipo de amor espiritual é de autoria de J. Krishnamurti (em sua obra *Think on These Things*). Ei-la:

> O amor é o que há de mais importante na vida. Mas, o que chamamos de amor? Se você ama alguém porque este alguém o ama, então certamente não há amor. Amar é sentir grande afeto sem nada pedir em troca. Você pode ser inteligente, passar em todas as provas, receber um título de doutor e chegar a um alto cargo, mas se não tiver essa sensibilidade, esse sentimento de um amor simples, seu coração ficará vazio e você será miserável para o resto de sua vida.

A sintonia é determinada justamente por esse amor de doação, o qual é também a chave para o estabelecimento de relacionamentos milagrosos. Até mesmo no campo do sexo, os encontros sexuais mais excitantes e plenos são aqueles em que você dá de si sem pedir nada em troca. A consciência de estar verdadeiramente satisfazendo o parceiro é tudo o que é necessário para um encontro sexual perfeito. Quando você começa a pensar só em si mesmo, no ótimo amante que é ou no grau de excitação que atinge, você sai de sua sintonia e regride ao nível dos resultados em sua atividade sexual. Quando você dá, tudo é perfeito; quando você se dedica a receber, desaparece o elemento mágico.

Esse ingrediente da doação abre caminhos para além do âmbito sexual de seus relacionamentos, atingindo mesmo todos os níveis, inclusive os relacionamentos em que o sexo não desempenha nenhuma função. Da mesma maneira que, ao espremer uma laranja, você só pode obter o que está dentro dela, se o que você tem dentro de si é amor, é este amor o que tem para dar. Ao dar ou passar amor, você desenvolve novo tipo de sensibilidade, uma sensibilidade que lhe permite conhecer as pessoas não por sua forma, mas pela alma que se oculta por trás de sua forma. Você passa a ver plenitude de Deus em cada pessoa que encontra e seus relacionamentos adquirem o brilho da verdadeira magia.

Você passa a perceber suas crianças e todas as outras não pelo que fazem ou pelo bom ou mau comportamento, mas por sua esfera invisível, pela alma que habita seus corpinhos. Se você vê suas almas com amor e lhes passa esse amor, elas lhe responderão igualmente com amor. Se você mantém excelentes relacionamentos com as pessoas, isto ocorre muito mais por você lhes passar amor que por buscar que elas lhe passem amor.

Aqueles parentes com quem você tem dificuldade em relacionar-se passam a não mais serem fonte de infelicidade. Sua raiva e negatividade são substituídas por um amor livre de julgamentos, o que não requer longos anos de terapia, assistência de grupos de apoio, drogas ou ervas especiais, mas tão-somente que priorize sua vida espiritual em relação à física. Isto pode ser uma experiência satori, um súbito despertar que o preenche de amor, uma abstenção de pedir o que quer que seja às pessoas com quem se relacione ou uma doação de amor que não espera nada em troca.

Por irônico que possa parecer, uma vez sintonizado da maneira descrita, você receberá muito do que sente estar faltando em sua vida. Seus pais, com quem ontem lhe parecia impossível dialogar, passam a não mais serem julgados por você. Satori! Você lhes passa amor, perdoando-os por tudo o que lhe tenham aborrecido e ficado retido em sua memória invisível, apercebendo-se de que eles fizeram apenas o que sabiam, o que tinham condição interna de fazer à época dos mal-entendidos, o que é, aliás, o máximo que uma pessoa pode pedir a outra. Passe-lhes amor, transcendendo o que neles outrora julgou, e verá seu relacionamento com seus pais passar milagrosamente por uma grande transformação. Você terá assim realizado um milagre!

Suas amizades e relacionamentos nos negócios podem também ser notoriamente aprimorados mediante esse novo conceito de doação. Quando for acometido por um conflito, você deve suspender seus pensamentos negativos e irradiar amor, transformando um ambiente hostil num ambiente sereno. É assim que surgem as soluções para os problemas. Uma pessoa consciencio-sa, que irradia amor e se recusa a abrigar em sua mente sentimentos de ódio, pode literalmente influenciar todo o ambiente à sua volta. Se você, ao ser abordado de maneira ameaçadora, reagir de maneira não-ameaçadora e buscar passar seu conhecimento interior de forma pacífica e afetuosa, jamais se abalará com afrontas e que sempre desenvolverá relacionamentos milagrosos.

Lembro-me das avassaladoras discórdias com meus colegas quando era professor universitário. Esses colegas mantinham relacionamentos freqüentemente nada cordiais com os outros docentes. Não se abriam para qualquer compromisso mútuo, nem sequer para discutir as diferenças entre si. Eles eram "difíceis" ou "impossíveis de conviver", a menos que se concordasse com seus pontos de vista, o que poucos faziam.

Apercebi-me, entretanto, de que eu sempre conseguia aproximar-me desses colegas "impossíveis". Eu vivia a verdadeira magia enquanto os outros se exasperavam. Qual o segredo? Passei-lhes amor e nada lhes pedi. Por mais que discorde de alguém ou de uma situação, tenha somente amor em seu coração e o resto se fará por si mesmo. Os colegas, ao virem a mim, jamais tinham como serem grosseiros ou violentos. Eu nunca havia dedicado especial atenção a tal comportamento, nem me gabava de minha capacidade de lidar com essas pessoas difíceis. Simplesmente passava-lhes o amor que havia dentro de mim e rendia-me aos demais.

Esta maneira de viver meus relacionamentos é fundamentalmente a minha maneira de viver todos os âmbitos da vida. Mantenha-se sintonizado com seu propósito, saiba que está aqui para servir. Se acontecer desviar-se de seu caminho, simplesmente pergunte "como posso servir nesta situação?" e escute silenciosamente a solução. Não é necessário provar a si mesmo, retire seu ego do encontro e passe adiante amor.

Por várias vezes presenciei, enquanto esperava numa fila de liberação de bagagem em algum aeroporto, um passageiro enraivecido repreendendo violentamente um funcionário. Eu dizia a mim mesmo "se ele pudesse passar amor ao outro, é possível que conseguisse o que queria". Pois bem, o passageiro enraivecido sai do encontro invariavelmente irritado e insatisfeito, tendo obtido apenas um aumento de sua pressão arterial. Quando chega a minha vez, dirijo-me ao funcionário da empresa de aviação de maneira agradável e digo-lhe: "O que tiver para mim estará bem." Com isto, sou bem tratado e fui mais de uma vez passado para a primeira classe.

Trata-se de algo tão básico, que é surpreendente que mais pessoas ainda não o tenham percebido. É a própria regra de ouro em ação: passe amor até mesmo para o estranho com quem cruza ao caminhar pela rua. Esta é certamente a maneira pela qual gostaria de ser igualmente tratado.

Quatro ingredientes adicionais para atingir o propósito em um relacionamento

Passar amor sem esperar nada em troca é a pedra angular dos relacionamentos quando se está sintonizado. Para além disso, há muito pouco a ser aprendido. Pratique essa doação incondicional de amor e você se sentirá pleno e alegre, em vez de vazio e miserável. Eis, a seguir, quatro qualidades suplementares que lhe ajudarão a alcançar a verdadeira magia em seus relacionamentos.

1. *Abra mão de estar sempre com a razão.* A necessidade de provar que o outro está errado ou que você está sempre certo, eis a maior causa de dificuldades e deterioração nos relacionamentos. *Vencer* na argumentação, *provar* que os outros não sabem o que dizem, *mostrar* que você é superior, nada disso promove qualquer parceira espiritual, pois para tal é necessário que se reconheça o outro em sua integridade, numa relação de igual para igual. Não é necessário provar que se esteja errado. Não existe "estar certo" ou "vencer" com uma argumentação. Todos têm direito a sustentar seu ponto de vista. Assim, se você deseja que os milagres comecem a se manifestar em sua vida, simplesmente abra mão por alguns dias de provar que os outros estão errados e logo perceberá a diferença.

Você é certamente capaz de conversar consigo mesmo antes de abrir a boca para provar que alguém está errado. Trata-se apenas de um simples auto-aviso, como por exemplo: "Sei bem o que sinto a esse respeito e sei que não é exatamente o que ela pensa, mas, e daí? Basta que eu saiba, não preciso fazê-la sentir-se errada." Controle-se no momento em que se sente compelido a argumentar e terá acabado de realizar um milagre. Lembre-se, ninguém, inclusive você, gosta de ser acusado de errado. Uma vez que você não gosta, respeite esse mesmo sentimento nos outros e abra mão de estar sempre certo e de mostrar sua superioridade. Não há superioridade ou inferioridade numa parceria espiritual; ambas as partes reconhecem o valor do outro em igualdade de condições. Desenvolva essa prática e você se verá substituindo a raiva pelo amor em seus relacionamentos.

Tudo isso é válido para todos os seus relacionamentos. Suas crianças precisam de orientação, não de alguém que lhes diga que estão erradas. Sempre há uma maneira de ensinar aos jovens sem dizer-lhes que estão errados. Provar ao próximo que ele é "estúpido" é algo que provoca grande embaraço e que pode fazer com que ele de fato construa uma imagem de si mesmo como "estúpido". Você pode substituir suas afirmações de superioridade por respostas afetuosas pelas quais as outras pessoas possam melhor examinar seus próprios pontos de vista. Você pode, também, calmamente dizer: "Eu entendo de outra maneira. Como você chegou a tal conclusão?" O mais importante aqui não é memorizar frases a serem ditas no momento certo, mas ter sempre em mente que as pessoas não gostam que lhes digam que estão erradas, especialmente em público.

Quando tiver interiorizado esse conhecimento espiritual, você já terá subsídio suficiente para ajudar os outros e alcançá-lo. Isto se aplica aos negócios, aos estranhos com quem venha a encontrar-se, a eventuais desentendimentos com vizinhos etc. As pessoas verdadeiramente confiantes não sentem necessidade de fazer com que os outros se sintam mal. Tais pessoas conhecem seus próprios sentimentos, confiam em si mesmas e estão abertas a receber os outros com dignidade, não com embaraço.

2. *Conceda espaço.* Estar junto requer, também, abrir espaço para o outro. Abra espaço em seus relacionamentos. Aqui, mais uma vez, trata-se de amar incondicionalmente e de procurar mais dar do que receber. Ao amar alguém mais pelo que esse alguém é do que pelo que gostaria que ele fosse ou entende que deveria ser, você já estará automaticamente respeitando sua privacidade e espaço próprios. A mais afetuosa de todas as atitudes é permitir que o outro seja como é. Caso este "ser como é" do outro requeira passar um tempo longe de você, isto não só deve ser permitido como francamente facilitado. Os relacionamentos de grande dependência emocional, em que reinam o ciúme e o medo, envolvem justamente os indivíduos que supõem ter o direito de ordenar como o outro deve ser. Lembremos a frase de Robert Frost: "Amamos as coisas que amamos justamente porque são o que são." Tão simples, mas tão difícil de ser cotidianamente seguida pelas pessoas.

Todos nós precisamos de algum tempo para meditar tranqüilamente, contemplar, entrar em contato com nossa essência superior, avaliar a nós mesmos, ler, escutar, andar etc. A solidão pode vir a ser inestimável companheira em seu aprendizado de como dar mais de si em suas parcerias espirituais. Em vez de tomar a necessidade de seu parceiro de estar só como uma ameaça, procure vê-la como um bem-vindo período de renovação. Faça tudo o que puder para que cada um possa dispor desse espaço. Trate tal espaço como algo sagrado. Tenha sempre em mente que o seu relacionamento com os outros está em *sua* própria mente, não no que *eles* pensam ou fazem. À medida que você se espiritualiza, sua ânsia por privacidade não só deixará de ser ameaçadora como até lhe fará bem. Você passará a valorizar bastante esse espaço para estar só e será agradecido por conviver com alguém que o apóia nessa necessidade. Assim, você se empenhará em garantir que seu parceiro disponha tanto quanto puder de tal espaço, sem qualquer sombra de julgamento ou ameaça de sua parte.

A privacidade e o espaço estão entre os melhores presentes que você pode dar a seu parceiro. Caso você se recuse a dá-los, seu relacionamento se deteriorará e nenhum esforço será suficiente para mantê-lo. É de fato irônico que quanto mais espaço você abre e promove para o outro, tanto mais florescerá o relacionamento. Quanto mais se procura limitar o espaço do outro, seja por meio de um controle do que ele faz ou de uma insistência para que dedique todo seu tempo a você, tanto mais estará contribuindo para o fracasso de tal relacionamento.

3. *Desfaça-se da idéia de posse.* Procure apreciar a pessoa com quem se relaciona, jamais possuí-la. É impossível vivenciar quão milagroso é um relacionamento mágico quando sente-se possuir o outro ou ter o direito de dominá-lo ou controlá-lo. Ninguém gosta de sentir-se posse de outrem. Ninguém gosta de ser dominado ou

controlado. Todos estamos neste mundo com um propósito a ser alcançado, o que pode vir a ser perturbado quando outros interferem em nossa missão heróica. Um relacionamento pode tanto facilitar o sucesso de sua missão como até mesmo impedi-lo de tomar consciência dela. Esse sentimento de posse é o maior entrave ao processo de conscientização do propósito da vida.

Você não tem o direito de ditar às pessoas com quem se relaciona o que devem fazer em suas vidas aqui na Terra. Isso é entre cada pessoa e sua alma. Pode ser até que consiga aprisionar alguém e, digamos, sustentar um casamento por 60 anos, mas tal relacionamento não terá sido nem jamais será verdadeiramente pleno de afeto se um se sente posse do outro.

Esta é uma lição que aprendi a duras penas. Houve uma época em que sentia-me no direito de ditar à minha parceira como devia pensar e agir. O resultado foi um doloroso divórcio, muitas horas desagradáveis perdidas com hostilidades e muita frustração e tensão, tudo isso causado por minhas exigências nada realistas. Hoje, posso dizer que aprendi a lição. Não posso sequer conceber a idéia de possuir minha esposa. Ela pertence a si mesma e meu relacionamento com ela se fundamenta justamente no reconhecimento desse fato. Ela sempre atua para garantir-me o espaço e a privacidade de que necessito para escrever, palestrar, e assim completar minha missão. Eu, por minha vez, procuro garantir-lhe esse mesmo privilégio. Embora seja mais difícil para ela, por termos tantas crianças pequenas, faço todos os dias tudo o que posso ajudá-la a garantir seu espaço. De qualquer maneira, sabemos em nossos corações que não possuímos um ao outro. Nosso amor e respeito mútuos permitem vivenciarmos milagres em nosso relacionamento, os quais, antes, sequer suspeitávamos que pudessem existir. Nos momentos em que tentamos possuir um ao outro ou ditar, mesmo em pequenas coisas, o que supúnhamos que o outro devesse fazer, chegávamos invariavelmente a uma ruptura. Agora, cada instante em que estamos juntos é um tesouro e parece que nunca estivemos tão próximos. Nosso hábito de oferecermos um ao outro espaço, amor e respeito incondicionais nos proporciona momentos inéditos de inestimável intimidade e afeto. Isso é, para nós, um milagre. Houve tempo que isso parecia impossível. Conseguimo-lo través de doação, não de exigência; de respeito, nunca de crítica.

4. *Aprenda que nem tudo é para ser entendido.* Eis uma grande lição para aprender como nossos relacionamentos funcionam em níveis mágicos. Deixe simplesmente de procurar entender por que as pessoas agem e pensam da maneira como as vê fazendo. A melhor compreensão possível do próximo é "não entendo, mas está tudo bem".

Meus sete filhos não só têm personalidades e interesses totalmente diferentes entre si como aquilo que geralmente lhes interessa não me é de nenhum interesse e vice-versa. Consegui desfazer-me da crença de que eles devessem pensar e atuar neste mundo à minha maneira, e passei a dizer a mim mesmo: "Cada um deles segue a sua jornada. Eles vieram a este mundo *por* mim, não *para* mim. Devo protegê-los e orientá-los de maneira a que não sucumbam em processos autodestrutivos e possam seguir o seu próprio caminho nas melhores condições possíveis." Raramente entendo por que eles gostam das coisas que gostam, mas transcendi essa necessidade de entender e é justamente isto que caracteriza a magia de nossos relacionamentos.

Em seu relacionamento amoroso, abra mão de entender por que seu parceiro gosta dos programas de televisão a que assiste, vai dormir no horário que vai, come o que come, lê o que lê, convive com as pessoas que convive, aprecia os filmes que aprecia etc. Você e seu parceiro não estão juntos para entender um ao outro, mas para se ajudarem mutuamente no cumprimento de suas missões. Em sua obra *The Seat of the Soul*, Gary Zukav resumiu maravilhosamente a questão:

> A premissa subjacente a qualquer parceria espiritual é o sagrado comprometimento mútuo entre os parceiros de se auxiliarem em seu crescimento espiritual. Verdadeiros parceiros espirituais reconhecem que estão em igualdade de condições. Verdadeiros parceiros espirituais sabem distinguir a personalidade da alma (...) pois podem nitidamente perceber que há uma razão mais profunda para estarem juntos, e que tal razão está intimamente ligada à evolução de suas almas.

Segundo esta definição, não há necessidade de entender o outro. Amar sagradamente significa amar o que é tal como é, mesmo que não se compreenda o que está por detrás deste ser. Ao abrir mão de entender tudo a respeito do outro, você abre as portas de um jardim de delícias em seu relacionamento. Você passa a aceitar a pessoa e diz a si mesmo: "Eu não penso assim, mas ela pensa e eu posso respeitá-la. É por isso, afinal, que a amo tanto, não por ser igual a mim, mas por prover-me daquilo que não sou. Se ela fosse como eu, de maneira que eu a pudesse entender, então por que precisaria dela? Seria um tanto redundante ter alguém junto a mim que fosse exatamente igual a mim. Eu louvo essa parte dela que me é incompreensível. Eu a amo não por entendê-la, mas por sua alma invisível que habita seu corpo e todas as suas ações."

Estas são as qualidades que compõem um relacionamento significativo. Todas elas gravitam em torno do planeta do amor incondicional. Busque-as e você logo terá resultados em todos os seus relacionamentos. Você começará a perceber o milagre que é viver uma vida plena de sentido.

Como funcionam os relacionamentos mágicos

É bastante provável que o milagre que você almeja para os seus relacionamentos seja estar maravilhosamente feliz e satisfeito com todos os que, de alguma forma, convive, sem qualquer conflito doloroso. Além disso, é até mesmo possível que você deseje para si aquele indescritível êxtase que sentiu em suas primeiras paixões.

É em sua mente que você deve buscar a verdadeira magia em todos os seus relacionamentos. Para alcançar o estágio da verdadeira magia, você deve decidir transcender o sofrimento e os resultados, e viver sua vida literalmente voltado para seu propósito. Ao fazê-lo, seus relacionamentos certamente refletirão a mudança.

Além disso, você começará, à medida que buscar a espiritualização de todos os seus relacionamentos, a perceber milagres em todas as áreas de sua vida. Descobrirá que possui habilidades mágicas antes atribuídas à coincidência ou à sorte. Começará a perceber o pensamento dos outros e com eles estabelecerá contatos que são impossíveis quando se tem dúvidas e medo

Você passará a saber o que os outros estão pensando e se verá freqüentemente dizendo-lhes em voz alta: "Eu estava pensando exatamente isso." "Eu ia sugerir o mesmo." "Puxa! Você lê meus pensamentos. Eu estava pensando justamente isso." Tais sentimentos não são confusos ou sobrenaturais, são expressões de um grau mais elevado de consciência.

Esse grau mais elevado de consciência, que surge entre você e os outros, é justamente o uso pleno da intuição de que venho falando. Você desenvolve um sentido de percepção baseado em sua conexão com os outros e passa a relacionar-se com todos num nível diferente do meramente físico. Você começa a perceber que aquela inteligência invisível e infinita que o perpassa também perpassa os outros. Há somente uma inteligência infinita, que se encontra em cada um de nós. Você pode de fato ligar-se a ela naqueles que mais ama e vivenciar nova forma de relacionamento.

Essa nova forma de relacionamento não requer necessariamente contato físico. Você pode aprender a perceber necessidades e pensamentos dos outros a grande distância. Trata-se de uma conexão espiritual. Ao telefonar para alguém com quem mantém alguma parceria espiritual, esse alguém saberá que é você antes de atender à chamada, o que virá a repetir-se cada vez mais. Esse tipo de percepção milagrosa dos outros tem início dentro de você mesmo, em sua mente. Você poderá, em suas meditações, receber orientação quanto ao que deve dar às pessoas e quanto ao momento mais adequado para sair pelo "mundo real" e distribuir o que lhe foi revelado num momento de iluminação espiritual, o que poderá surpreender os receptores por sua percepção. A partir de certo ponto, isso não mais será surpresa para você, que começará a aceitá-la como normal, estabelecendo conexões num plano mais elevado, um novo grau de consciência ao qual poderá chamar de verdadeira magia.

Você será capaz de novas e excitantes realizações por meio de sua mente, e não será desviado de seus propósitos pelas dúvidas dos outros. A anedota que conto a seguir é um exemplo desse conhecimento. Houve época em que não a contaria por preocupar-me com a maneira pela qual os outros a interpretariam, mas hoje já não penso assim, pois tenho certeza interior a respeito e posso compartilhá-la. Se você é um conhecedor, nada o surpreenderá. Se você não é um conhecedor ou é uma pessoa que vive em dúvida, você a rejeitará.

Numa manhã em que meditava profundamente, pude ver minha mulher na cama, embora estivesse a quilômetros de distância dela. Eu havia saído cedo para uma longa caminhada e resolvi meditar antes de voltar ao apartamento que alugamos em Maui. Senti, durante a meditação, que estava com ela, flutuando sobre seu corpo. Em determinado momento, senti, de repente, que adentrava seus pensamentos. Era como se eu pudesse penetrar em seu sonho e vivenciá-lo junto com ela.

Eu estava totalmente certo do que havia ocorrido, uma vez que podia ver, em minha meditação, o seu corpo físico sobre a cama e, em seguida, sentir seus pensamentos e imagens. Tratava-se de um momento espetacular de conexão, num nível que me era totalmente desconhecido até então.

Quando voltei ao nosso apartamento, ela estava justamente levantando da cama. Comecei a contar-lhe o sonho que ela acabara de ter. Ela ficou estupefata, pois era exatamente o que tinha vivido em sua mente (Richard Bach escreveu um romance — *A ponte para o sempre* — baseado em semelhante ocorrência com sua mulher). Isso aconteceu há dois anos e tem se tornado cada vez mais comum entre nós. Na verdade, não me sinto, ao escrever estas palavras, tão incrédulo quanto estive na ocasião.

Por que é tão difícil para tantos de nós aceitar a veracidade de tais eventos? Sabemos que há uma ligação invisível entre todos os membros da espécie humana. Sabemos que há apenas uma fonte ou uma energia que flui por todos nós. Não há milhões de deuses, mas apenas um e está em todas as coisas e na fonte de tudo. Chamamo-lo Deus, embora receba diversas denominações. O Tao é mais um dentre os nomes dados a essa unidade presente em todos nós.

Assim disse Lao-tzu:

> Há algo obscuro, completo
> antes que o céu e a terra surgissem;
> tranqüilo, calmo,
> Solitário e imutável,

movendo-se sem risco.
Poderia ser a mãe de tudo.
Não lhe sei o nome:
chamo-o de Tao.

Mesmo havendo essa unidade em todos nós, insistimos obsessivamente na crença de que estamos separados. Imaginamos que a força invisível que perpassa nossos parceiros seja algo diferente da nossa. A capacidade de fazer movimentos com um dedo provém de um pensamento invisível, apresentando-nos uma conexão que nos aturde face ao mundo físico. Algo possibilita que aquele pensamento atinja o dedo. Ora, a força invisível que me possibilita mover o dedo é a mesma que permite que minha mulher também o faça. Mas, se é assim, por que não posso mover seu dedo? Einstein o comenta da seguinte maneira: "Ele [o ser humano] vivencia a si próprio, seus pensamentos e sentimentos, como algo separado de tudo o mais, como se vivesse uma espécie de ilusão ótica de sua consciência (...). Devemos nos empenhar em nos libertar dessa prisão..."

Ao alcançar graus cada vez mais elevados de consciência espiritual, você perceberá que aquilo que outrora via como milagroso em seus relacionamentos passou a ser a forma corriqueira de lidar com as pessoas. Você terá descoberto uma esfera interior na qual verdadeiramente não há limites, libertando-se da prisão de seu corpo e das ilusões mencionadas por Einstein e adentrará o mundo da verdadeira magia.

Esse novo meio de relacionamento abrange a totalidade de seus contatos humanos, podendo mesmo estender-se à sua relação com os animais e à vida no planeta e no universo em geral. Quanto aos amigos e conhecidos, você passará a perceber o que deve dar-lhes e do que necessitam, porquanto no campo dos negócios começará a confiar em sua intuição no que concerne a sócios. Em vez de concentrar-se em seus próprios ganhos, e no que os outros lhe possam oferecer, você assumirá nova postura colocando as necessidades deles em primeiro lugar, tornando-se, assim, um doador, uma pessoa integrada ao propósito da própria vida, voltada para os ganhos dos outros e confiante em que o universo lhe proverá os seus. Você se terá rendido em tais relacionamentos e verá cada pessoa como uma alma habitando um corpo, com a qual buscará o mais profundo contato.

É a partir dessa concepção de negócios que os milagres surgirão, o que lhe trará a sensação serena, reconfortante e determinada de abordar as pessoas em nível inédito. Por paradoxal que pareça, você receberá mais que nunca. Entretanto, aquilo que receber não deve prender sua atenção. Continue dando cada vez mais. Você engendrará, assim, relacionamentos milagrosos, ligando-se a todos por Tao ou Deus presente em sua forma física. Você poderá entrever os pensamentos e visões dos outros, à medida que desfaz a ilusão de seu isolamento e a substitui por um meio de conexão.

Esse novo conceito de relacionamento pressupõe a sacralidade de tudo o que vive. Animais que furiosamente se atacam uns aos outros acalmam-se quando se dirigem a você, que não os teme ou agride. Você passa a sentir uma espécie de presença invisível em todas as criaturas vivas e desenvolve ternura por tudo e todos, percebendo que a insensatez da destruição lhe é inaceitável. Eis o que nos disse Krishnamurti quanto à simplicidade do amor:

> Outro dia, vi alguns meninos arrancando flores. Eles não pretendiam oferecê-las a nenhum deus. Apenas conversavam distraídos enquanto as arrancavam e as deitavam fora. Os adultos também procedem assim, porquanto têm sua maneira própria de expressar sua brutalidade interior, esse medonho desrespeito pelas criaturas vivas (...).

É compreensível que se arranque uma ou duas flores para pôr no cabelo ou presenteá-la a alguém com amor, mas você as arrancaria somente por arrancá-las?

Fui convidado, numa palestra recente, para um banquete. Uma jovem, tia do bebê que segurava no colo, sentia-se incomodada com a criança. Eu não via meus filhos pequenos há uma semana e ansiava por embalar um bebê do sexo feminino. Quando vi aquela pequenina alma, aproximei-me e a segurei durante todo o almoço. Ela era calma e afetuosa. Levei-a ao saguão, onde havia um aquário, e conversamos com os "peixinhos", imitando sons daqueles animais. Foi um encontro especial, um relacionamento mútuo de amor e doação, embora tenha durado apenas cerca de uma hora.

Naquela mesma noite, mais tarde, após minha palestra, conheci a mãe da menininha, que me disse algo que já me habituei a ouvir: "Você é a primeira pessoa, fora da família, com quem ela aceitou passar algum tempo. Ela tem tanto medo de estranhos! Nunca, nunca mesmo, deixou que alguém a segurasse. Fiquei surpresa que tenha ficado com você. Na verdade, ainda estou surpresa."

Os bebês sabem! Os animais sabem! Os estranhos sabem! A inteligência invisível, o Tao, flui através de todos nós.

Ao aproximar-se de alguém com amor no coração, sem pedir-lhe nada, apenas oferecendo-lhe esse amor, você cria um relacionamento milagroso. Por outro lado, ao aproximar-se de alguém querendo algo, duvidando, explorando-o, o grau de invisibilidade é baixo e as possibilidades de manifestação de milagres e da verdadeira magia se reduzem substancialmente. Você pode chegar a um ponto em que todos os seus relacionamentos sejam milagrosos, mas isso jamais será obtido pela memorização de técnicas. Só se pode obtê-lo por uma reorientação do que está dentro, ou seja, onde todos os relacionamentos na realidade ocorrem.

Aplique a preparação da mente para o milagre em todos os seus relacionamentos

É importante que você saiba que a disposição para a realização de milagres deve partir de seu interior. Você não pode esperar que os outros mudem para que descubra a verdadeira magia dos relacionamentos bem integrados. A força e a alegria presentes em tais relacionamentos começam e terminam com seus próprios recursos mentais.

Ao ler as orientações nas páginas que se seguem, procure não se deixar dominar pela dúvida quanto à sua aplicabilidade no caso das pessoas com quem convive. Trata-se de um jogo interior. Essas pessoas não precisam entendê-lo ou mesmo concordar com você. É bem possível, inclusive, que algumas delas (que trilham seu *próprio* caminho) deixem em breve de ter qualquer contato físico com você. Refiro-me aqui, antes, aos relacionamentos que tenha com qualquer um em sua vida, não com indivíduos específicos. Se vier a perceber, à medida que se familiariza com sua jornada espiritual, e propósito, que certas pessoas não mais participarão de seu espaço físico, então é necessário que faça tal opção com consciência e amor. Seu relacionamento com elas não é vivido nelas, mas em sua própria essência invisível. Assim, terminar um relacionamento no âmbito físico não é uma derrota, assim como também não o é morrer. Apenas é importante que fique claro que o contato físico de fato termina.

Falo neste momento de você. Uma pessoa que merece ser tratada com respeito e dignidade, pois é disso que é feita, e é o que passará adiante. Aqueles que não compreenderem isso se retirarão de seu convívio e você não terá dificuldades em consenti-lo. A duração de cada relacionamento material não pode constar de uma agenda. É algo que depende de cada alma, e não se deve julgar os que decidem em dado momento separarem-se. Muitos serão deixados fisicamente para trás, o que não faz de você ou deles derrotados ou enganados; é o relacionamento que terá chegado a seu fim, não a pessoa. Na realidade, em termos universalmente divinos, você deixará para trás todos os relacionamentos físicos.

A alma, por sua vez, nunca se vai; ela não se encontra na dimensão da matéria. Haverá muitos com quem manterá proximidade física e desejará desenvolver relacionamentos espirituais. Que assim seja! Muitas pessoas entrarão e sairão de sua vida, tal como personagens de uma peça teatral. Alguns representarão papéis menores, outros serão por algum tempo protagonistas, enquanto outros ainda virão a ser mesmo co-diretores e co-produtores de sua vida. Todos, independente de seus papéis, serão importantes para a peça como um todo. Todos merecem seu amor. Você aprenderá a não mais julgar os que entram e saem de sua peça. Ao contrário, reverenciará seu aparecimento, mesmo que desempenhem mal seus papéis.

Por fim, chegará o momento em que reverá todas as pessoas de seu passado e entenderá que as encontrou porque cada uma delas tinha algo a lhe ensinar. Você aprenderá a amá-las, inclusive as que ainda não percebeu o que tinham a lhe dar.

Com isso em mente, livre-se das dúvidas desagradáveis quanto às especificidades de seus relacionamentos. Siga adiante, para além de nomes e rostos, até a esfera da verdadeira magia, onde não há nomes, rostos ou registros na previdência social.

• *Repita para si mesmo que é capaz de relacionamentos alegres e plenos.* Isso é o mais importante a ser feito. Busque a certeza interior de que se há outros capazes de serem felizes e plenos em seus relacionamentos, então certamente você também poderá sê-lo. Livre-se da dúvida de que não pode fazer isso por causa dos outros. Isso nada tem a ver com os outros, está em seu interior. Remover tais dúvidas é um bom exercício a ser praticado todos os dias. Diga a si mesmo, em voz alta, que está destinado a ser feliz com qualquer um em sua vida. Quando for acometido pela dúvida, como certamente acontecerá, lembre-se de que foi hipnotizado para duvidar e mande-a imediatamente embora criando imagens mentais em que você aparece pronto para relacionamentos plenos e mágicos.

- *Uma vez livre da dúvida, busque sua própria esfera mágica.* Dentro de sua mente, e somente dentro de sua mente, encontra-se o canto onde você é livre para pensar como quiser. Imagine-se feliz e pleno com as pessoas. Imagine-se irradiando amor, mesmo diante de uma cara feia, raivosa ou invejosa. Visualize sempre imagens positivas, inicialmente a cada hora. Pense na pessoa com quem tem maior dificuldade de relacionamento. Talvez seja o pai ou a mãe que não o respeita como gostaria, ou um colega de trabalho insuportável, ou mesmo o cônjuge tirânico. Agora, vença internamente a tendência a responder com raiva ou na mesma moeda. Imagine-se irradiando amor e não dando atenção à forma como a pessoa se lhe dirige. Lembre-se, você nada estará fazendo pelo que receberá em troca. Num relacionamento mágico, suspendem-se os impulsos e dá-se aos outros a partir da certeza interior de que esse é o caminho. Se você der continuidade a tal treinamento, as imagens tornar-se-ão realidade física. Tudo dependerá do esforço empreendido em pensar dessa maneira mágica. Quanto ao mais, o universo lhe proverá de tudo o que necessitar.

- *Vislumbre as possibilidades ilimitadas de seus relacionamentos.* Seu pensamento e sua alma são ilimitados, e é justamente nessa esfera, onde não há fronteiras, que se situam seus relacionamentos. Pois bem, olhe agora então para as pessoas que acusou de responsáveis pelos seus relacionamentos malsucedidos e afirme para si mesmo que nem eles nem você são culpados por nada e que, portanto, você é ilimitadamente livre para vivenciar o que for. O entusiasmo que outrora sentiu em seus relacionamentos, talvez quando adolescente, foi produzido por seus pensamentos, nunca pelos seus hormônios ou os dos outros. Conscientize-se de que quaisquer dificuldades ou limitações que tenha em estabelecer relacionamentos mágicos foram necessariamente criadas por você mesmo. Afinal, é você que mostra às pessoas como quer que o tratem.

Você poderá, a partir de agora, iniciar uma nova escola, cujo currículo é composto de amor e respeito. Essas serão as únicas matérias a serem estudas e discutidas em classe. *Nenhum* limite, apenas amor, o que pode ser praticado tanto em sala de aula como na predisposição em perceber a plenitude de Deus em cada um que encontre em seu caminho.

Se encontrar alguém cuja alma ainda não esteja, como a sua, a caminho de seu propósito, irradie-lhe amor e siga adiante, confiante e certo de que os parceiros de alma que lhe forem mais afins aparecerão e o encontrarão tão freqüentemente quanto irradie esse amor. Essa jornada rumo à verdadeira magia e aos milagres é vivida por cada um de forma muito particular. Cabe somente a você empreendê-la com fé e perseverança a todo e cada dia para que possa chegar lá.

• *Confie em sua intuição, aquela voz interior invisível que o orienta em tudo, inclusive em seus relacionamentos.* Cerque-se de pessoas que o estimulem a realizar tudo o que é capaz de realizar. Você saberá distinguir tais pessoas. Se você sentir que alguém não o quer por perto, siga sua percepção intuitiva. Sua intuição lhe informará exatamente o que necessita sobre seus relacionamentos. Não force para que um relacionamento aconteça; não será forçando-o que o obterá. Você pode até lograr algum contato físico, mas se ouvir sua intuição dizer-lhe que não é o momento certo e/ou a pessoa certa, passe-lhe amor e siga seu caminho.

Há muitas almas, homens e mulheres, que constituirão parcerias espirituais com você. Acidentes não existem, essas pessoas aparecerão na hora certa. Os relacionamentos unilaterais já lhe ensinaram o que precisava aprender. Continue passando amor, mas lembre-se de que deve cercar-se de pessoas minimamente interessadas em ajudá-lo em seu crescimento espiritual. Sua intuição lhe indicará essas pessoas. Não a ignore, se não quiser voltar a aprender sobre relacionamentos por meio do sofrimento. Você experienciará a sua intuição na proporção direta em que a valorizar. Se você a rejeitar, ela em nada poderá ajudá-lo, de maneira que seguirá aprendendo as lições pelo caminho mais longo e árduo.

- *Procure orientação para seus relacionamentos por meio do mergulho interior naquele segredo que reside no centro e sabe.* Você receberá orientação para dar. Assim, faça-o abertamente, sem nada esperar. Você poderá praticar esse mergulho diariamente, mas é imprescindível que deixe de senti-lo como um método "extraordinário" de obtenção de ajuda. Afinal, seus relacionamentos são o que são porque você assim os moldou, e você só receberá a orientação de que necessita se tiver a certeza interior de poder transformá-los.

Escolha hoje mesmo um amigo ou conhecido com quem passará a relacionar-se a partir desse centro interior de conhecimento. Abra mão, por hoje, de sua velha postura e dê a esse amigo ou conhecido justamente aquilo que sente que ele precisa, exatamente como você mais gostaria de ser tratado. Não importa como depois reagirão ou o que virão a dizer.

É bem provável que lhe tenham ensinado a avaliar ações pelos resultados delas. Ensinaram-lhe a atentar para os resultados.

Entretanto, o segredo que se encontra no centro e sabe em nada se importa com os resultados. É o seu Deus interior, a alma afetuosa e sempre disposta a dar, que é imune aos resultados.

Pois bem, faça a mesma experiência com uma criança. Mergulhe em seu interior e se pergunte: "Como gostava de ser tratado pelos adultos quando era criança?" Novamente, não pense nos resultados de suas ações e escute a voz de sua alma, escute o segredo que se encontra no centro e sabe. Dê à criança o que você mesmo quando era criança quis receber dos outros. Preste atenção ao que *você* sentirá, não à reação dela.

Todos os seus relacionamentos ocorrem nessa dimensão secreta de seu interior. Trata-se da fonte mesma que você deve aprender a consultar para que possa viver a bênção da verdadeira magia em seus relacionamentos. Cultive a verdadeira magia nessa dimensão privada e invisível e, em seguida, passe-a para os outros. Irradie-a para todos e deixe de atentar para os resultados. Somente hoje. Uma vez feito isto, avalie consigo a diferença que sentirá em relação a todas essas pessoas.

Este é o caminho dos milagres. Jamais falha. Não há erros no segredo que se encontra no centro e sabe, apenas um guia pleno de amor!

- *Liberte-se a cada instante de qualquer dúvida quanto à sua capacidade de manter relacionamentos mágicos.* Esteja todo o tempo afirmando para si mesmo "eu sei que posso tornar meus relacionamentos plenos". Assim, sempre que se vir à beira de uma discussão, controle-se, não reaja como geralmente costuma fazer e lembre-se o mais rapidamente possível do que espera daquele relacionamento. Uma simples reflexão momentânea sobre o relacionamento já lhe oferecerá uma oportunidade de irradiar amor ou recolher-se, em silêncio, em vez de partir para a briga. Chamo a isso aprender por meio do conhecimento em vez do sofrimento ou da dúvida. Quando chegar ao conhecimento interior silencioso, suas ações a ele corresponderão. Quando tiver dúvidas, se é capaz de fazê-lo, irradie amor ou cuidado e as dúvidas se dissiparão.

- *Transforme seu casamento humano num casamento espiritual.* Isso pode ser conseguido por meio de uma decisão quanto ao que espera de seu casamento. O brilhante metafísico Joel Goldsmith, autor de *O caminho infinito: buscando a iluminação pessoal*, disse, após uma cerimônia de casamento em 18 de novembro de 1959, as seguintes palavras:

> Um indivíduo continua sendo um indivíduo não só entre seu nascimento e morte mas, também, desde muito antes de seu nascimento e muito depois de sua morte (...). Jamais perdemos nossa individualidade; jamais perdemos nossa marca única (...). Todos somos indivíduos, possuímos qualidades individuais, talentos e dotes que nos são característicos e que não devem ser suprimidos pelo casamento. Assim, num casamento espiritual não há amarras, mas liberdade, o que já não ocorre num casamento humano. Num casamento espiritual, os cônjuges partem da premissa de que, ao se casarem, estão garantindo a liberdade um do outro. Essa garantia é a única coisa que descobri, após trinta anos de trabalho, que é capaz de engendrar casamentos felizes, pacíficos, bem-sucedidos. É a capacidade de deixar o outro livre para viver sua vida individual, compartilhando com o outro sem, entretanto, fazer exigências (...) nem marido nem mulher têm direitos; apenas o privilégio de dar. Marido e mulher não têm o direito de exigir nada um do outro.

É uma maravilhosa mensagem para transformar-se um casamento humano cheio de obrigações e exigências numa verdadeira parceria espiritual. Coloque essa crença em prática e viverá milagres em seu casamento espiritual. Caso não o faça, estará erguendo enormes barreiras à sua felicidade.

- *Transforme, em seus relacionamentos, os desejos em intenções.* Isso pode ser finalmente obtido à medida que esteja claro o tipo de relacionamento que pretende ter e como pretende nele comportar-se. O mais importante a ser lembrado é que você não pode esperar que os outros ajam segundo os *seus* desejos, o que só lhe traria frustração.

Lembre-se, também, que só poderá ajudar alguém a crescer "se o aluno estiver *pronto*". Você não pode fazer com que alguém esteja pronto, mas tão-somente ser responsável por *sua* própria prontificação. Isso está ao seu alcance e é o que constitui as suas intenções. Esteja pronto para dar o que for necessário, com bastante intenção, e esqueça o que possa resultar. Suas ações derivarão de sua intenção e você se verá muito mais apaziguado em seus relacionamentos, embora estes tenham lugar no mundo físico.

Sua intenção de manter um relacionamento pleno requer, logicamente, que aja segundo essa intenção, o que é justamente o segredo dos relacionamentos mágicos. Você perceberá que, embora não possa *ter uma intenção* por outra pessoa, a reação face à sua nova maneira de ser já será em si inédita.

Conheci muitas pessoas que mantêm "casamento humano" com dependentes de drogas. Elas execram o consumo de álcool ou drogas e sentem-se muito mal em seu relacionamento. Sempre digo-lhes que não podem querer que o outro pare de beber ou usar drogas. O que está a seu alcance é mudar a forma de lidar com o cônjuge viciado. "Irradiar-lhe-ei amor mas afastar-me-ei fisicamente, pois sou suficientemente divino e importante para submeter-me a abusos." "Mostrar-lhe-ei com atitudes, não só com palavras, que não estou disposto a continuar sendo sua vítima, e começarei a fazê-lo agora, neste exato momento." "Oferecer-lhe-ei minha ajuda sempre que a quiser receber. Não julgarei sua opção pela autodestruição, porém o que mais amorosamente posso fazer é não mais colaborar com seu vício. Mostrarei que não estou de acordo com o que faz e que dirigirei minha vida para meus propósitos em vez de tornar-me escravo emocional de sua conduta." Estas afirmações afetuosas ajudarão mais aos necessitados que ficar a seu lado esperando que o comportamento mude ou que um dia enxerguem a luz.

Você está aqui para servir e para amar, o que não significa que deva ser um servo. Tenha em mente o que nos disse Abraham Maslow: "não existe escravo bem-ajustado." Irradie amor e deixe os que abusam de si mesmos e de você passem a abusar somente de si mesmos, se esse for o destino deles, não mais de você. Isso lhes mostrará muito mais claramente o que você deseja numa parceria espiritual do que qualquer conselho ou intervenção de sua parte. O grande paradoxo é que justamente esse tipo de choque, resultante de sua decisão de não mais ser vítima, é o que mais freqüentemente ajuda tais pessoas abusadas a passarem de autodestrutivos a autoconstrutivos, restabelecendo-lhes a capacidade de manter parceria espiritual mais digna e mais afetuosa. Suas intenções geram sua realidade, portanto mantenha-se atento a elas e desejoso de pô-las em prática em seu mundo de hoje.

- *Lembre-se sempre de que os relacionamentos pacíficos e afetuosos provêm antes, e principalmente, de seu estado mental.* Você é responsável por sua mente e cria tudo o que reside em seu interior. Ciente disto, você pode render-se e simplesmente deixar de lado os conflitos que existam em seus relacionamentos. Afinal, nenhum conflito sobrevive sem a nossa participação.

A decisão de não participar de um conflito pode ser imediatamente tomada em um momento de transformação, pois não requer anos e anos de luta. O satori está disponível para você neste exato momento. O despertar súbito é um fenômeno maravilhoso; você pode atravessar o portal e transformar agora mesmo todos os seus relacionamentos em um jardim de delícias. Se pessoas de seu convívio optarem por continuar vivendo de maneira conflituosa e hostil, você simplesmente "passará adiante" no momento em que sentir aquela ânsia por "descontar" e dirá internamente: "Não, obrigado. Eu me recuso a continuar caindo nesse antro de negatividade. Se não for amor o que vier em minha direção, simplesmente não deixarei que penetre em minha consciência." Milagrosamente, você, ao fazê-lo, estará vivenciando satori e terá realizado um milagre sem mudar nada mais que a sua mente.

- *Use o poder da imaginação para introduzir a verdadeira magia em seus relacionamentos.* Uma vez ciente de que tudo o que pensa atinge a realidade externa, procure imaginar todos os seus relacionamentos mais significativos da maneira que gostaria que fossem.

Logo após ministrar uma palestra, recentemente, na cidade de Oklahoma, notei que uma mulher com lágrimas nos olhos esperava na fila dos cumprimentos. Depois que todos se retiraram, ela me abraçou forte dizendo: "Obrigada, obrigada, o que o senhor acaba de dizer realmente funciona." Ela contou-me que sua filha não lhe dirigia uma palavra há mais de sete anos, recusando-se a fazer qualquer contato. Pois bem, essa mesma mulher havia começado, cerca de um ano antes, a imaginar-se não só falando novamente com a filha mas compartilhando agradável relacionamento, como o que outrora existira. Por um ano, manteve-se firme nesse seu pensamento, sem permitir que arrefecesse. Passou a viver todos os dias de sua vida literalmente como se fosse a realidade física de seu relacionamento.

Ela contou que foi se tornando uma mulher mais feliz graças a essa imagem interior que manteve por todo o tempo acesa em sua mente. Ao meditar sobre a imagem, ela passou a sorrir e a viver livre daquele sofrimento que a corroera durante os seis anos anteriores.

Na mesma época, alguém deu à sua filha um livro de minha autoria, *Crer para ver*, juntamente com um bilhete no qual lhe pediam que lesse o último capítulo com perdão no coração. Não era nada mais que um presente e um bilhete dados por uma amiga que sabia que a filha também vivia infeliz. Esse episódio ocorreu há seis meses, e agora não só mãe e filha novamente se entendem como mantêm um relacionamento mais íntimo e afetuoso que nunca.

A mãe chorava de felicidade ao dizer-me que acreditava no poder de sua mente para criar a realidade física que tanto desejava. Ao agir de início mentalmente e depois no mundo material, como se tudo o que desejava já existisse, ela percebeu que havia realizado um milagre.

Os pensamentos são extremamente poderosos. Os pensamentos firmes e decididos, que refletem antecipadamente o que deseja ver materializado, são os ingredientes para a verdadeira magia. Experimente!

• *Priorize suas necessidades espirituais em relação às suas necessidades físicas.* Isto requer uma mudança radical, uma virada de 180º. O sofrimento não ocorre em sua essência invisível, pois ela é uma parte imensurável, ilimitada e amorfa de sua humanidade. Para sofrer, é necessário um corpo no qual o sofrimento possa se instalar e se fazer sentir por meio de sensações desagradáveis no estômago, olheiras em olhos angustiados e lacrimejantes, dores causadas por úlceras, secura na boca, dificuldade de respirar, muitos suspiros etc.

Inverta esse processo. Torne-se uma alma que tem um corpo, não um corpo que tem uma alma, e imagine em sua mente, antes de mais nada, exatamente aquilo que deseja que lhe aconteça. Preste atenção máxima a tais imagens, pois elas serão a fonte do que virá a ocorrer em seu corpo físico, ou seja, determinarão se seu corpo sofrerá ou sentirá prazer. Ao prestar bastante atenção à sua alma, escutando-a e mantendo permanente contato com ela, procurando atendê-la no que estiver precisando e dedicando, assim, a maior parte de seu tempo às suas necessidades, você se verá atuando em uníssono com as correntes positivas, afetuosas e generosas que ela está sempre pronta a oferecer-lhe.

A escolha está sempre em suas mãos e parte invariavelmente de sua dimensão invisível, de seus pensamentos. Assim, está em suas mãos não só o futuro de seus relacionamentos como também cada aspecto distinto de sua vida. Pode-se dizer "Bom dia, Deus!" ou "Bom Deus, dia!". A diferença está em como prefere levar a vida.

- *Pare de procurar aquilo que não quer.* Se não deseja conflito e dor em suas relações pessoais, tenha em mente que você não é o único que sente dor. Examine o seu comportamento e descubra o que faz para manter-se angustiado. Se habitualmente insiste em ter razão, em não dar espaço aos outros, meter-se em discussões e fazer exigências que os outros não podem satisfazer, procure corrigir a sua conduta, que é a única coisa sobre a qual você tem controle absoluto. Tenha em mente que as coisas de que você não precisa ou deseja são como as drogas para o viciado: você continuará a buscar a dor e o tormento que detesta, até que *resolva* pôr fim ao círculo vicioso.

Use a estratégia que for necessária para deixar de procurar o que detesta. Pratique manter-se calado, se são as palavras que provocam dor em suas relações pessoais. Pratique manter-se fisicamente ausente de encontros que possam magoá-lo. Pare e reflita em silêncio antes de reagir. Torne-se mais íntimo e faça um gesto de amor quando menos se espera, mesmo que esse gesto seja inicialmente forçado. O que decidir fazer, pratique-o primeiro mentalmente. Imagine-se adotando esse novo comportamento, tudo em nome de acabar com a corrida neurótica atrás daquilo de que você não precisa em sua vida.

- *No íntimo de sua mente invisível, e sem limites, nada exija das pessoas com quem você mantém relações.* Essa é uma das formas mais rápidas de criar milagres em todas as suas relações pessoais. Diga simplesmente a si mesmo: "Nada espero, porque sei que eles só podem ser como são, não como acho que eles deveriam ser" e proceda de acordo.

Sempre que ajo assim com a minha esposa, desfaço-me imediatamente de todos os motivos de conflito e o nosso relacionamento se torna mágico. Sempre procuro ter em mente que ela está precisamente no lugar certo, fazendo exatamente o que veio fazer neste mundo. O universo é perfeito, mesmo que eu não compreenda por que todos não agem como penso que deveriam agir. Há uma lição para mim em tudo o que ela faz e, em vez de zangar-me, prefiro ajudá-la em sua trajetória espiritual e esquecer as minhas convicções. Só posso oferecer-lhe amor incondicional quando elimino a minha expectativa de compreender ou mesmo de concordar com tudo o que ela faz.

Mesmo com os meus filhos, posso orientá-los, ajudá-los e, talvez dar-lhes lições de moral e tentar ser o modelo que gostaria que eles copiassem, mas não posso esperar que sejam o que acho que deveriam ser. Tenho de aprender a desligar-me de minhas expectativas em relação aos outros, para que possa criar relacionamentos verdadeiramente mágicos. É claro que isso não significa que eu deva ignorar atos absurdos ou violentos, mas posso controlar — e controlo — a expectativa de que esses atos não deveriam ocorrer, bem como a dor que sinto em virtude dessa expectativa.

Você também pode desfazer-se dessas expectativas que, em última análise, constituem obstáculos ao seu relacionamento mágico. E pode fazê-lo de mil modos diferentes, a cada dia, com praticamente todas as pessoas que encontra. Eliminando as opiniões acerca de como os outros deveriam ser, você cria, dentro de si mesmo, um lugar para o amor onde antes havia uma opinião. Assim estará marchando para o amor incondicional em suas relações pessoais e em qualquer outra área de sua vida.

• *Finalmente, medite todos os dias e use parte dessa meditação para visualizar as suas relações pessoais tal como você as deseja.* Imagine-se adotando esse comportamento em relação a todos, e peça ajuda divina para ser uma pessoa generosa, afetuosa e isenta de idéias preconcebidas. Procure imaginar como os outros reagirão a essa nova e miraculosa pessoa que é você. Sua meditação trará paz e serenidade dando-lhe as respostas que, de outra forma, você não encontraria.

Pratique as novas estratégias que você vê surgir na tela de sua mente quando medita. Poderá concentrar-se num ser divinamente espiritual, que se conserva muito sagrado e perfeito em seu pensamento, e literalmente perguntar-lhe o que pode fazer para tornar as suas relações pessoais mágicas e perfeitas. Ouvirá conselhos que lhe virão por amor e por tudo aquilo a que me referi neste capítulo. Não há limites para o que você pode criar em sua mente durante essas horas de meditação. Pode consultar qualquer pessoa, criar a presença dessa pessoa em sua própria mente e receber essa orientação sempre que quiser.

Suas meditações se tornarão para você uma forma especial de ajuda. Faça-as sempre e convide o seu companheiro a meditar também em sua companhia. Você nunca será mal orientado. O seu ser superior, a divina presença sempre com você, estará atenta e o guiará na direção que você busca; basta que dissipe as suas dúvidas e faça contato.

Grande parte do que você leu até agora pode lhe parecer difícil no começo, porque todos nos sentimos muito mais à vontade para avaliar a qualidade de nossos relacionamentos quando focalizamos os outros. Pensamos: se ao menos *eles* mudassem, o nosso relacionamento seria perfeito! A ênfase adotada neste livro é na espiritualidade e no desejo de imaginar e criar relações perfeitas, afetuosas, generosas e mágicas. A descrição de Thomas Crum, em seu livro *The Magic of Conflict*, resume corretamente este assunto:

> As melhores relações surgem quando duas pessoas se empenham em se amar incondicionalmente e cooperar para o desenvolvimento mútuo de todo o seu potencial. Ambos contribuem livremente, sem motivos egoístas e sem o desejo de fixar a relação sob qualquer forma determinada. Não existem limites quando nos aceitamos completamente uns aos outros.

De fato, as fronteiras desaparecem quando nos entregamos aos milagres. E, sem fronteiras, não há limites para as nossas relações pessoais. O trecho citado descreve bem a relação espiritual que mencionei neste capítulo. Você pode optar por ela.

Se deseja ver como esse relacionamento existe em seu estado mais natural, da próxima vez que se deparar com uma mãe amamentando o filho, saiba que tem ali todos os ingredientes. Muitas vezes contemplei, admirado, minha mulher no ato de dar-se incondicionalmente a cada um de nossos filhos pequenos. Uma mãe não recebe lições de maternidade de nenhum ser humano: sabe instintivamente o que é preciso para estabelecer relação perfeita e miraculosa. Dá incondicionalmente de seu próprio corpo para que o filho possa viver. Nada pede em troca. Está totalmente ligada ao filho em um nível invisível, cheia de admiração pelo pequeno milagre que carrega no seio. Sabe por si mesma exatamente o que fazer, dá sem esperar coisa alguma. Está disposta a aceitar o pior que a criança tem a lhe dar e reage somente com amor e afeto. Enxerga além dos incômodos e das falhas e só tem amor para dar. Está em harmonia com seu propósito. É porque as mães vivem em harmonia com a sua missão que sobrevivemos como seres humanos. Sem o amor incondicional que as mães sentem pelos filhos, todos morreríamos abandonados em poucos dias.

Deus nos deu o modelo perfeito de como nos relacionarmos uns com os outros, imediatamente após sairmos do ventre materno. Você, também, dê somente amor. Dê amor quando recebe fraldas sujas, choro alto, eructação, baba, noites sem dormir e comportamento irracional. Nada peça em troca desse amor. Conscientize-se de seu propósito. E a grande ironia é que você daria a sua vida, sem fazer perguntas, por aquele pequeno ser. Essa é a importância dos nossos filhos. Mesmo sem pedirmos coisa alguma, eles nos dão a maior bênção deste mundo. É esse o modelo a seguir e você pode criar o mesmo relacionamento mágico e perfeito a cada passo de sua vida, bastando que siga o instinto natural e intuitivo que está presente em cada célula do seu corpo.

CAPÍTULO 5

A verdadeira magia e a prosperidade

Todas as coisas podem acontecer aos que têm fé.
MARCOS 9:23

Posso garantir que esta será a análise mais fora do comum que você já leu sobre o tema da prosperidade. A mensagem básica deste capítulo, como a do restante deste livro, é que devemos repensar as crenças que nos habituamos a tratar como sagradas. Por um instante, deixemos de lado as verdades que orientaram a nossa vida e imaginemos em nosso espírito invisível o que gostaríamos de ter neste mundo. Qual a prosperidade máxima que você é capaz de imaginar na vida, leitor? Quanto dinheiro, quanta prosperidade total realmente gostaria de ter?

Agora abra os olhos e veja o que criou até hoje. Exato: você criou o seu próprio panorama financeiro e ele é precisamente o resultado dos seus atos. Esta é a parte que as pessoas acham mais difícil de compreender. Quase todos preferimos atribuir nossa sorte a alguma coisa alheia a nós.

Mas basta olhar para dentro de si mesmo. Você pode ter toda a prosperidade em que está disposto a acreditar e a criar para si próprio. São Marcos não nos diz que certas coisas são possíveis e outras são impossíveis. Diz que *todas as coisas* são possíveis. Tenha isso em mente quando se preparar para criar milagres de abundância em sua vida. Tente imaginar que as possibilidades ao seu alcance são ilimitadas.

No século XIX, em *As a Man Thinketh*, James Allen escreveu algumas palavras que eu guardei na memória quando jovem. Colei-as no espelho do banheiro e no painel do meu carro para lembrar-me delas diariamente. Uma simples sentença que, para mim, diz tudo: "As circunstâncias não fazem o homem: revelam-no." Leia estas palavras tantas vezes quanto necessário para sabê-las de cor. A mensagem que há nesta frase é o cerne de nossa capacidade de desenvolver uma consciência de prosperidade e não de pobreza.

É provável que você não concorde de imediato com essa noção de que as atuais circunstâncias de nossa vida revelam quem somos. É mais fácil culpar as circunstâncias, como a pobreza que nos rodeia parece demonstrar. Seria cruel dizer que as condições em que os pobres vivem revelam quem eles são. Certamente eles não escolheram circunstâncias tão indesejáveis.

Mas a questão está na diferença entre viver sob condições desfavoráveis ou aceitá-las como uma natureza imutável. Cremos, erradamente, que ninguém pode ser compassivo e interessar-se pelos que estão em circunstâncias miseráveis, ao mesmo tempo em que nos encorajamos e aos outros para desvelar as crenças que podem estar contribuindo para tal situação.

Pare e pense por um instante nos possíveis benefícios de aplicar essa mensagem aos que vivem nas piores circunstâncias. Em seguida, pense nas pessoas que saíram de uma vida de pobreza para uma vida de prosperidade. Quando examinar o motivo da diferença, verá, sem exceção, que ele reside no mundo invisível das crenças e atitudes.

Um entrevistador de rádio acusou-me, certa vez, de adotar uma atitude insensível e arrogante em relação aos pobres. Ao descrever minha filosofia em seu programa, afirmei que não ter dinheiro é uma situação temporária a que todos estamos sujeitos vez por outra, ao passo que ser pobre é uma atitude, um conjunto de crenças que são reforçadas quando passamos a culpar as circunstâncias da vida pelo fato de sermos pobres. Um dos telefonemas recebidos, em resposta a essa palestra de rádio, veio de um médico de Washington, que havia sido criado em uma família de 13 filhos na Jamaica. Ele discordava do entrevistador:

> Vivi nas piores condições durante toda a minha juventude. Passava fome. Mas sempre me visualizava como futuro médico. Essa visão não me abandonava e eu costumava falar dela à minha avó, que era quem nos criava, embora quase não tivesse dinheiro, e sempre me dizia que nunca, nunca deixasse que essa visão desaparecesse. Falava-me da importância dessa visão interior e me dizia que, se eu a conservasse e acreditasse nela, viria a realizá-la um dia.
>
> Mais tarde, quando terminei o curso secundário, procurei matricular-me em centenas de vestibulares de medicina e fui rejeitado em todos eles. Mas não pude desfazer-me daquela visão, que a minha avó ajudou-me a conservar no tempo em que era um moleque esfarrapado que brincava no galinheiro de nosso casebre da Jamaica. Finalmente, deram-me uma oportunidade condicional de matricular-me em um programa pré-médico na Europa, e tive de trabalhar para ir até lá e freqüentar a faculdade.
>
> Hoje sou médico e tenho uma clínica rentável. Sem aquela visão, sem aquela imagem invisível em minha mente, eu jamais

teria escapado à pobreza em que ainda hoje vive a maioria de meus irmãos, irmãs e amigos na Jamaica. Eles são pobres e acreditam que a vida os maltratou, e que eu tive sorte. Mas eu sei que não foi assim. Estou vivendo a vida que imaginei para mim mesmo.

Dr. Dyer, não deixe que ninguém o impeça de dizer as suas verdades. Você está fazendo muito mais para ajudar os que vivem em circunstâncias terríveis do que aqueles que acreditam na grande mentira de que é impossível controlar o nosso destino.

Não posso deixar de repetir essas verdades porque também sou exemplo vivo daquilo que escrevo. Eu também deixei para trás uma vida de pobreza e sei que devo isso às minhas crenças, que me permitiram criar uma vida próspera. De fato, as circunstâncias não fazem a pessoa, revelam-na, e eu peço ao leitor: não pense, de modo algum, que isso só se aplica a Wayne Dyer e a um médico de Washington, nada tendo a ver com você.

Tem tudo a ver com você. Transcende vidas individuais, pois envolve leis e princípios universais que existiam muito antes que você assumisse a forma física que tem hoje. Estou apenas relatando aquilo que sei ser verdadeiro para mim e para muitas outras pessoas. Se você quiser viver em milagrosa prosperidade, deixe para trás o seu antigo modo de pensar e desenvolva uma nova forma de imaginar aquilo que você pode ter em sua vida.

Cinco aspectos de uma consciência de prosperidade

Faça um balanço do seu modo de pensar e veja se aprova as seguintes frases:

- No mundo não há o suficiente para todos.

- Temos de pegar o que é nosso antes que alguém o faça.
- O mar não tem peixes para todos.
- Nunca se sabe se a oportunidade vai chegar.

Se estas e outras idéias semelhantes fazem parte do seu repertório, é provável que lhe tenham ensinado que você vive em um mundo de escassez. Foi criado para acreditar na penúria. O conceito de carência foi embutido em seu sistema de crenças.

Para desenvolver uma visão interior de prosperidade, você terá de abandonar essa antiga visão de carência. Os cinco elementos da consciência de prosperidade que apresento a seguir podem ajudá-lo a fazer essa transição.

1. *Você não precisa de mais nada para sentir-se próspero.* Abandonar a consciência de carência significa trocar as imagens interiores que refletem carência em sua vida. Você já tem tudo o que é preciso para viver uma vida de prosperidade. Não que você vá receber tudo; *você* já é tudo. A prosperidade é, antes de mais nada, um jogo mental. É um conjunto de crenças internas e invisíveis que trazemos dentro de nós. Você deve saber que tem tudo o que precisa agora; nada lhe falta para alcançar a prosperidade. Uma história de que sempre gostei, e que exemplifica perfeitamente este princípio, é reproduzida a seguir.

Um homem maltrapilho e em estrema penúria aproxima-se de um capataz que supervisiona um grupo de trabalhadores na estrada e diz:

— Por favor, o senhor poderia me ajudar? Preciso de trabalho.

O capataz lhe respondeu:

— Ótimo, pegue aquela grande pedra ali e leve-a para cima daquele morro. Se precisa de trabalho, isso o satisfará.

— O senhor não me entendeu — insiste o homem. — O que eu realmente preciso é de dinheiro.

— Bem — diz o capataz —, se é só de dinheiro que você precisa, aqui estão 50 dólares. Mas não pode gastá-los.

O homem fica perplexo:

— O senhor ainda não entendeu. O que eu realmente preciso é de comida, bebida e roupa, não apenas de dinheiro.

— Se tem certeza de que é disso que precisa, então gaste o dinheiro com comida, bebida e roupa. Mas não pode comer a comida, beber a bebida e vestir a roupa.

Por fim, o homem foi forçado a examinar aquilo de que realmente necessitava: sensação de segurança, paz e satisfação interior. E todas essas coisas são totalmente invisíveis, todas residem dentro da mente. Todas constituem sustento divino.

Somos levados a acreditar que as coisas materiais são a realidade e nos dão aquilo de que necessitamos, quando de fato elas são apenas matéria, que é feita de espaço invisível. Você já tem o que precisa. Quando você sabe disso e cria esse conhecimento em seu espírito, o sustento divino que procura sob a forma de coisas materiais ou de dinheiro se manifesta na quantidade de que você precisa.

Você deve desenvolver esse senso interior e confiar na magia de acreditar. Suas crenças são suas, elas se originam dentro de você, são aquilo que você usa (e não precisa usar outra coisa) para remover as circunstâncias de sua realidade física. Quando você pensa diferentemente, está apelando para a sua consciência de carência e criando exatamente aquilo que mais detesta como realidade física.

Confie no poder de sua mente, no conhecimento do qual venho falando desde a primeira página deste livro, naquela orientação divina que está ao seu alcance, e terá dado o primeiro passo na direção de manifestar o milagre de prosperidade para si mesmo.

2. *Não se pode criar prosperidade quando se acredita em carência.* Quando houver adquirido a capacidade de tornar-se um

ser espiritualizado como descrevi na primeira parte deste livro, começará a compreender que aquilo que você é está localizado naquele reino invisível e adimensional a que chamamos de pensamento. Não há limites para você. Compreender isso significa saber que absolutamente nada lhe falta — tudo aquilo de que precisa para a sua vida já está aqui, e estava dentro de você no instante em que chegou a este mundo físico.

Quando você diz a si mesmo "não tenho dinheiro suficiente" ou "não tenho suficiente instrução, talento ou força para ser próspero", está agindo em seu mundo mental a partir de uma posição de carência e, portanto, é incapaz de adentrar o mundo da verdadeira magia.

Para superar esse modo de pensar, terá de se reeducar, ou melhor, desipnotizar–se e livrar-se da mentira que lhe foi impingida pela estrutura da cultura ocidental. Tudo aquilo de que precisa, já tem. Você está completo agora mesmo, é uma pessoa inteira e total, não um aprendiz de pessoa a caminho de tornar-se outra coisa. Precisa compreender e sentir essa inteireza em seus pensamentos como sendo a sua própria realidade pessoal.

Quando chegar a hora de partir deste mundo físico, não poderá dizer: "Espere um pouco, não estou pronto, ainda estou em treinamento, tenho de adquirir mais conhecimentos, estou desenvolvendo minha força, preciso ganhar mais dinheiro." Você deixará o seu corpo e ele continuará a pesar a mesma quantidade de quilos. Sua vida não é esse corpo, não está contida nessa fronteira, nessas limitações. É invisível e imponderável. Não lhe falta absolutamente nada.

Tudo o que você criou para o seu corpo físico sob a forma de coisas materiais é resultado do seu espírito completo e invisível. A parte irônica de tudo isso é que quando você sabe que já está completo, começa a motivar-se de modo totalmente diferente.

Você se habituou ao que é chamado de *motivação das deficiências.* Ou seja, você faz uma lista das coisas que lhe faltam ou são insuficientes e traça um plano para sanar todas essas deficiências. "Preciso de mais dinheiro, mais força, mais poder, mais beleza, mais posses" e assim por diante. "Quando tiver essas coisas, serei próspero." Assim, estabelece os seus objetivos e trata de se tornar próspero. Mas isso é uma enorme armadilha. Você jamais gozará de prosperidade se partir desse estado de espírito, porque estará sempre sofrendo da doença do *mais.*

Quando consegue o dinheiro que pensava necessitar para ser próspero, sua mente não se satisfaz. Está concentrada em mais — em correr, não em chegar. Conseqüentemente, aumenta a quantidade que planeja ter e continua a lutar e a sofrer e até negar-se a si mesmo na busca de mais. Isso acontece freqüentemente em nossa cultura. A prosperidade é simplesmente impossível quando se é motivado por deficiências, quando se pensa "eu não tenho o bastante" ou "alguma coisa me falta". Um dos temas centrais deste livro é "como pensas, assim serás". Se os seus pensamentos se concentram no que está lhe faltando, então "o que está lhe faltando" terá de crescer, por definição. Essa será a sua experiência deste mundo material. O que está lhe faltando será a sua marca registrada e a sua experiência da realidade física.

Existe outro tipo de motivação, denominada *motivação do crescimento*, a marca registrada do indivíduo que experimenta a verdadeira magia na área da prosperidade. Com a motivação do crescimento, você simplesmente modifica o seu modo íntimo de pensar e decide viver dentro de uma estrutura em que tudo é completo. O diálogo interior passa a ser mais ou menos o seguinte: "Eu estou inteiro, completo, total, plenamente vivo neste momento. É isto! Eu sou tudo, não preciso de mais nada para sentir-me feliz ou realizado. No entanto, sei que serei diferente amanhã. Minha realidade física está sempre mudando. As moléculas que ontem constituíam meu ser material serão substituídas por outras. O corpo que tinha há dez anos é, hoje, inteiramente novo do ponto de vista físico. Vou crescer. Serei algo novo e grandioso, porém não mais grandioso do que sou agora. Assim como o céu será diferente dentro de algumas horas, sua atual perfeição e inteireza não são deficientes, também sou, agora, perfeito e incompleto pelo fato de mudar amanhã. Crescerei e não sou deficiente."

Com esse tipo de raciocínio é impossível haver carência. Você passa a ser motivado na vida pelo seu próprio contentamento, pelos seus sonhos, passa a viver a vida que imagina ser a sua vocação, a missão específica e divina que o trouxe aqui, e a prosperidade se torna o seu lema. Chove abundância em sua vida. O universo passa a oferecer-lhe exatamente aquilo de que você precisa, e não o faz para suprir alguma carência; tudo lhe vem na quantidade exata para ajudá-lo a realizar os seus sonhos. Quando você já não sente que lhe falta alguma coisa, pode viver a vida que sabe ser perfeita para você e, então, uma quantidade cada vez maior dos símbolos da prosperidade (dinheiro, bens materiais, poder etc.) parece chegar por si mesma à sua vida. Poderíamos resumir tudo isto dizendo: mais é menos e menos é mais.

3. *Você não está dividido em categorias. Você é ao mesmo tempo aquele que vê, o ato de ver e aquilo que é visto.* Para conhecer a verdadeira prosperidade, você deve deixar de se dividir e se separar de sua prosperidade.

Não existem três de você neste mundo. Não existe o observador, o observado e o ato de observar. O que você observa está dentro de si mesmo. Sua observação está dentro de você, da mesma forma que todo o processo de observar. Tudo isso é você. Os pensamentos de prosperidade são seus, são você. O mesmo se aplica ao que você observa como prosperidade dentro de si. E, finalmente, a noção de ser próspero está inteiramente localizada dentro de você. Isso pode parecer confuso, mas é crucial para que você compreenda a sua unidade em tudo isso, a fim de conhecer e tornar-se a própria prosperidade. Ken Wilber, em seu fascinante livro *No Boundary*, descreve-a como se segue. Assimile esses pensamentos no instante em que se prepara para milagres na dimensão da prosperidade:

> A divisão entre aquele que experimenta e o mundo da experiência não existe e, portanto, não pode ser encontrada. Inicialmente isso soa muito estranho, pois estamos habituados a acreditar em limites. Parece tão óbvio que eu seja o ouvinte que ouve, o sensível que sente e o observador que observa! Mas, por outro lado, não é estranho que eu me descreva como o observador que observa o que é observado? Ou o ouvinte que ouve os sons que são ouvidos? Será a percepção tão complicada assim? Será que realmente abrange três entidades separadas, um observador, o ato de observar e a coisa que é observada? Certamente não existem três entidades separadas. Não pode existir um observador sem observar ou sem alguma coisa a ser observada. (...) O nosso problema é que temos três palavras — "observador", "observa" e "observado" — para uma única atividade, a experiência de observar.

Você deve aprender a transcender o seu estado hipnotizado, estado esse que o convenceu de que, primeiro, existe você, o que pensa, depois você, o que faz, e finalmente o conceito daquilo que você está pensando e fazendo. Na verdade, todos são apenas um.

É assim que funciona a prosperidade para aqueles que a vivem dia após dia. Tudo aquilo que antes você dividia em pensamentos de prosperidade, conduta próspera e algo chamado prosperidade que está "lá longe", deve ser concebido como unidade. E essa unidade pode ser você, se você quiser! Ao compreender isso, você deixa de buscar a prosperidade como se fosse algo que possa ser arrancado de algum esconderijo. Deixa de dizer a si mesmo: "Basta que eu tenha pensamentos prósperos e a prosperidade virá." Deixa de estabelecer metas de comportamento que o levem a essa coisa fugidia chamada prosperidade.

O que substitui esse triunvirato é uma singularidade de pensamento e ação, que reflete o entendimento de que você é a prosperidade se acreditar nisso. Aquilo de que você precisa para uma vida próspera, você já é. Tudo é você, não existem limites, apesar do fato de termos inventado palavras diferentes para descrever várias facetas de nossa percepção. Wilber resume a insanidade desse pensamento fronteiriço com o seguinte exemplo: "É como se descrevêssemos uma única corrente de água como 'a corrente que faz correr o escorrido'. Seria inteiramente redundante e introduziria três fatores onde, de fato, só existe um."

Implante essa percepção em sua consciência. Você não vai procurar e encontrar a prosperidade. Ela fluirá para dentro de sua vida somente quando você conceber essa noção de singularidade. Quando souber disso, suas ações a refletirão. A mesma coisa pode ser dita da carência. Se você pensar idéias de carência e agir no contexto da carência, sua vida *será* uma vida de carência. Você é aquilo em que pensa, uma vez que é só isso de que dispõe como base para os seus atos.

Se carência é uma palavra que define a sua vida neste momento, compreenda que não se trata de algo que lhe veio de fora; é simplesmente a sua maneira de processar a sua vida. Você se dividiu em uma pessoa que pensa e age, vitimado por um fator externo chamado carência. Na realidade, porém, você é a carência. A opção pela prosperidade começa com a sua recusa em continuar a dividir-se e, em vez disso, passar a ver a unidade que existe em você.

4. *Não podemos experimentar prosperidade se acreditamos que não a merecemos.* Como já disse muitas vezes, você existe como ser espiritual e divino que está tendo uma experiência humana. Sua essência, sua própria vida, é invisível e ilimitada. Nesse contexto, não há lugar para julgamentos. Não existe ninguém neste universo, e nunca existiu, que seja melhor ou mais merecedor de coisa alguma. Os que têm sangue azul são tratados como nobres porque certos seres humanos decidiram promovê-los. Mas, em sentido muito mais amplo, aos olhos de Deus, não existe "melhor" ou "pior". É esse tipo de raciocínio que você deve aprender a usar para que a prosperidade substitua a carência como seu modo de vida.

Se você acredita que não merece a prosperidade, conduzirá a sua vida com base nesse pensamento. Não atrairá a prosperidade pensando que não a merece, tal como não atrai amor quando se julga desprezível. Abandone a idéia de que é inferior. Você não é inferior nem superior: simplesmente é. E o que você é merece prosperidade!

Como pode um pensamento invisível ser mais ou menos valioso que outro? Quando você se vê como ser espiritualizado e cria um conceito mágico de si mesmo como ser pensante antes de tudo, abandona a incessante comparação que o leva a crer que outras pessoas são mais merecedoras de prosperidade. Você está em associação com todos os seres humanos, não num concurso no qual será julgado melhor que uns e pior que outros.

Mais uma vez, você precisa desfazer o estado hipnótico que o levou a esse tipo de atitude. Tudo começou nos seus dias de escola e continua até hoje. Eis o que diz John Holt sobre este assunto em *How Children Fail*:

> Destruímos o (...) amor à aprendizagem nas crianças, amor que é tão forte quando elas são pequenas, incentivando-as

e obrigando-as a competir por mesquinharias — estrelas douradas, provas marcadas com nota 10 e penduradas à parede, elogios na caderneta escolar, listas dos melhores alunos ou outros sinais de distinção — em suma, pela ignóbil satisfação de se julgarem melhores que alguém.

É assim que passamos a acreditar que somos melhores que os outros. Você provavelmente acreditou nessa grande mentira em alguma etapa de sua vida. Como poderia merecer pensar em si mesmo como uma necessidade divina especial quando não chegou a igualar o desempenho ou a aparência dos outros? Você aprendeu a comparar-se com os outros, até mesmo a crer que isso faz parte da natureza humana. Foi exatamente isso que não lhe deixou que se visse como valioso, merecedor e divino. Leia o que John Stuart Mill escreveu sobre a natureza humana em *Princípios de economia política*:

> Dentre todas as formas vulgares de ignorar a influência moral e social sobre a mente humana, a mais vulgar é atribuir as diferenças de comportamento e caráter a diferenças naturais inerentes.

É realmente vulgar o modelo que faz com que indivíduos cheguem à idade adulta acreditando ser natural compararem-se a outros e que, portanto, é natural aprender a trapacear a fim de se sobreporem a eles. Se alguns não se igualam a outros, física ou materialmente, é porque não são dignos. É vulgar, obsceno o sistema que contribui para a criação de grande número de pessoas que não conhecem outra maneira de avaliar o seu próprio valor senão comparando-as a outras e, ao fazê-lo, criam muitas que julgam não merecer a prosperidade em qualquer acepção do termo.

Toda cultura competitiva sobrevive destruindo pessoas. As culturas cooperativas evoluem ajudando os indivíduos a compreenderem o seu valor e a sentirem-se merecedores e espiritualmente válidos. A opção é sua. Mesmo que todos os que o cercam decidam entrar em competição uns com os outros, você não precisa adotar esse modelo. Sabe que é tão digno de prosperidade quanto qualquer outra pessoa neste planeta. Pensando dessa maneira, não precisará mais agir de forma indigna.

5. *A prosperidade alheia deve causar-nos alegria.* Quando sentimos desprezo ou mesmo uma ponta de inveja em relação às conquistas ou ao modo de vida de outras pessoas, estamos colocando pensamentos negativos naquele recanto da alma onde deveria estar o amor. Quem só tem amor dentro de si, por ser desse modo que prefere olhar a vida, só tem amor para dar. Portanto, você pode examinar-se verificando como se sente em relação às pessoas que adquiriram certa medida de prosperidade que você ainda não tem. Não podemos atrair prosperidade para nós mesmos se estamos cheios de rancor, idéias preconcebidas, ira, inveja, ódio, medo, tensão ou coisas semelhantes. Esse tipo de mentalidade negativa nos impede de agir. Não é possível realizarnos e sermos invejosos ao mesmo tempo.

Se você se sente satisfeito e feliz, só tem felicidade e satisfação para dar. Alimente a crença interior de que todos os que alcançaram a prosperidade têm o direito de ser prósperos e que o êxito que tiveram não é motivo para você se sentir inadequado ou carente. Mesmo que uma pessoa tenha chegado à prosperidade por meios que você considera tortuosos, ainda assim não há motivos para você se sentir angustiado ou aborrecido. Saiba em seu coração que aqueles que usam os outros serão justiçados, pois o universo opera em harmonia com determinado propósito. Mas a grande maioria das pessoas que alcançaram certa medida de prosperidade merece somente o seu amor.

Procure desviar a sua atenção daquilo que os outros têm ou não têm e atentar para aquilo que você vai fazer em seu próprio benefício. Lembre-se: quando você avalia e julga os outros, não os está definindo e, sim, definindo-se a si próprio. Deseja definir-se como pessoa invejosa e sem amor, orientando sua vida dessa maneira? Alegre-se com a grande prosperidade que venha a encontrar nos outros. Esqueça a noção de que as coisas não deveriam ser assim. As coisas são assim! É só isso o que você precisa saber. E você também é *assim*, qualquer que seja o seu modo de vida. Aceite tranqüilamente aquilo que é, ame-o e, depois, cuide de criar uma vida próspera, realizada e afetuosa para si mesmo.

Estes são os fatores mais cruciais para a criação de uma consciência de prosperidade. Uma vez que você comece a desenvolver diariamente esse modo de ser, o seu "eu" superior passará a permitir que você goze de prosperidade cada vez maior em sua vida. Essa nova consciência o levará de volta para aquela dimensão tão importante que é um dos temas centrais deste livro: viver de acordo com o propósito maior de sua vida.

Propósito e prosperidade: seu passaporte para a verdadeira magia

Conforme mostrei neste livro, só podemos descobrir a verdadeira magia quando a nossa vida está em harmonia com seu propósito. Quando nos limitamos a aprender por meio do sofrimento e dos resultados, estamos aprendendo em retrospectiva e, com isso, pagando alto preço em nosso cotidiano.

Vejamos o seu trabalho. Suponhamos que tenha gasto grande parte de seu tempo e energia fazendo coisas de que não gosta, mas dizendo a si mesmo que isso é absolutamente necessário, uma vez que tem contas a pagar, ou família a sustentar, ou simplesmente não tem alternativa. Pense nisso da seguinte forma, usando os números como metáforas. Se você é 99 por cento invisível (pensamento e espírito) e somente um por cento matéria (o corpo físico que abriga a sua alma), e está fazendo algo que detesta, então você é, essencialmente, uma pessoa inautêntica. O corpo trabalha automaticamente enquanto você continua a pensar no quanto abomina as circunstâncias de sua vida. Um por cento faz os movimentos e 99 por cento detestam aquilo que fazem. Portanto, se são os seus pensamentos que se expandem para constituir os seus atos, a parte ativa ou física de sua vida é detestável e horrível. Você não pode realizar-se nem ter a oportunidade de realizar milagres de prosperidade enquanto vive uma vida detestável. Para que venha a conhecer milagres, é preciso que haja contentamento e harmonia dentro de você. Assim, você precisa passar do sofrimento e dos resultados ao propósito.

Harmonizar-se com o propósito em seu trabalho ou nas atividades do seu dia-a-dia significa saber que o propósito é dar sem atentar para os resultados. Quando você concentrar a sua consciência interior em como servir os outros, e quando fizer disso o principal foco de sua vida, estará em posição de conhecer verdadeiros milagres em seu progresso rumo à prosperidade. Não haverá limites para o que irá receber em troca de dar e compartilhar, quando dar e compartilhar é tudo o que você tem dentro de si.

Pode-se conceber a prosperidade como o fato de se ter abundância sem limite na vida. Você nunca chegará a esse ponto amealhando bens ou pensando em si mesmo. Lembre-se: num sentido mais amplo, você não pode ser dono de coisa alguma neste mundo, não pode adquirir nada; sua vida só pode ser dada. É preciso que aprenda a trabalhar nesse contexto para ter abundância e prosperidade sem limites em sua vida.

No instante em que compreender que dar é a chave de sua própria abundância, verá que a prosperidade está ao seu alcance. Não é tão difícil dar-se a si mesmo. Ou é? Certas pessoas não percebem a ironia que há aqui. Desejam uma vida próspera, mas concentram-se exclusivamente no proveito próprio. Conseqüentemente trabalham, lutam e estabelecem metas, mas nunca parecem chegar onde desejam, nunca têm o bastante. No entanto, quando examinamos pessoas altamente bem-sucedidas, em todos os campos de atividades, verificamos que elas não se concentram verdadeiramente nos resultados que irão beneficiá-las. Eis aqui um perfeito exemplo, relatado por Srikumar S. Rao, num artigo publicado em junho de 1991 na revista *Success*, intitulado "The Superachiever's Secret":

> Certo dia, Mehdi Fakharzadeh, o melhor vendedor da Metropolitan Life, foi visitar um segurado acometido de uma doença cardíaca e estava exigindo o valor do seguro. Vender-lhe outro seguro estava fora de cogitação. Quase todos os vendedores (os que só tratavam de seus interesses) teriam apenas entregue um formulário ao homem e dito adeus. Não era o caso de Mehdi, que havia "aderido ao processo" de ajudar as pessoas. Mehdi preencheu o formulário para o doente. Ao saber que o homem mantinha seguro também junto a outras seguradoras, obteve formulários destas, preencheu-os e acompanhou cada caso até que os pagamentos fossem feitos.
>
> O homem ofereceu-lhe dinheiro em troca de seu trabalho, mas Mehdi, educadamente, recusou qualquer pagamento. Alguns dias depois, porém, Mehdi recebeu pelo correio uma relação de 21 amigos e parentes do homem — nome, data de nascimento, quantidade de filhos — com uma carta de recomendação endereçada a cada um deles, e vendeu milhões de dólares em seguros a essas pessoas.

Quando mantemos constantemente em vista a importante finalidade espiritual, social ou afetiva do nosso trabalho, todo o nosso estado de prosperidade muda. Em primeiro lugar, nossa mente, como satisfazer as necessidades dos que nos rodeiam, concentrando-nos sempre em suas necessidades. Viver em harmonia com o propósito da vida significa estar em paz conosco e que a paz é aquilo que temos a dar.

Minha experiência, escrevendo e palestrando pelo mundo, mantendo contato com milhares de pessoas, levou-me a crer que esse é o segredo daqueles que gozam de milagres de prosperidade na vida. O que vai realmente volta. Quanto mais você dá e faz tudo o que pode para servir os outros, mais parece voltar em seu benefício. E, quando volta, uma vez que você não está interessado em preservá-lo ou conservá-lo em seu poder, mais você se sente inclinado a dar, e o ciclo da verdadeira magia se instala.

Essa lição de prosperidade se aplica a todos os campos de atividade humana. Uma linha aérea, por exemplo, que se concentre em servir os viajantes, prospera mais quando a missão de toda a organização é servir os outros. Quando esse senso de serviço desaparece em qualquer nível da empresa, toda a organização se ressente. Certa vez, ao pisar num avião, à frente dos outros passageiros, ouvi a voz sarcástica de um comissário dizer: "Aí vêm os animais " Percebi que, em pouco tempo, aquela empresa iria sofrer de escassez de passageiros. Não deu outra: a linha aérea foi à falência. É preciso que os empregados saibam, no íntimo da alma, que têm o privilégio de servir àqueles que pagam, com o seu dinheiro, para usar o serviço. O cliente é o responsável pelos seus empregos e deve ser valorizado, mimado e apreciado. A ênfase total deve recair sobre o serviço, não importa a conveniência ou a inconveniência a quem se serve. Isso se aplica a tudo o que fazemos. Para quem trabalha num consultório médico, a finalidade é ajudar os outros a melhorar a sua qualidade de vida.

Se fosse apenas ganhar dinheiro, receber e despachar os clientes o mais depressa possível, todo o consultório logo experimentaria escassez e não prosperidade.

Mas não estou escrevendo este livro para uma empresa e sim para você, meu caro leitor. Você pode alterar a sua consciência o quanto quiser, mas terá também de mudar a ênfase no que faz, passando dos resultados e benefícios para o seu propósito. Experimente! Mude durante um mês e veja se não começam a ocorrer milagres em sua vida.

Adequar as atividades da vida ao propósito é simplesmente uma questão de trocar crenças íntimas. Você não tem necessariamente de trocar de emprego ou de localidade, pois é dando que se descobre a verdadeira magia. No Bhagavad Gita, as palavras de Deus para Arjuna, o grande guerreiro, soam bem simples neste particular: "Procura sempre servir ao bem-estar do mundo; mediante o trabalho altruísta é que se atinge a suprema meta da vida. Quando trabalhares, tem sempre em mente o bem-estar dos outros." Observe-se que a ênfase é no que se tem "em mente". As palavras finais de Deus para Arjuna são: "O ignorante trabalha em proveito próprio, Arjuna; o sábio trabalha pelo bem-estar do mundo, sem pensar em si mesmo."

Embora possa parecer uma noção demasiadamente sublime, garanto que os benefícios dessa forma de pensar estão ao seu alcance agora mesmo. Você não precisa decorar um conjunto de princípios elevados. Em vez disso, basta entrar em contato com o seu ser superior, que está sempre em você, e deixar que essa parte de sua alma assuma o comando. Verá que é uma maneira muito fácil e fascinante de viver, decorrente não de se trabalhar mais, mas de se relaxar e eliminar as pressões que existem dentro de você.

Quanto menos obrigar-se a adotar essa nova maneira de ser, mais fácil será deixar que ela se torne o princípio orientador de sua vida. Um rápido exame das características de um ser espiritualizado, em comparação com as de um ser materialista, mostra que se trata mais de um exercício mental do que físico. Trata-se de permitir que o seu "eu" natural flua pacificamente, sabendo que a realização decorre de dar, não de tomar. Deixar-se simplesmente fluir é um conceito com o qual devemos nos familiarizar quando começamos a permitir que a nossa vida se encha da prosperidade que desejamos.

Aprenda a "fluir"

Em seu livro *Flow*, Mihaly Csikszentmihalyi nos fala dos super-realizadores — inclusive executivos, grandes atletas e artistas — que tiveram vida próspera. Descreve o princípio do "fluxo" como um investimento em nossos próprios limites, o qual nos dá total alegria em nossos momentos de trabalho. Diz ele que, "uma vez que tenhamos provado dessa alegria, redobraremos nossos esforços para atingi-la".

Na Parte Um deste livro, falei de como tudo parece funcionar perfeitamente em nossa vida quando estamos inspirados. O fluxo é esse tipo de inspiração, uma inspiração tão forte que parece remover todos os obstáculos e nos dá tal amor pelo trabalho que este parece fluir sem qualquer esforço de nossa parte. Podemos sentir esse fluxo em quase tudo o que nos rodeia.

Sinto essa perfeição, atingida sem esforço, quando estou tão entretido com um discurso no palco que o tempo parece haver parado, e as horas transcorreram como se fossem minutos. Ou quando estou totalmente imerso e inspirado no que escrevo que a máquina de escrever parece fumegar enquanto produzo páginas e mais páginas sem qualquer esforço. Às vezes sinto que eu (o eu invisível) estou vendo outra pessoa escrever, tão perfeitamente as idéias fluem. É muito provável que você tenha sentido algo parecido durante relação amorosa estaticamente divina, na qual o tempo não parece passar, tão completo é o seu prazer. E pode também fluir em seu trabalho e nas atividades do dia-a-dia, sem que você tenha de esperar que surjam esses momentos mágicos, como que enviados por outra pessoa.

Fluir na vida significa atingir um estado de concentração tão completo que tudo o mais parece inexistir. As pessoas que alcançam prosperidade na vida sabem como chegar a esse magnífico estado, no qual as atividades, em vez de constituírem monótono conjunto de tarefas a cumprir, parecem mais uma meditação, com a diferença de que as pessoas estão ativas e envolvidas, e não tranqüilamente sentadas. O fluxo tem muito a ver com o propósito daquilo que fazemos. Quando conseguimos transcender o corpo físico e o ego, e permitir que o ser invisível se funda inteiramente com o que fazemos, nossa entidade superior passa a dirigir e a produzir, enquanto o corpo apenas executa os movimentos, sem qualquer comando de nossa parte. Quando estamos nesse estado, sentimos em nosso corpo uma espécie de contentamento etéreo que nos diz: "É para isso que você está aqui, é isto o que deveria estar fazendo neste momento. Você está cumprindo sua missão e nada pode impedi-lo." Vemos literalmente o nosso corpo fazer coisas incríveis, sentimos alegria ou prazer indescritíveis, e nada pode nos impedir. Estamos sintonizados com a nossa missão, tendo o tipo de experiência máxima com a qual outras pessoas apenas sonham.

Há uma maneira de atingir esse estado de fluxo. Csikszentmihalyi descreve esse processo em detalhe, mas o professor Rao, da Long Island University, resume tudo no artigo publicado na revista *Success* que mencionei. Os tópicos sintetizados refletem o que venho dizendo neste livro. Não são apenas os segredos de como tornar-se um super-realizador no local de trabalho, mas também dos segredos de produzir milagres genuínos na vida.

Descrevo a seguir os cinco pontos necessários para atingir o estado de fluxo.

1. *Adote um objetivo espiritual supremo que empreste significado ao seu trabalho.* Isso significa esquecer-se de si mesmo e dirigir toda a sua energia para melhor servir os outros. Transforme o seu trabalho em uma experiência meditativa e, em vez de ver-se a si mesmo no ato de realizar determinada tarefa, você, em sua mente, se torna a tarefa. Você passa de *fazedor humano* a *ser humano.* Você se torna a bola em um jogo de tênis, torna-se o relatório que está elaborando, o livro que está escrevendo, a refeição que está preparando. Não há linha divisória: você e a tarefa se unificam, tudo em nome daquele objetivo espiritual supremo de dar-se a si mesmo deliberadamente.

2. *Concentre-se, fechando a mente a todas as distrações.* Nossa mente é tão poderosa que não precisa ser continuamente distraída por atividades externas. Você pode treiná-la para concentrar-se; é por isso que venho recomendando que aprenda a meditar. Dê à sua mente o mesmo treinamento que dá ao seu corpo quando pretende mantê-lo em plena forma física. Não precisamos ser escravos de nossos sentidos. Podemos criar uma atmosfera na qual a mente se mantém clara e isenta de distrações, na qual não toleramos distrações.

No momento em que escrevo estas linhas, estou em Maui com a minha mulher, sete filhos e os constantes companheiros de brincadeiras destes. Resolvi criar um ambiente para mim mesmo neste belo caos que tanto me agrada. Aluguei um pequeno apartamento para a temporada de verão. Só eu tenho a chave. O telefone está desligado. Acordo toda manhã às 5h e, depois de meditar, mergulho em meu trabalho de redação e pesquisa. Não pode haver interrupções; ninguém, a não ser minha mulher, sabe onde encontrar-me para me interromper; e ela também usa esse mesmo espaço, na parte da tarde, para concentrar-se em seus escritos. Posso concentrar inteiramente o meu espírito e, portanto, concentrar a minha produção física.

Você pode criar para si mesmo esse tipo de atmosfera. Pode treinar-se para eliminar a tagarelice interminável que enche a sua consciência. Pode atingir aquele lugar superior dentro de si mesmo e deixar de fora todas as distrações. Quando o fizer, passará a saber o que é fluir, e a verdadeira magia começará a aparecer em suas atividades. Pode fazer isso no local de trabalho, em casa ou em algum outro lugar calmo. Concentrar-se é recorrer ao seu conhecimento interno natural; poderá jamais fazê-lo ou pode fazê-lo freqüentemente.

3. *Entregue-se ao processo.* Não ceda ao impulso de lutar pelo que deseja. (Lembra-se dessa frase? Venho repetindo-a desde o começo do livro!) No sistema descrito em *Flow*, o mundo coopera com você, de modo que você deve estar imerso no processo e esquecer o instinto adquirido de lutar e combater. Entregue-se a Deus, ou ao seu poder interior, à força invisível que está sempre com você, situada além dos cinco sentidos. Relaxe e entregue-se ao processo em si. Esqueça o resultado, a recompensa, o dinheiro, o troféu, os elogios e ponha inteiramente o espírito e o corpo na experiência em questão. Não é tão difícil fazer isso. Leia o que Robert Coram escreveu em *Political Inquiries*, em 1791:

> A cada trimestre, por ocasião do exame, o aluno que escrevesse a melhor redação ganhava uma medalha. A entrega da primeira medalha provocou mais dissidência que emulação, espírito de inveja, ciúme e discórdia generalizado em toda a escola; meninos que eram amigos do peito tornaram-se ferozes rivais

e, quando o prêmio foi anunciado, passaram a ser inimigos implacáveis. Os mais adiantados desdenhavam dos alunos mais fracos; cada qual exaltava as suas aptidões frente às dos oponentes; todos recorriam a pequenos ardis para debochar e abusar dos outros.

Portanto, se você preferir apegar-se aos resultados em vez de aderir ao processo, pode produzir inveja, ciúme e discórdia. Se fizer a transição, pode criar o fluxo, que leva à prosperidade e à consciência de milagres pessoais em seu desempenho. Como nos entregamos? Simplesmente relaxando! Não procure produzir à força; em vez disso, goze o processo do trabalho que está fazendo. Os resultados virão, ainda que você não se esforce em produzi-los. Quando você se concentra nos resultados, e não no que está fazendo, cria uma discórdia interna que impede o surgimento de qualquer milagre. A prosperidade tem a ver com o processo, não com o resultado. O processo tem a ver com o propósito. O propósito tem a ver com o amor e com o ato de dar.

4. *Sinta o êxtase.* O êxtase é o resultado que advirá se você seguir as diretrizes citadas. Sentirá uma espécie de beatitude e contentamento inconfundíveis. Essa sensação o tomará de assalto, por assim dizer, e você conhecerá aquela gloriosa experiência emocional máxima quando consegue fluir na vida.

Trata-se exatamente da mesma sensação que descrevi quando tratei da meditação no capítulo 3. É a mesma sensação porque estaremos meditando enquanto trabalhamos; a recompensa automática de não havermos lutado é aquele sentimento mágico, semelhante a um banho quente dentro de nós. Essa sensação nos enaltece e põe em contato com o conhecimento interior de que estamos, finalmente, no caminho certo. O êxtase é o seu próprio milagre.

5. *Dentro em breve, você atingirá a produtividade máxima sem se esforçar.* O seu estado de êxtase abrirá novos horizontes de criatividade e energia. Esse estado natural de contentamento é a chave para melhorar o seu desempenho. É esse o estado que os super-realizadores conseguem criar para si próprios. O detalhe irônico é que essa maior produtividade resulta de terem atingido o estado de êxtase. O processo de entregar-se, concentrar-se e viver em harmonia com o próprio propósito induz o êxtase. Quando experimentamos esse contentamento interior, simplesmente desejamos mais; quanto mais o experimentamos, mais produtivos nos tornamos.

O que acontece comigo é isso. Quando sinto aquele fulgor interno de estar vivendo de acordo com meu propósito, e não me concentrando no resultado, quero escrever o dia inteiro. Ou quero permanecer no palco e dar cada vez mais de mim mesmo; terminada a palestra, quero ficar com os meus ouvintes durante horas e horas. Muito tempo depois que outros oradores já foram dormir, continuo a conversar com aqueles que desejam ficar e continuar o processo. Quanto mais êxtase consigo criar por esse método de fluxo, mais produtivo me torno; e o aspecto paradoxal de tudo isso é que não estou absolutamente concentrado em ser produtivo e produzir resultados.

Usei a seguinte citação de Thoreau em todos os meus últimos três livros, e apresentei-a como um dos segredos do universo em meu romance *Gifts from Eykis*. Parece-me muito adequado repeti-la aqui para concluir esta seção. Não me canso de lê-la, e espero que você também se lembre da sabedoria mágica inerente nestas palavras:

> Quem avançar confiantemente na direção dos seus próprios sonhos e procurar viver a vida que imaginou, terá sucesso fora do comum.

Isso acontece naquele lugar invisível. A ênfase é dada às palavras "sonhos" e "imaginou", as quais têm a ver com pensamentos. Nossos pensamentos criam todo esse êxtase e, posteriormente, todos os milagres que irão surgir em nossa vida sob a forma de maior prosperidade. Nossa mente é muito poderosa em termos do que é capaz de produzir na realidade física, bem como na realidade física situada para além de nossos limites.

Como usar a mente para manifestar prosperidade

Você está agora a caminho de transformar a consciência de carência em uma consciência de prosperidade. Em grande parte, trata-se de um jogo mental. Tem de se convencer de que você, e somente você, é responsável pelas imagens que se formam em sua mente. Precisa conhecer a força do seu processo de formação de imagens na criação do mundo material em que vive.

No esporte, os jogadores que se sobressaem dentre os demais imaginam de antemão como vão rebater, colocar ou chutar a bola. A parte mental, a parte literalmente invisível — repito, literalmente — molda os resultados. Certa vez, perguntaram a Ricker Fillmore, filho de um dos fundadores da Igreja da União Cristã, se esse princípio se aplicava à venda de imóveis. Ele respondeu: "Se funciona, funciona em tudo."

Trata-se de um princípio universal. Não funciona somente nas manhãs de domingo ou no caso de algumas pessoas. É um fator vital e vivo do universo do qual você faz parte e que é parte de você. Qualquer campo de atividade de qualquer ser humano é parte desse processo. A imagem que você é capaz de conceber em sua mente pode ser criada no mundo físico, contanto que você mantenha essa imagem viva. Quanto mais se conscientizar dessa verdade, mais ela se manifestará em sua vida. Aristóteles usou outras palavras — "a alma nunca pensa sem uma imagem" — sabedoria antiga que ainda hoje se aplica em sua vida.

Na atividade de vendas, aqueles que imaginam que não vão fechar o negócio agem com base essa imagem invisível, e passam a sabotar a venda. Frases como "eu nunca fui capaz de fazer isso", "sei que estou perdendo o meu tempo", "ninguém vai comprar isso de mim", são roteiros gravados na consciência que levam à realização dessas mesmas profecias. Se você mudar essas frases de modo a refletir seu propósito de dar alguma coisa e servir a um cliente, sua mente estará repetindo frases como: "É impossível perder tempo quando se ajuda uma pessoa" e "eles receberão os frutos de minha boa intenção." "Se alguém é capaz de fazer isso direito, eu também sou." "A inteligência que os outros têm eu também tenho." O processo de formação de imagens é o meio de criar consciência de prosperidade em sua mente. Ninguém pode roubar isso de você.

Minha esposa e eu estamos, atualmente, fazendo com que os nossos filhos aprendam a arte da meditação com mestres renomados e a confiar na visão interior. Não fazemos isso para dar-lhes alguma vantagem sobre os outros, mas para que eles saibam ter algo dentro de si que ninguém lhes pode tirar, independentemente das circunstâncias da vida. Estão aprendendo desde cedo que a paz e a tranqüilidade que terão como seres humanos depende deles mesmos, e que possuem um recanto especial dentro de si, sempre ao seu alcance, desde que tenham aprendido a como ter acesso a esse reino especial. Saberão o que significa o título de um dos meus poemas favoritos, quando o praticarem em seu dia-a-dia.

As cinco estrofes seguintes pertencem a esse poema, "Minha mente, para mim, é um reino", escrito no século XVI por Sir Edward Dyer (um parente espiritual?):

Minha mente, para mim, é um reino,
   Nela encontro alegrias
Que ultrapassam quaisquer outras
   Que a Terra nos oferece
Embora queira o que a maioria deseja,
Minha mente proíbe a cobiça.

Nenhuma pompa real, nenhuma riqueza,
   Nenhuma compulsão para a vitória,
Nenhum truque que cure feridas,
   Nenhum fascínio que conquiste as mulheres.
Nenhuma dessas coisas me escraviza:
Para quê? Minha mente me dá tudo.

A fortuna nos foge quando menos esperamos;
   Quanto mais alto se está, maior é a queda;
Quem vive nas alturas é mais sujeito
   A acidentes e desventuras:
Ganham com trabalho, guardam com medo,
Cuidados que a minha mente não suportaria.

Contento-me em viver, bem simplesmente,
   Procuro apenas o que me basta.
Não quero posições de destaque;
   O que me falta, minha mente me dá.
E assim eu triunfo como um rei,
Feliz com o que tenho dentro de mim.

Alguns têm muito e ainda cobiçam.
   Eu pouco tenho e não procuro ter mais.
São todos pobres, mesmo tendo muito.
   Eu sou rico com o pouco que possuo.

> Eles são pobres, eu sou rico; eles mendigam, eu dou.
> A eles falta, a mim sobra; eles sofrem, eu vivo.

Embora a linguagem do original não seja aquela a que os modernos estão habituados, a mensagem é provocante. Todos os luxos da vida trazem consigo sofrimento se não soubermos que, dentro de nós, está o reino da serenidade, onde podemos criar toda a prosperidade que desejarmos. A mensagem deste poema aplica-se a qualquer forma de atividade humana. Nossa mente é um reino capaz de criar a imagem que quiser. E se soubermos que a imagem que desejamos é a da prosperidade, atrairemos a prosperidade em virtude dos atos que *fluirão* dessa imagem.

Dois cozinheiros seguem exatamente a mesma receita, item por item, atentando para cada detalhe na ordem exata e utilizando o mesmo forno. Um produz um bolo delicioso e extraordinário, ao passo que o outro produz o oposto, um fracasso! Por quê? Cada um, em sua mente, imagina o que deseja criar. Um imagina resultado positivo, sabe interiormente que o bolo será excelente, e antevê o resultado, ainda que inconscientemente. A mentalidade do outro é inteiramente diferente, cheia de dúvida e medo, e antevê o resultado de um ponto de vista de insuficiência. Muito embora o segundo siga corretamente a receita, o bolo vem a ser o que previa: "Eu não sei fazer esse tipo de coisa, sei que não vai dar certo." Parece um conto da carochinha? Parece impossível obter dois resultados diferentes quando se segue a mesma receita?

Em minha vida, já vi isso acontecer muitas vezes. Quando menino, aprendi que cozinhar e pintar não eram os meus pontos fortes. Mesmo quando seguia todas as instruções, como quando pintava por números, o meu trabalho era um desastre, ao passo que o do meu irmão Jim terminava emoldurado na parede. Jim sabia ser capaz de produzir uma obra-prima; Wayne sabia que a sua pintura seria um desastre. A tinta era a mesma, os pincéis eram os mesmos, tudo era igual, menos as convicções e, portanto, os resultados. O mesmo se aplicava às minhas tentativas de fazer um bolo. Eu podia seguir as instruções físicas, mas nada podia mudar minha imagem mental, e essa imagem mental era o que eu produzia na realidade. Nossas crenças são ingredientes invisíveis de tudo o que fazemos.

Existe no ato de acreditar uma magia que transcende a lógica. Toda espécie de prosperidade, inclusive financeira, flui de nossas imagens mentais. Sim, estou dizendo que podemos de fato afetar o mundo físico e todas as circunstâncias de nossa vida pelo modo como usamos a mente. Dinheiro e fortuna podem fluir e fluirão em nossa vida quando seguimos o princípio de consciência da prosperidade. Esse princípio se aplica ao mundo do atletismo, das vendas, da culinária, da cirurgia, ao mundo do chofer de táxi e à conta corrente que você tem no banco.

A maioria de nós acredita que ganhar dinheiro é um jogo de forças que independe de nós, forças como a economia, a bolsa de valores, as taxas de juros, o Banco Central, a política do governo, as estatísticas de desemprego etc. Mas, à medida que progredimos em nossa trajetória espiritual, e passamos a perceber o poder do nosso ser invisível, descobrimos que ganhar dinheiro é um jogo que jogamos conosco. Criar dinheiro é como criar qualquer outra coisa na vida. Requer não estarmos presos ao dinheiro nem lhe concedermos qualquer poder sobre nossa vida. Não se adquire poder genuíno pela simples aquisição de dinheiro; do contrário, seríamos impotentes quando estamos sem dinheiro. O poder autêntico vem da alma, daquele lugar mágico que está sempre dentro de nós.

A prosperidade sob a forma de riqueza funciona como tudo o mais. Vem quando não nos apegamos à necessidade de riqueza. Vem quando fluímos com a vida e nos entregamos deliberadamente. O dinheiro — como a saúde, o amor, a felicidade e todas as formas de magia que desejamos criar para nós mesmos — é o resultado de vivermos em sintonia com o propósito de nossa vida. Não é um objetivo em si. Se corrermos atrás dele, jamais o alcançaremos. Nunca teremos o bastante e sofreremos enormemente com isso.

Em toda parte há exemplos de pessoas que têm muito dinheiro mas nenhum propósito dentro de si. Atores e atrizes famosas, viciados em drogas, cometem suicídio quando pareciam estar no auge da carreira. Empresários extraordinários, perseguidos pelo medo e devorados pelas úlceras, põem fim à existência por terem ido à bancarrota. O índice de divórcios entre casais ricos aumenta em ritmo assustador, com dolorosas discussões em juízo quanto a quem fica com quê. Pessoas que ganharam na loteria se tornam alcoólatras, perdendo tudo ou se suicidando, apesar de suas fabulosas contas bancárias. Quando a riqueza é o motivo de nossas atividades e a qualidade de nossa vida se baseia naquilo que acumulamos em relação aos outros, a prosperidade é impossível. Voltamos ao sofrimento como forma de instrução espiritual.

Quando vivemos em sintonia com nossa missão, fazendo aquilo que é a nossa finalidade neste mundo, e sem nos importarmos com o que vamos ter em termos de dinheiro e riqueza, o dinheiro e a riqueza virão em quantidade suficiente para nos dar uma vida próspera. É essa a verdadeira magia em ação. Posso dizer isso porque é assim que acontece comigo. No tempo em que corria atrás de dinheiro, nunca tinha dinheiro suficiente. Quando ajustei minha vida ao meu propósito e concentrei-me em dar de mim mesmo e de tudo o que me vinha na vida, tornei-me próspero.

A prosperidade não é o resultado de seguirmos um conjunto estrito de truques e estratégias; é um estado de espírito que se concentra em nossa capacidade de manifestar milagres. Tudo aquilo que você pensava ser impossível deve ser modificado para criar uma imagem de prosperidade.

A seguir, exponho diretrizes que podem ser usadas quando começar a familiarizar-se com o seu potencial de fazer milagres. A carência irá sair pela janela, substituída pela abundância que você antes julgava só ser acessível aos que têm sorte.

Aplique os princípios da prosperidade no seu cotidiano

Paramhansa Yogananda expressou-se da seguinte forma:

> Ter riqueza material sem paz interior é como morrer de sede quando se toma banho num lago. Para evitarmos a pobreza material, devemos fugir da pobreza espiritual. É a pobreza espiritual, não a carência material, que está no cerne de todo sofrimento humano.

Para criar um mundo de verdadeira magia para si mesmo, lembre-se dessas palavras. Antes de mais nada, o seu objetivo é criar uma espécie de consciência espiritual dentro de si. Depois, deixe que o universo, em toda a sua perfeição, faça o restante.

- *Desdenhe toda descrença!* Estabeleça em sua mente um sistema que lhe permita imaginar-se vivendo uma vida próspera, com todas as coisas materiais de que necessita. Expulse a carência de sua mente e recuse-se a ter esse tipo de pensamento. Quando um velho e habitual pensamento de carência começar a entrar em sua consciência, diga simplesmente: "O próximo!" Exato: simplesmente diga "o próximo" e se lembrará de que o velho pensamento terminou e você está iniciando um novo processo de pensamento próspero. Usar o "o próximo" como palavras mágicas o lembrará a continuar com a magia de crer, e não com a angústia de duvidar. Escreva no papel exatamente o que você gostaria que aparecesse em sua vida física. Vendo-o e lendo-o repetidamente, você implantará esse pensamento mais fundo em sua mente e começará a manifestar aquilo que está imaginando. Eu uso com freqüência essa técnica de anotar, e ponho a afirmação em um lugar que me força constantemente a ler as palavras do milagre que estou manifestando.

- *Mantenha um recanto da mente concentrado exclusivamente em suas imagens de prosperidade.* Visite freqüentemente esse recanto e use a sua força mental para avivar as imagens de prosperidade. Especifique detalhadamente o que deseja ganhar. Lembre-se de que merece esse recanto de liberdade, unicamente seu e que ninguém pode lhe tirar. Nunca pense que terá de ganhar na loteria ou que seja preciso surgir alguma circunstância inusitadamente feliz para que esse milagre em sua mente se torne realidade. Atenha-se simplesmente à imagem ou a essa zona mágica que está criando. Dentro em pouco, estará agindo com base nessas imagens e atraindo prosperidade para si mesmo. Eis aqui um exemplo daquilo a que me refiro, extraído do fabuloso livro de Claude Bristol, *A força mágica da vontade*:

> E isso nos leva à lei da sugestão, mediante a qual todas as forças que nela operam são capazes de produzir resultados fenomenais. Ou seja, é a força de nossa própria sugestão que põe a máquina em movimento e faz com que o subconsciente comece o seu trabalho criativo. É aqui que as afirmações e repetições desempenham o seu papel. É a repetição do mesmo verso, das mesmas palavras mágicas, das mesmas afirmações, que leva à crença e, quando essa crença se transforma em profunda convicção, as coisas passam a acontecer.

Já vi isso suceder repetidamente com os meus filhos. Eles repetem as palavras "vou conseguir, vou conseguir", sempre que tentaram em vão fazer alguma coisa. Lembro-me de minha filha Sommer, tentando equilibrar-se em cima de minhas mãos e caindo repetidamente, até que se sentiu impelida a repetir essas palavras mágicas. E, então, após ter fracassado vinte ou trinta vezes, a verdadeira magia lhe aconteceu. Repetindo "vou conseguir, estou me vendo equilibrada nas mãos do papai", ela adquiriu o poder de fazer com que isso acontecesse. Não é fantasia. Se funciona em qualquer lugar, pode funcionar em toda parte. Basta que você acredite e tenha aquela zona mágica dentro de si que não permite a entrada da dúvida, zona na qual você repete incessantemente a afirmação que leva à crença que leva aos milagres.

- *Estude o mundo da matéria, de todas as posses materiais, no nível subatômico.* Comece a observar que todas as coisas materiais nada mais são do que espaços vazios quando vistas de perto. Veja a tolice que seria fazer desse mundo material o seu senhor. Tal como os seus pensamentos, o mundo material não tem limites. Não tem começo nem fim. É totalmente abundante e está totalmente ao seu alcance se você souber qual é seu verdadeiro propósito.

Lembre-se: a prosperidade, como tudo o mais, é sentida na mente. Se você puder, de alguma forma, imaginar-se próspero, e ninguém ou nenhuma coisa alheia a você puder impedi-lo de ter essa crença, então a sua vida será, de fato, um milagre de prosperidade. Não é o quanto você acumulou, a não ser que você tenha optado em crer nisso. A grande ironia é que, quando você se imagina próspero, independentemente de posses materiais, e age de acordo com essa crença, as posses materiais chegarão em proporções exatamente perfeitas para o seu bem-estar.

• *Passe a confiar em suas vozes intuitivas.* Já se disse que as pessoas que julgamos ter sorte são essencialmente as que seguem os seus próprios palpites, e não as recomendações de terceiros. Se você sentir forte inclinação interior para mudar de emprego ou de cidade, de procurar a companhia de outras pessoas ou tentar determinado investimento, então confie mais nesse palpite. É a orientação divina que o incentiva a correr um risco, a ignorar o comportamento alheio, a ser o indivíduo singular que você é. A prosperidade será a sua experiência de vida, se você processar a vida em seu interior dessa maneira. É o interior que mais importa. É lá que mora a intuição, a força invisível que o guia e nunca o abandona. Aprenda a confiar nela e deixe que o seu corpo físico siga a trajetória que sente dentro de você.

Em meus investimentos, sempre deixei-me guiar por meus palpites. Posso dizer, honestamente, que a única vez em que sofri grande perda financeira foi quando desprezei minha intuição e investi em "títulos municipais garantidos", destinados ao desenvolvimento de projetos que, intuitivamente, sabia que estavam em desacordo com as minhas crenças. Hesitei mas, como os rendimentos seriam altos e os títulos eram supostamente garantidos, contrariei minha intuição. Essa decisão custou-me mais de 150.000 dólares em títulos que jamais foram pagos. Minha intuição dizia-me para deixar de lado aqueles projetos e investisse somente em coisas nas quais acreditasse fortemente, mas a minha cobiça por lucros maiores terminou vencendo. Foi uma lição marcante e bastante cara. Desde então aprendi a seguir o que sinto interiormente, não importa a opinião alheia a respeito da escolha que faço. Só invisto naquilo que sinto ser justo e moral, e esse sentimento me vem da intuição e da confiança na orientação que recebo. Para certas pessoas, esse é um método tolo de investir, mas confio inteiramente em minha intuição... e isso me tem trazido prosperidade.

• *Procure substituir pensamentos que reflitam uma consciência de carência.* Se você resolve dizer constantemente a todos o que falta em sua vida, e como não consegue fazer progresso, isso significa que você possui um espaço interior que acredita fortemente em carência. Essa maneira de pensar acarreta sofrimento, dificuldades, perdas etc. Provavelmente são esses os assuntos que você menciona em suas conversas e é essa a maneira pela qual você se apresenta a todos os seus amigos. No entanto, esses slogans interiores, que passaram a ser a marca registrada de sua vida, podem ser substituídos por novos pensamentos que incluam abundância, fartura, felicidade, lucro, facilidade, sustento e coisas semelhantes. Quando você acredita que esses pensamentos são o modo de ser do seu universo e processa o seu mundo dessa forma, as palavras e os conceitos passam a ser sua maneira de apresentar-se.

O segredo que se situa no centro de seu ser e que "sabe" é aquela alma silenciosa e invisível que você pode utilizar como quiser. Você deve começar a advertir-se quando pensa de forma que subverte sua prosperidade. Deve fiscalizar-se durante todo o dia e identificar todo e qualquer pensamento que acarrete uma consciência de carência. Pode transformar esses pensamentos, mas somente se estiver disposto a tornar-se o seu próprio monitor e, depois, simplesmente transformar tais pensamentos. Mais cedo ou mais tarde, passará a agir com base nos novos pensamentos, tal como antes se baseava nos pensamentos antigos, para criar as circunstâncias de sua vida.

• *Desenvolva em seu coração a convicção de que a prosperidade realmente lhe pertence.* Pensar a respeito da prosperidade é um ótimo começo. Mas você precisa transformar em crença a idéia de que tem direito à prosperidade. Precisa cultivar este tipo de convicção mental para manifestar prosperidade. Trata-se de sua intenção em ação. É o processo de viver mediante o *saber*. Apenas desejar não é suficiente, pois coisa alguma passará realmente a fazer parte de sua vida a não ser que você se convença interiormente de que é em sua vida que ela deve estar.

Embora isso lhe pareça extremo, atente às palavras de São Marcos (11:23-24) acerca desse princípio divino, e veja se é capaz de perceber a importância delas para a sua busca de prosperidade:

> Em verdade vos digo que quem disser a esta montanha: "Ergue-te e lança-te ao mar", e não duvidar em seu coração, mas crer que se fará aquilo que diz, assim lhe será feito. (...) Tudo o que pedires em oração, tende fé que o recebereis e tê-lo-eis.

Estas são as palavras dos milagres. No entanto, são de fato as pedras angulares de nossa prosperidade, na medida em que somos capazes de crer, saber e pretender algo na vida.

- *Confie na natureza divina do seu ser e que ele é a perfeição do universo.* Quando houver trabalhado nas crenças citadas, fiscalize-se durante um dia, anotando quantos pensamentos de carência e de prosperidade lhe ocorreram; depois, relaxe e pare de preocupar-se com isso. Confie naquela força invisível que existe dentro de você. Lembre-se: quando confia em si mesmo, confia na sabedoria que o criou! E, obviamente, quando duvida de si mesmo, questiona essa mesma inteligência divina que o trouxe a este mundo! Saiba em seu coração que as leis universais da prosperidade e da abundância não foram revogadas. Saiba que, se elas se aplicaram a outros, se aplicarão também a você.

Agora, relaxe, entregue-se e saberá o que fazer. É isso o satori, o despertar instantâneo. Você já não precisa preocupar-se; a prosperidade realmente lhe virá, e você a estará criando de maneira mágica, exatamente como a magia que sente a cada vez que cria um pensamento a partir do nada. Confie no milagre que você é. Saiba que a força universal flui através de você; se não fluísse, você não estaria lendo estas palavras neste momento. Depois, prossiga em sua vida, sintonizado com o seu propósito.

- *Agora passe a agir como uma pessoa próspera!* Exato: aja como se já houvesse recebido aquilo que merece em termos de prosperidade. A pessoa que age como se fosse próspera é muito generosa. Não espere: passe a ser assim agora mesmo. Se você não for generoso quando é difícil ser generoso, não será generoso quando isso lhe for fácil. Você tem de estar disposto a dar aos outros, mesmo quando o seu cofre não está cheio, pois esse é o seu propósito. Ele independe de cofres. É espiritual. Aja como um ser espiritualizado. Dê pelo menos dez por cento do que recebe aos que lhe dão sustento espiritual.

Em meu caso, esse princípio sempre contribuiu para criar prosperidade. Sempre fui um doador, mesmo quando menino. Sempre me foi fácil dar o que tinha no bolso, mesmo que fosse somente algumas moedas. Adorava comprar coisas para os outros; ajudá-los a terem mais abundância na vida. Venho dando muito mais do que dez por cento aos que decido ajudar, e essa quantia sempre me volta, mais do que decuplicada. Isso parece fazer parte daquela lei invisível do divino.

Viver como se já fôssemos prósperos é sermos generosos. Dar sem nada esperar de volta é viver em conformidade com o seu ser espiritual, em primeiro lugar, e com o ser físico em segundo. É a maneira mais divina de viver e é o segredo de manifestar os seus milagres no domínio da prosperidade. Kahlil Gibran escreveu palavras inspiradoras a respeito. Leia-as atentamente. Elas refletem a consciência de prosperidade que descrevi neste capítulo.

E existem aqueles que
dão todo o pouco que têm.
São os que acreditam na vida
e na abundância da vida,
e nunca o seu cofre está vazio.
Há os que
dão com prazer,
e esse prazer
é a sua recompensa.
E há os que
dão com amargura,
e essa amargura
é o seu batismo.
E há os que
dão e não sentem
amargura ao dar,
nem buscam prazer,
nem dão
pensando em virtude;
dão como naquele vale
as rosas soltam
o seu perfume no ar,
e é por estes
que Deus fala,
e é por trás dos seus olhos
que ele sorri para o mundo.

Quando Deus falar por suas mãos e sorrir para o mundo por você, porque você dá incondicionalmente e está em harmonia com o seu propósito, nada pedindo a ninguém, a prosperidade será a sua recompensa.

• *Quando você tiver dominado a arte de dar aos outros, pratique a arte igualmente importante de dar a si mesmo.* Tome uma parte de tudo o que lhe vier sob a forma de dinheiro e invista-a em si mesmo. Ponha esse dinheiro em uma conta de poupança que fique sob os seus cuidados. Considere-a como o seu fundo milagroso e contribua religiosamente para essa conta pessoal e crescente.

Venho fazendo isso durante toda a minha vida de adulto. Tenho um fundo financeiro milagroso onde guardo certo percentual de tudo o que recebo. É um comportamento automático e nunca esqueço esse princípio. O resultado é que me tornei financeiramente independente bastante cedo.

Você ficará surpreso com a rapidez com que esse fundo irá crescer e trazer-lhe renda. Uma pessoa que fizesse isso desde a infância seria financeiramente independente aos 30 anos de idade. Trata-se unicamente de um investimento do mundo físico em sua própria prosperidade. É um comportamento fantástico a ser ensinado às crianças, um método que as levará à sua própria prosperidade financeira.

• *Ponha fim à polaridade que por acaso exista em suas noções acerca de dinheiro.* É provável que você encare o dinheiro como bênção de Deus ou como o maior inimigo da espiritualidade. O dinheiro já foi usado muitas vezes como campo de batalha para assuntos espirituais e questões materiais. Assim, se acumulou algum dinheiro, é possível que veja isso como contrário à sua espiritualidade. Lembre-se de que, se o seu propósito envolve oferecer aos outros e a si mesmo coisas que custam dinheiro, e se você não recua do compromisso com essa finalidade, o dinheiro surgirá em sua vida para ajudá-lo em sua missão heróica. Da mesma forma, se acredita que não merece dinheiro e que ele simboliza tudo o que não é espiritual, então você o impede de surgir em sua vida.

Quando você se compromete com os seus mais elevados poderes pessoais, grande quantidade de força universal autêntica passará a atuar através de você. De fato, essa força pode ser simbolizada pelo surgimento de dinheiro em sua vida, caso em que você terá de resolver qualquer ambivalência que por acaso tenha em relação a ele.

Assim, quem denuncia o dinheiro está caindo em uma armadilha. Em vez de denunciá-lo, encare-o como algo que está se manifestando em sua vida para ajudá-lo a cumprir seu propósito. Em seguida, use esse dinheiro — e qualquer outra abundância física que passa a surgir cada vez mais em sua vida — para, fiel a esse propósito, cumprir o seu compromisso com ele. Pode-se ser espiritual *e* ter bens materiais. Pode-se ser espiritual *e* ter dinheiro na vida. Mas não se pode ser espiritual e usar o dinheiro que surge na vida para guardá-lo somiticamente ou usá-lo para demonstrar alguma superioridade em relação aos outros. Se é verdade que a sua força autêntica vem de dentro, é também verdade que você vive num corpo físico e no mundo material. Permita que esse mundo físico esteja em harmonia com o seu mundo interior, e você terá resolvido sua ambivalência em relação ao dinheiro.

Encaro o dinheiro que surge em minha vida como energia que posso usar para permanecer fiel ao meu propósito. É uma bênção e é utilizado nesse contexto. Conseqüentemente, ele continua a surgir em minha vida em quantidades suficientes para satisfazer esse meu compromisso com a existência espiritual, como um ser que tem próspera experiência humana e ajuda os outros a fazerem o mesmo.

- *Compreenda que você nunca estará satisfeito com aquilo de que não precisa.* Se dinheiro é tudo o que você cobiça, e o deseja para alcançar poder sobre os outros, então nunca estará satisfeito. Nossos objetivos estão no reino invisível, aquele lugar em que realizamos toda a nossa existência. O dinheiro e outros símbolos de prosperidade surgem em nossa vida para ajudar-nos a percorrer esse caminho. Se você não entender essa mensagem, pode ver muito dinheiro surgir em sua vida, mas também vê-lo-á desaparecer. Eis aqui um exemplo da mentalidade que você deve evitar, nas palavras de Yogananda:

> Certa vez vi o desenho de um cão atrelado a uma carroça pequena, porém carregada de coisas. O dono do animal havia descoberto engenhoso método para fazê-lo puxar a carroça. Uma vara comprida, amarrada à carroça, estendia-se à frente por cima da cabeça do cão. Amarrada à extremidade da vara pendia, tentadora, uma salsicha. Na vã tentativa de alcançá-la, o cão mal percebia a pesada carroça que puxava atrás de si.
>
> Quantas pessoas são assim no mundo dos negócios! Pensam: "Se eu puder ganhar um pouco mais de dinheiro, encontrarei a felicidade." Mas a salsicha da felicidade está sempre fugindo de suas mãos. E, enquanto se esforçam para alcançá-la, vejam que carroça de problemas e preocupações elas arrastam!

• *Evite a armadilha de esperar que a prosperidade chegue à sua vida pela mão dos outros.* Você é quem cria a sua própria vida próspera. Ninguém tem de mudar para que você descubra a prosperidade. Trata-se de um jogo interno e você deve deixar para trás o que espera dos outros. Mesmo que consiga que os outros lhe forneçam os símbolos da prosperidade, esta desaparecerá rapidamente e você estará atrelado a uma carroça, com aquela lingüiça infernal à frente, sofrendo sem parar da doença do *mais*. E irá procurar um novo conjunto de "outros", sempre lutando e olhando para fora de si mesmo. Assuma a responsabilidade pelos seus sentimentos acerca de prosperidade e eliminará tudo o que sofre nesse particular.

- *Finalmente, medite sobre a sua prosperidade.* Em sua tela interior, crie imagens que o mostrem como indivíduo próspero. Recuse-se a deixar que essas imagens desapareçam, não importa as circunstâncias que possa ter criado na vida. Suas sessões de meditação lhe darão novo roteiro a seguir. Use essa prática valiosa para manifestar aquilo que você verdadeiramente deseja ter no mundo físico.

A prosperidade é algo que sei que qualquer pessoa pode atingir. Se eu a alcancei, tendo origem humilde, então me é difícil imaginar que qualquer pessoa não possa realizá-la. Em retrospecto, vejo que mesmo naqueles dias eu mantinha uma consciência de prosperidade. Pois a prosperidade fica dentro de nós.

Vi meus filhos crescerem e prosperarem. Todos eles tiveram, um dia, um corpo infantil. Todos choraram por um brinquedo ou outro objeto de sua atenção imediata. Algo tão simples quanto um chocalho ou o brinquedo de outra criança. Choravam até que o brinquedo lhes fosse dado; depois, jogavam-no longe e choravam por outra coisa.

Todos deixamos para trás esse corpo infantil, mas muitos se esquecem de deixar para trás o raciocínio infantil. Queremos outra coisa que nos satisfaça. Mas não sabemos como nos satisfazer. Continuamos a busca incessante de mais, perseguindo a prosperidade como se ela fosse algo que estivesse em objetos externos, não dentro de nós mesmos. Para conhecer o segredo da prosperidade, saiba que você jamais a *encontrará*. Posso dizer, parafraseando Eykis: não há um caminho que leve à prosperidade; a prosperidade *é* o caminho.

CAPÍTULO 6

A verdadeira magia e a sua identidade pessoal

Só há uma parte do universo que você é capaz de aperfeiçoar: você mesmo.
ALDOUS HUXLEY

Você pode optar por ter a personalidade que mais lhe agrada, a partir de hoje. Isso mesmo: pode escolher a sua personalidade. Por que não? Você já determinou, ao longo de toda uma vida de opções, exatamente o tipo de pessoa que deseja ser. Naquele espaço invisível no qual tomamos todas as decisões quanto às nossas circunstâncias físicas, você vem optando por certa categoria de personalidade e determinados tipos de medos, hábitos, costumes, níveis de confiança, capacidade intelectual etc.

Se fechasse os olhos e visualizasse, por alguns instantes, exatamente o tipo de pessoa que gostaria de ser, que imagem lhe ocorreria? Procure formar uma imagem precisa em sua mente, mesmo que ache impossível realizá-la. Que milagre mais deseja? Reduzir os seus medos? Ter um Q.I. de gênio? Ser capaz de lutar por suas convicções? Vencer a timidez? Livrar-se de fobias? Ter um auto-retrato positivo e afetuoso?

Esqueça por um momento o que aprendeu, que ninguém pode mudar a personalidade que tem, que a personalidade é herdada de nossos pais ou que ninguém pode verdadeiramente mudar. Esqueça a noção de que certas pessoas são mais inteligentes que outras, ou de que o talento é uma herança que recebemos e, no seu caso, a natureza foi pouco generosa. Em sua visão interior, elimine tudo isso e imagine-se vivendo e agindo num nível mágico. Desenvolva novo conhecimento, o conhecimento de que, a partir do seu eu espiritual e invisível, você tem a capacidade de criar para si próprio a mudança que quiser. Ou seja, se você for capaz de crer genuinamente nessa mudança, será capaz de criá-la.

Essa é a mensagem deste capítulo. Você criou a sua própria personalidade e, portanto, pode mudar qualquer parte dela. Pode manifestar a verdadeira magia em sua vida interior e tornar-se a pessoa que, antes, acreditava que só outros poderiam ser. Você já possui todos os requisitos para fazer com que isso aconteça, não precisa de mais nada.

A grande mentira

Ao crescer, acreditamos em tantas limitações que, depois de certo tempo, nossa vida passa a manifestá-las. Dizemos coisas que aceitamos como verdadeiras, quando de fato são crenças errôneas que tomaram o lugar de nossas verdades. Enquanto você se apegar à grande mentira, à "verdade" dessas crenças errôneas, não poderá observar milagres em sua vida. Exponho a seguir cinco dessas falsas crenças que permeiam a nossa cultura. Lembre-se de que não passam de crenças, pensamentos íntimos acerca do mundo físico que nos rodeia. Quanto mais você se apegar a esses pensamentos e convencer-se e aos outros de que elas representam a "verdade", mais você fará com que essa "verdade" bloqueie o surgimento da verdadeira magia em sua vida.

1. *Não posso deixar de ser como sou; sempre fui assim.* São frases que ouço quase que diariamente. As pessoas que as pronunciam sempre se perguntam por que não acontecem milagres em sua vida. Se você acredita que tem de ser como sempre foi, não acredita em evolução. Qualquer que seja o tipo de sua personalidade — tímida, agressiva, temerosa, introvertida ou extrovertida — você deve abandonar a ilusão de que não pode deixar de ser como é. Pode até ler livros que lhe ensinam que a nossa personalidade foge ao nosso controle, que ela nos é dada e nada podemos fazer para mudá-la. Pode até dizer a outras pessoas que gostaria de mudar, mas "sou assim" e "sempre fui assim". Essa imagem mental é uma garantia contra a criação de milagres. De fato, é bem possível que a mudança de personalidade, tornando-o mais comunicativo, confiante, afetuoso ou gentil, seja exatamente o milagre que você procura. Jogue essa desculpa na lata do lixo e expulse-a inteiramente de sua vida. No passado, você talvez tenha optado por agir de certa forma, mas precisa criar dentro de si a consciência de que tem o poder de moldar o tipo de pessoa que deseja ser, sob todos os aspectos de sua natureza humana.

2. *É o meu jeito de ser; herdei minha personalidade e não posso mudá-la.* "Você é igualzinho ao seu pai; ele também tinha essa falta de coordenação de movimentos." "Você é desafinado como o seu avô, que também não conseguia cantar nem o hino nacional." "Seus irmãos e irmãs sempre foram ruins de matemática; é uma característica da família." "Ela é tímida assim porque puxou à avó e à bisavó." São frases como estas que contribuem para perpetuar a grande mentira. Os milagres tornam-se impossíveis porque você acredita que herdou suas limitações e que ninguém pode vencer as forças da genética. Os cientistas dizem que o código é transmitido pelo DNA e temos de aceitá-lo e nos arranjarmos da melhor maneira possível.

Para ingressar no mundo da verdadeira magia, você deve deixar de lado essas idéias e tornar-se, em primeiro lugar, um ser espiritualizado, um ser isento de limitações naquele reino interior no qual não existem fronteiras. Nesse reino, você pode imaginar para si mesmo tudo aquilo que desejar, e ninguém poderá roubar essas imagens. Nesse seu recanto de liberdade, você pode ter múltiplos talentos, ser brilhantemente intelectual, confiante, livre de medos e até mesmo lindo. É lá que você cria os seus limites e é lá que a verdadeira magia começa.

O seu milagre pode incluir algo que você está bloqueando em decorrência dessa crença insidiosa na hereditariedade. O mundo está cheio de pessoas que ultrapassaram tudo aquilo que os seus genes indicariam como limites. Cabe a você empenhar-se nesse novo processo de volição.

3. *Minha personalidade é controlada pela química e pelo metabolismo do meu corpo.* É uma mentira que ouvimos freqüentemente, repetida nos círculos mais prestigiosos, o que torna mais difícil refutá-la. "Como posso mudar e tornar-me o que considero milagroso, se a química do meu corpo controla quem eu sou?" Periodicamente, lemos artigos que descrevem como certas enzimas estão presentes em certas pessoas, as quais, por conseguinte, são tidas como prisioneiras dessas substâncias químicas. As pessoas tímidas trazem a enzima da timidez no organismo. As pessoas gordas têm a enzima da obesidade, as pessoas agressivas têm peptídios aguerridos, as pessoas dotadas de talento musical são portadoras de proteínas cantoras. Somos levados a crer que isso explica por que certas pessoas são como são. Os cientistas justificam os comportamentos extraordinários ou não pela presença ou ausência de certos compostos químicos no corpo das pessoas.

Os cientistas podem, de fato, estar certos quanto à química do corpo humano e à presença de criaturas invisíveis em nosso organismo, mas o que deixam de mencionar é o tipo de controle que exercemos sobre o corpo. É óbvio que a química do nosso organismo controla em grande parte o modo pelo qual conduzimos a vida, mas precisamos compreender algo que é fundamental em nossa natureza: *para termos corpos mágicos, devemos ter mentes mágicas.* A química do corpo é constantemente afetada pelos pensamentos. Sem dúvida, quem tem úlcera sofre de alguma alteração química, mas é preciso ir à raiz do problema para saber como operar milagres. Não nego que essas pequenas criaturas invisíveis habitam o nosso corpo. Pretendo apenas que examinemos o enorme poder da mente quando se trata de conter essas criaturas ou treiná-las para atuar em nosso favor, não contra nós.

4. *Minha família é responsável pela personalidade que tenho.* "Nunca pude escapar ao controle de minha família." "Minha mãe era autoritária e meu pai nos deixou quando eu era criança." "Todas as mulheres de nossa família são assim, é algo que não pudemos evitar." Estas e milhares de desculpas semelhantes fazem parte da grande mentira. Esses pronunciamentos refletem exatamente o tipo de idéias que nos impede para sempre de permitir que ocorram mudanças miraculosas em nossa personalidade. Enquanto estiver convencido, mesmo superficialmente, de que a sua família é responsável pelo tipo de pessoa que é, você permanecerá preso a esse círculo vicioso. É preciso que tenha a *convicção interior* de que não só pode optar hoje, como também sempre pôde optar quanto ao modo de reagir às influências de sua família. Essas influências não podem criar a sua personalidade atual: só você pode fazer isso. A opção é sempre sua.

Você tem o poder de rejeitar comportamento, atitudes e crenças que lhe ocorram e que você acha condenáveis. Embora não possa eliminar as influências que estiveram tão presentes em sua infância, você e só você pode determinar se elas irão persistir ou não. Cultive a convicção interior de que a sua família e o seu papel dentro dela só o influenciam hoje na medida em que você acredita nessa influência. Se não aceitar total responsabilidade pela maneira como essa influência se faz sentir em sua vida, você jamais permitirá que ocorram mudanças milagrosas em sua personalidade. Se o controle está em mãos de outras pessoas, então você é uma vítima, ainda que elas pareçam estar lhe dirigindo para o rumo certo. Você tem de ser o produtor, o diretor e o ator da história de sua vida.

5. *Não posso fugir de minha cultura e da época em que vivo.* É esta mentira que o estimula a crer que seus hábitos e costumes resultam daquela misteriosa "cultura" que está sempre colorindo e moldando a sua vida. A influência da sociedade é parte da ilusão de que você é moldado por essa maior e melhor força social. "A sociedade faz as regras e todos somos vítimas dessas regras." "Vivemos em uma cultura que nos ensina a obedecer; eu sou apenas mais uma dessas criaturas obedientes que pensam e agem de acordo com o rebanho." "Como é possível me impor quando o governo e o Grande Irmão estão sempre me dizendo o que posso e o que não posso fazer?" São frases que refletem uma visão interior de impotência.

Se você acredita que a cultura determina quem você é e que tipo de pessoa vai se tornar, então essa será a sua realidade. Por outro lado, somente os inovadores trazem alguma diferença para este mundo. O inovador não olha para as normas culturais e diz consigo: "É só isso que posso fazer." Pelo contrário, olha para dentro de si e deixa que a sua consciência e o seu empenho com alguma finalidade decidam quem ele vai ser. A sociedade ou a cultura não entram em cogitação quando ele está empenhado em servir. Se você pretende alcançar a sua felicidade e provocar alguma diferença neste mundo, logo aprenderá que não pode seguir o rebanho. Um velho ditado se aplica a este caso: "quem segue o rebanho, termina pisando em esterco." Usar a cultura ou a sociedade como desculpas somente o impedirá de realizar mudanças milagrosas em sua personalidade. Você não pode depender da conduta e da aprovação de algum grupo amorfo para determinar aquilo que *você* irá ser. Tampouco pode culpar esse grupo amorfo por aquilo que deixa de ser.

Tudo se resume, novamente, em responsabilidade pessoal e na disposição de consultarmos nossa consciência espiritual, aquele eu superior e invisível que flui por nós. Nada que esteja *fora* de nós pode controlar o que está *dentro* de nós; o que acontece é exatamente o oposto. É a sua maneira de pensar que *faz* você. Os seus pensamentos são seus, partem de dentro de você. A sociedade em que vive é simplesmente o estágio no qual você irá realizar os seus próprios milagres.

São estas as cinco crenças errôneas, os cinco elementos da grande mentira que nos é imposta desde os nossos primeiros momentos de consciência. Se você reconhece alguma delas, e se continua a usá-las como justificativa de sua falta de progresso pessoal, então deve dar início a um programa para se desfazer dessas ilusões. Esse programa ocorre naquele lugar invisível de sua mente onde você pode optar por libertar-se permanentemente dessas crenças nocivas, cultivando pensamentos novos e criativos para substituí-las.

Vença a grande mentira

"Eu sou um milagre!" Repita esta frase muitas vezes até que ela esteja firmemente gravada em sua mente. Assombre-se diante de si mesmo. Produzir milagres para si mesmo tem a ver com a noção interior de que você já é milagroso. Quando você sabe e sente o

milagre que é, passa também a saber e sentir que nada lhe é impossível. Começará a sentir que já não depende das cinco desculpas apresentadas, substituindo-as pelo seu novo conhecimento. Para superar a grande mentira de que essas crenças errôneas são verdadeiras, você terá de se equipar com novas crenças que lhe dêem novos poderes. Deve passar a saber que pode escolher a vida que deseja viver. Pode optar por transformar sua vida em numa grandiosa obra de arte em eterna evolução. A chave está em seus pensamentos, essa extraordinária parte invisível do seu ser que é a sua alma espiritual.

Você veio a este mundo sob a temporária forma de um corpo limitado. Mas possui mente ilimitada. Sua mente não tem forma nem restrições e é infinitamente capaz de criar qualquer tipo de milagre que deseje, desde que seja tratada da forma que merece. Pode ocupar, se quiser, um corpo deformado, crescer numa família defeituosa, estar alojada em personalidade tímida e depressiva, gaguejar, ter Q.I. médio ou genial e abrigar fobias e medos, ou até mesmo acreditar e convencer os outros de que nada pode fazer para corrigir esses defeitos.

Ou pode preferir outra coisa. Pode utilizar essa força infinita e invisível para criar uma pessoa milagrosamente forte. Usando o pensamento mágico, pode deixar para trás o antigo condicionamento hipnótico e ver que existem pessoas que superaram condições aparentemente irremediáveis. Em seguida, pode usar seu raciocínio para refletir que, se um indivíduo pode livrar-se da esquizofrenia e deixar de ser maníaco-depressivo, e outro pode formar-se em medicina, apesar de lhe terem dito que é disléxico, ou até mesmo deficiente mental, então você também pode valer-se da mesma força com que elas conseguiram tais milagres, e usá-las para tornar-se a personalidade que deseja ser. O pensamento mágico diz: "Eu acredito, eu sei, e recorrerei aos meus poderes espirituais para realizá-lo. É esta a minha intenção!"

Se você é dos que aderiram à crença em limitações, estou certo de que pensará que isto não passa de otimismo irrealista. Você vê o sofrimento que há no mundo e o que lhe parece ser "a misteriosa ira de Deus", e prefere pensar em coisas como: "Veja quantas pessoas estão presas às circunstâncias em que nasceram, pessoas que sofrem de terríveis doenças mentais, que vivem em lares abomináveis. Não há esperança para elas, tal como não há esperança para mim. As pessoas não podem deixar de ser o que são. Não temos alternativa."

Assim seja! Você pode aprender a ser otimista ou pessimista. Minha filosofia nesse assunto é simples: "Ninguém sabe o suficiente para ser pessimista!" Ninguém!

Apenas começamos a utilizar nossa percepção da força do mundo invisível no qual estamos imersos. Só agora a nossa mente, os nossos pensamentos, a nossa alma estão começando a ser reconhecidos pelos cientistas pragmáticos que mencionei. Um coração começa a bater no ventre da mãe seis ou sete semanas após a concepção e a vida, tal como a observamos, está a caminho. E esse fato constitui completo mistério para todas as "maiores" mentes do planeta. Onde estava essa vida antes, que força invisível e misteriosa estava presente na união desses dois glóbulos de protoplasma, capaz de determinar cada ruga, cada fio de cabelo, cada célula, até a morte daquele corpo? E onde estava essa força antes que a vida começasse, e o que lhe acontece depois que morremos? Tudo mistério. Tudo desconhecido. Portanto, como decidirmos ser pessimistas acerca do que não conhecemos?

Quanto a mim, conheço o poder dessa força e sei positivamente que ela pode ser canalizada para criar milagres em nossa personalidade. Podemos optar pelo caminho da verdadeira magia e tornarmo-nos o tipo de pessoa com o qual sonhamos, ou podemos preferir encher-nos de dúvidas e criar a nossa vida com base nessas dúvidas. Martin Seligman, meu amigo e colega, usa as seguintes palavras para falar disso em seu livro *Aprenda a ser otimista*:

> A atitude pessimista pode estar tão profundamente enraizada que parece permanente. No entanto, já verifiquei que é possível fugir do pessimismo. De fato, os pessimistas podem aprender a ser otimistas, não por meio de recursos tolos como assobiar canções alegres ou dizer trivialidades, mas aprendendo um novo conjunto de aptidões cognitivas.

A ênfase é colocada na palavra *cognitivas*, o que implica *pensar*. É exatamente isso o que você pode fazer, e fará, para criar a sua personalidade mágica, com todas as suas características singulares. Superamos a grande mentira — ou seja, a idéia de que não podemos deixar de ser como somos — por meio do pensamento mágico. Esse pensamento mágico fará com que você seja exatamente o tipo de pessoa que decidiu ser.

Crie a sua própria personalidade mágica

Como você já sabe, todo o programa de criação de milagres gira em torno da premissa simples de que nos tornamos, no mundo físico, aquilo que criamos em nosso mundo invisível. As seis chaves para que você se torne a pessoa que decide ser a fim de cumprir a sua heróica missão neste mundo são:

1. SUA PERSONALIDADE. O que você gostaria de poder dizer acerca de sua personalidade? Crie uma fantasia em sua mente e imagine exatamente como você mais gostaria de ser. Em vez de olhar para o que vê agora, olhe para a personalidade que realmente lhe daria prazer. Que nível de confiança gostaria

de demonstrar em seu contato com outras pessoas em todos os campos de atividade? Gostaria de ser mais positivo? Menos ou mais contemplativo e introvertido? Mais afetivo e gentil? Menos ou mais vulnerável? Mais terno? Menos ansioso e nervoso? Crie em sua mente a imagem do tipo de personalidade que mais lhe conviria.

Por enquanto, saiba apenas que tudo o que você imagina pode ser traduzido em comportamento físico. Aliás, é precisamente isso o que você tem feito o tempo todo, desde que surgiu neste mundo sob a forma humana que tem hoje. Tem-se imaginado mais ou menos confiante, mais ou menos nervoso, e assim por diante. Sem que você percebesse, foi assim que a sua personalidade se formou. Você age o tempo todo com base nessas visões interiores. Quando *souber*, em vez de *duvidar*, que pode escolher a personalidade mais adequada para cumprir a sua finalidade neste mundo, e confiar em sua capacidade de ser essa pessoa, tanto no plano físico como no plano espiritual, você poderá criar a magia que irá transformar a sua vida atual. Tornar-se-á literalmente a personalidade que antes podia somente imaginar, e adotará o comportamento físico que reflete sua nova visão milagrosa.

2. SEU TALENTO. Por um instante, visualize o grau ótimo de talento que gostaria de ter. Simplesmente imagine-se de posse dessa mercadoria ilusória a que chamamos de talento. Costumamos conceber o talento como certa capacidade inata doada por Deus, a qual permite que algumas pessoas tenham desempenho melhor que outras. Mozart tinha talento, aquele dom místico que Deus lhe deu. Michael Jordan tem talento. Barishnikov tem talento. Todos concordamos que certas pessoas têm talento, mas não conseguimos definir o que a palavra significa.

Vejamos a questão por outro ângulo. O talento só pode ser definido por comparação. Sem outras pessoas com as quais pudéssemos comparar Mozart ou Michael Jordan, não teríamos a noção de talento. Se o desempenho de ambos fosse meramente pessoal, cada um cumprindo seu propósito dentro de sua esfera de ação, e fossem vistos como indivíduos que não concorrem com ninguém, não usaríamos a noção de talento para descrevê-los. Nos termos desta definição, o talento se aplicaria a qualquer pessoa.

Mas, para nós que fomos educados no mundo ocidental, é quase impossível conceber tal idéia. De que outra forma poderíamos julgar as pessoas? E *julgar* é a palavra certa. Você julga a si mesmo o tempo todo. Julga os méritos relativos do seu talento comparando-se aos que o rodeiam. O seu talento em qualquer campo é simplesmente aquilo que *você* julga a respeito de si próprio e do modo de comparar o seu desempenho com o desempenho dos outros. Você aceitou a mentira de que certas pessoas têm mais ou menos talento que outras. Mas pode levar o seu conhecimento interior para outro nível. Pode passar a dizer a si mesmo: "Sou tão talentoso quanto decidi ser e, embora admire e goste do desempenho de outras pessoas, esse desempenho nada me diz quanto ao que eu posso ou não fazer."

Um trecho extraído de *Aprenda a ser otimista* descreve esse conhecimento: "Um compositor pode ter todo o talento de Mozart e profundo desejo de ser bem-sucedido, mas se não acredita ser capaz de compor música, nunca será nada." Mozart, mesmo aos 4 anos, acreditava em sua capacidade de compor. Ao subir ao palco, Barishnikov sabe, antes de mais nada, que é capaz de dar piruetas e mover-se como um anjo celeste; Michael Jordan, ao pular para lançar a bola ao cesto, acredita, antes de mais nada, ser capaz de voar... e o corpo materializa essa crença. Mais do que acreditar, todos eles *sabem* e os feitos milagrosos de cada um derivam dessa intenção de saber. Isso é talento!

Não preciso dizer que o corpo físico com o qual você é dotado afeta o seu desempenho neste mundo físico. Sua intenção de alcançar excelente desempenho em qualquer campo baseia-se em seus próprios interesses pessoais. É bem provável que não estivesse interessado em ser um jogador profissional de basquete se vivesse num corpo com 1,60m de altura. Mas, se tivesse esse interesse e soubesse ser capaz de ter êxito e até mesmo de "enterrar" uma bola de vez em quando, se *soubesse* isso, agiria com base nessa crença e a realizaria. E, se não me acredita, converse com Spud Webb, campeão da NBA, que tem exatamente 1,60m de altura!

O seu talento, como todas as suas outras características, é função da força invisível que flui em seu corpo. Não está em suas mãos, nem em seus genes, nem em qualquer outra parte do seu corpo físico. Está na força que percorre todo o seu ser.

É difícil aceitar isso quando se foi inteiramente condicionado a crer que alguns têm talento e outros não. Mas você pode alterar o modo como os dados cósmicos foram lançados e criar o nível de talento de que *você* e só *você* precisa para cumprir a sua finalidade neste planeta. Deixe de estruturar sua vida com base na necessidade de ter melhor desempenho do que outros. Em vez disso, examine a sua finalidade na vida e saiba que possui todo o talento de que precisa para criar o milagre que procura.

Leia o que diz Jane Roberts em *The Nature of Personal Reality.* O texto se aplica não apenas a seu nível pessoal de talento, mas também a todas as suas outras características.

> Quando está doente, é possível que você diga "não queria estar doente" ou, se é pobre, "eu não queria ser pobre" ou, se não tem ninguém na vida, "eu não queria estar sozinho". No entanto, por algum motivo pessoal, você passou a crer mais em doenças do que na saúde, mais na pobreza do que na abundância, mais na solidão do que no afeto.

Eu acrescentaria que é possível que você diga que deseja mais talento e, no entanto, por motivos *pessoais*, passou a crer mais em sua falta de talento do que no talento que tem. Quando você passa a ter *certeza* em vez de *dúvida* acerca do seu talento, descobre a capacidade física necessária para realizar o que pretende.

3. SUA INTELIGÊNCIA. Quão inteligente você gostaria de ser? Que tal ter o rótulo de *gênio* afixado ao seu nome? Gostaria de aumentar o seu Q.I. e possuir o dom intelectual de exceder em raciocínio todos os que o rodeiam? Seria necessário um milagre para que você fosse intelectualmente mais capaz do que é hoje? É nesta área de um Q.I. imaginário que muitas pessoas vivem uma vida de ilusão. Renegue a crença de que certo número mágico, afixado à sua capacidade mental, limita os seus poderes e o seu desempenho como ser humano. O melhor pronunciamento acerca do que é o Q. I. está na frase: a inteligência é o que os testes de inteligência medem.

Você não é um simples número. É uma alma infinita e isenta de números. Os poderes de nosso ser interior são ilimitados porque o ser interior não tem limites. Os que elaboram e usam testes de inteligência gostariam que acreditássemos que o oposto é verdadeiro, disseminando em nossa cultura esse tipo de informação falsa: "Ninguém pode mudar seu Q.I.; o Q.I. é uma qualidade fixa que determina o que podemos e não podemos fazer na vida." Reflita um pouco sobre isso.

Esses testes, que supostamente medem uma coisa abstrata chamada inteligência, foram projetados por pessoas desejosas de vender seus instrumentos, de separar pessoas em categorias, de impedir que certos indivíduos freqüentem certas escolas, de abrir uma clínica para fornecer esses números aos pais. São instrumentos do mundo físico que tentam impedir que as pessoas realizem sua finalidade na vida. São processos tolos, absurdos, que dão às pessoas algum tipo de número externo a que se apegar, um meio qualquer de explicar o seu nível de sucesso ou de insucesso no mundo material.

Darei dois exemplos extraídos de minha vida. Certa vez, fui convidado a fazer um exame destinado a medir meu grau de inteligência em leitura. Os autores do teste haviam utilizado vários parágrafos de meu livro *Seus pontos fracos*. Pediram-me que lesse um parágrafo e, em seguida, respondesse cinco perguntas com base em minha interpretação do texto. Li o parágrafo que eu mesmo havia escrito e passei a responder às cinco perguntas. Atribuíram-me uma contagem de 80 por cento nas cinco perguntas. A única que eu não havia respondido corretamente era a de número 5, referente à "intenção do autor". Meu Q.I. foi rebaixado porque eu não conseguira identificar corretamente a intenção do autor, quando eu era o autor!

Em outra ocasião, quando ainda estudava na universidade, prestei exame no curso de poesia norte-americana. O professor considerou incorreta a minha interpretação do poema em questão e, em conseqüência, baixou consideravelmente minha nota. Acontece que o poeta estava vivo à época, e ensinava numa universidade do Centro-Oeste. Decidi escrever-lhe, anexando a minha interpretação do poema, que eu considerava perspicaz e "correta". Recebi bela carta em resposta, na qual dizia que o meu conceito de sua obra coincidia com o seu próprio conceito. Sugeriu, também, que eu tinha mente de poeta e devia escrever poesia. Levei minha interpretação do poema, juntamente com a carta do poeta, para uma consulta marcada com meu professor de inglês, certo de que meu "Q.I. poético" seria corrigido. O professor recusou-se a aumentar minha nota, alegando que, "às vezes, os poetas não sabem como interpretar os seus próprios poemas. A nota fica como está".

Pense em exemplos como este quando avaliar o seu Q.I. Saiba que não existem acidentes neste universo perfeito. Saiba que o seu propósito está além de tudo o que possa ser avaliado por meios científicos. Esteja certo de que a capacidade de uma pessoa determinar o sistema de rimas de um soneto elizabetano e a capacidade de outra em compreender as fórmulas do cálculo integral são simplesmente o que são. Não há necessidade de comparações ou de escalas de pontuação.

O seu Q.I. é uma ilusão. Você pode mudar drasticamente esses números mudando o que está nos testes. A pessoa que é capaz de regular um motor de automóvel é, por acaso, menos inteligente que outra capaz de resolver uma equação de segundo grau? O professor de universidade, vestindo terno e gravata, que explica questões ambientais do ponto de vista intelectual, é mais inteligente que o jovem ecologista que decide aprender em primeira mão aquilo que a floresta lhe pode ensinar? Quem decidiu as regras desse jogo de Q.I.? Por que haveríamos de rotular a todos em nossa cultura com mais um número, número que é mal interpretado pela pessoa que o recebe e também pelos que o determinam?

Você não precisa ser mais capaz do que é para cumprir a sua finalidade. Sua inteligência é infinita. Você precisa saber que é um absurdo o ato de se atribuir um número de Q.I. às pessoas. A inteligência tem a ver com a mente e a mente não tem limites. Os números de Q.I., porém, só têm a ver com limites. Não se pode quantificar algo que não tem dimensões. Se você quiser experimentar o milagre de ter a inteligência de um gênio, então mude essas vozes interiores que o convenceram de que é limitado por seu intelecto.

Há quase 20 anos, em *Seus pontos fracos*, redefini a inteligência. Sustento até hoje o que disse na época: "Um barômetro mais exato da inteligência é uma vida eficaz e feliz, vivida a cada dia e a cada momento do dia." Você é um gênio! Quando sabe que tem a capacidade intelectual de criar a sua própria felicidade e quando sabe a quem ou o que consultar, então você é seu próprio gênio.

É claro que pode aumentar a sua capacidade de realizar qualquer tarefa intelectual. Pode melhorar seus conhecimentos matemáticos e capacidade de leitura. Pode aprender qualquer coisa que decida aprender. O que você aprendeu ou não aprendeu até agora é função das opções que vem fazendo, não alguma capacidade inata determinada por um número que lhe foi atribuído pelos que inventaram um joguinho de números para fins lucrativos. Saiba isso acerca do seu nível de inteligência e mantenha-o presente em sua mente infinita, ilimitada e destituída de números. Você é, antes de mais nada, um ser espiritual. E não se pode atribuir um número a tal ser.

4. SEUS HÁBITOS E COSTUMES. Você gostaria de mudar certas coisas que faz repetidamente, mas que não lhe convêm? Gostaria de livrar-se de hábitos contraproducentes? Livrar-se de hábitos que lhe desagradam, dos quais sente-se vítima? Use seus poderes mágicos de autopersuasão para questionar o que faz. Sua personalidade se compõe das mil e uma maneiras habituais pelas quais você conduz as questões físicas do seu dia-a-dia.

Se você leva uma vida de televisão e inatividade que o desgosta, mas que julga não poder abandonar, pode criar o milagre que procura. Pode transformar a sua rotina diária e envolver-se inteiramente com a vida, independentemente do seu nível de renda ou de suas circunstâncias. Lembre-se: as circunstâncias não fazem o homem, revelam-no.

Ser infeliz é um hábito. Sentir-se deprimido é um hábito. Ser preguiçoso é um hábito. Ser limitado é um hábito. Estes e muitos outros traços da personalidade resultam da maneira pela qual usamos a nossa mente. Existem muitas e muitas pessoas, inclusive eu, que passaram grande parte da vida com muito pouco em termos de posses materiais, mas que não tinham o hábito de se sentirem deprimidas por causa disso. Muitas pessoas, nas mesmas circunstâncias, preferiram o hábito da felicidade, e não do desespero, pois a felicidade e o desespero são processos internos, não externos. E o que se decidem a favor de hábitos que contribuem para melhorá-los são quase sempre os que transcendem as circunstâncias de carência e criam mais abundância na vida.

Quaisquer que sejam os hábitos aos quais você obedece cegamente, pode mudá-los de imediato, desde que se torne um ser espiritualizado em primeiro lugar e, em segundo, um ser material. Você tem o poder de mudar essas coisas que não o ajudam, a que você chama de hábitos ou costumes perniciosos. Quando acreditar nisso, e estiver internamente convencido, verá que a sua entidade física toma novo rumo. Aprender maneiras incomuns de pensar é essencial para superar traços de personalidade que já não lhe servem. Você não precisa permanecer condicionado e hipnotizado em seu estado atual, se esse estado não serve ao seu propósito.

É possível que você tenha adotado o hábito de deixar que os outros o influenciem ou empurrem, ou de servi-los à custa da realização do seu próprio destino. São hábitos que você adotou ao ensinar às pessoas com as quais convive exatamente o que está disposto a suportar. Mas pode livrar-se de hábitos oriundos da manipulação de terceiros. Pode livrar-se de "traços congênitos" de sua personalidade que, na verdade, nada têm de congênitos. São comportamentos habituais que você adotou. O modo de criar um milagre para si mesmo, no qual você não seja a vítima de outros, das circunstâncias ou de si próprio, é mudar o seu mundo interior e criar, nesse mundo privado, espaço para um ser humano deliberado e espiritualmente realizado.

5. SUA VELHICE. Imagine o milagre supremo, a desaceleração ou a eliminação do seu processo de envelhecimento. Não existe milagre mais completo ou mais categórico! Podemos in-

fluir enormemente no estado de envelhecimento de nosso corpo. Eis o que diz o meu amigo, dr. Deepak Chopra, sobre o assunto em seu livro clássico, *Saúde perfeita*:

> O processo de envelhecimento é tão complicado que é difícil até mesmo definir de que se trata. Uma única célula típica do fígado exerce 500 funções diferentes, o que lhe dá 500 chances de errar. Todas essas possibilidades constituem os modos pelos quais ela pode envelhecer. Por outro lado, a noção de que o envelhecimento é complexo pode estar errada. A maré é um fenômeno único, provocado por uma força única, apesar dos milhares de ondas que a trazem à praia. O mesmo talvez se aplique ao envelhecimento humano, embora o vejamos como centenas de ondas: dores e sensações de mal-estar sem nenhuma relação umas com as outras, novas rugas em torno dos olhos e nos cantos da boca, e inúmeras outras pequenas inconveniências.

Procure adotar esse novo ponto de vista que o dr. Chopra apresenta brilhantemente no capítulo intitulado "Envelhecer é um Erro". Embora ninguém possa resistir ao processo do envelhecimento, a questão importante é: é preciso envelhecer? O dr. Chopra nos adverte de que o DNA, que controla todas as funções celulares, é praticamente invulnerável ao desgaste. Sobreviveu sem sequer um milímetro de envelhecimento durante seis milhões de anos, no mínimo. A essência de que o nosso corpo é feito é simplesmente imune ao tempo. No entanto, envelhecemos. Por quê?

Na Antiguidade, os sábios diziam que o processo de envelhecimento é um erro do intelecto. O envelhecimento vem de esquecermos como fazer com que as nossas células funcionem corretamente. Não é normal, é apenas uma maneira de ser que adquirimos. O erro do intelecto está em identificar-se exclusivamente com o corpo físico e em aprender que temos de passar pelo processo de envelhecimento. A mente começa a preparar-se para o envelhecimento assim que se torna capaz de intelectualizar. Você vê velhice à sua volta, lê a respeito e é só isso que sabe. Portanto, prepara o seu corpo para se autodestruir.

A forma de fugir a essa armadilha, a verdadeira magia ao seu alcance, localiza-se, como tudo mais, em seu ser invisível. Sua mente. Você pode recusar-se absolutamente a deixar que uma pessoa envelhecida ocupe o seu corpo. O seu corpo é a garagem onde você, temporariamente, estaciona a alma. Você pode mudar sua perspectiva interna e literalmente afetar cada uma das células do corpo. O seu ser invisível, que é a sua mente, não está localizado apenas no cérebro. É a sua consciência espiritual e está em cada célula do seu organismo. O mundo está dentro de você, por assim dizer, e se você for capaz de operar a sua mente em um sentido genuinamente mágico, pode afetar consideravelmente o processo de envelhecimento de células compostas de DNA indestrutível. Se, ao ler estas palavras, você tiver dúvida quanto a essa possibilidade em seu caso, naturalmente essa dúvida afetará cada uma das células do seu corpo, inclusive o próprio processo de renovação que está na memória do DNA.

É a sua mente, onde essa inteligência invisível produz sua magia, que você deve examinar suas atitudes em relação ao envelhecimento. Você pensa em velhice? Acredita que terá de caminhar arqueado e mais devagar, perder a memória e ter o aspecto de velho? Porque é nessas formulações invisíveis que você programa o funcionamento de suas células. Essa inteligência invisível não tem idade nem imperfeições. Você pode começar a repensar como reagir à noção de que as suas células se deterioram. E, se usar a mente de outra forma, para desenvolver novo conhecimento interior, talvez consiga afetar esse processo que aprendeu a conceber como inevitável. Dou a seguir mais uma citação de *Saúde perfeita*:

> Se você levar a sua mente a um nível de funcionamento que transcenda a velhice, o seu corpo será afetado pela mesma qualidade. Envelhecerá mais lentamente porque a sua mente manda que seja assim, no nível mais profundo. Visualizando-se isento de envelhecimento, você se torna, de fato, dele isento.

Em vez de rejeitar essa noção, deixe que ela penetre em sua mente e veja se ela consegue fazer algum sentido para você e para os cinqüenta trilhões de células que estão trabalhando em perfeita harmonia para manter a vida nesse corpo humano sem idade que é o seu.

6. SUA SAÚDE EMOCIONAL. Nossa vida emocional tem possibilidades infinitas. O problema da maioria de nós é que nos limitamos a apenas algumas opções no contexto emocional de nossa qualidade humana. Quando sentimos medo, por exemplo, nossa mente é capaz de produzir moléculas que o corpo registra como adrenalina. Exato, um impulso mental produz em nosso corpo algo que pertence ao mundo físico. Tem substância, é mensurável e se origina na mente. É esse o milagre da mente em ação. Nossos pensamentos produzem manifestações físicas que aprendemos a chamar de emoções. As moléculas que compõem nossas emoções derivam diretamente do nosso mundo mental. Os compostos químicos que surgem em seu corpo são literalmente criados pela mente invisível. Trata-se do próprio milagre que venho descrevendo neste livro; acontece que ele é simplesmente mais óbvio no mundo emocional. Você e sua mente invisível podem criar o mundo físico que você deseja criar. Sua mente é capaz de

afetar coisas no mundo físico. Você pode criar milagres para si mesmo por meio do uso mágico de sua mente.

As emoções são manifestações físicas de nossos pensamentos. A alegria que experimentamos está localizada em nosso corpo físico; os compostos presentes quando sentimos alegria podem ser identificados e quantificados. O mesmo se aplica ao medo, à tensão, à cólera, à raiva, ao ciúme, à depressão, a fobias etc., todos os quais acarretam mudanças químicas em nosso corpo. Fabricamos esses compostos no laboratório farmacêutico que começa em nossa mente. A mente é literalmente capaz de fabricar milhares de "drogas" que aparecem em nosso corpo. Se você quer um antidepressivo ou um tranqüilizante, não precisa ir à farmácia. Sua mente pode criar exatamente aquilo de que o seu corpo necessita.

Constantemente criamos moléculas que têm muitos nomes e que passamos a chamar de emoções. Quando você começa a curar o seu ser interior e a consultar constantemente a voz que vem de dentro de si mesmo, começa a alterar o seu sistema imunológico. O dr. Dean Ornish publicou um best seller com o título de *Salvando seu coração*, que ensina a *reverter* doenças cardíacas, e não apenas deter os sintomas. O dr. Ornish, que já apareceu na mídia ao meu lado em várias ocasiões, deixou-me imensamente impressionado com o seu trabalho pioneiro. Tive o prazer de verificar que a principal ênfase do autor é colocada em nosso interior; ele procura ensinar o leitor a manipular sua própria fisiologia de modo a eliminar os sinais nocivos que a mente envia ao sistema imunológico. O seu método de reverter a possibilidade de doenças cardíacas baseia-se em treinar o paciente para superar o modo pelo qual a nossa mente cria doenças.

As reações emocionais de ira, estresse, tensão, medo e outras semelhantes originam-se na mente. Causam desequilíbrios químicos, gerando toxinas que provocam a deterioração do organismo. O meio de corrigir esses desequilíbrios não é atacar as toxinas, enviando todo um novo exército de drogas fabricadas em laboratório, e sim trabalhar na máquina farmacêutica original que cria os desequilíbrios químicos. É essa a maneira de curar-nos de praticamente todas as doenças e de compreender o nosso próprio estado emocional.

Somos nós que criamos as nossas emoções, que têm origem em nossos pensamentos. Essas reações emocionais são, na verdade, de natureza física. As emoções que você escolhe com os seus pensamentos montam residência em seu corpo. É muito importante compreender isso. Uma vez que saiba, sem sombra de dúvida, que é você que escolhe os seus medos, seus níveis de ansiedade, fobias, êxtases etc., poderá criar o milagre que deseja nesse mundo de emoções. Você pode não saber exatamente *como* cria as moléculas tóxicas que surgem em seu mundo emocional. Mas o simples fato de reconhecer que *você* as cria aciona as mudanças fisiológicas que você deseja.

Um antigo ditado indiano exprime bem essas idéias: "Se você quiser saber que tipo de pensamentos teve ontem, olhe o seu corpo hoje. Se quiser saber como o seu corpo será amanhã, examine os seus pensamentos de hoje." As emoções aparecem em nosso corpo sob a forma de manifestações dos nossos pensamentos. Lembre-se disso à medida que tomamos o rumo da verdadeira magia.

São estas as seis variáveis da personalidade que você controla em sua mente invisível. As atitudes que você adota em relação à sua personalidade, seus talentos, Q.I., hábitos, processo de envelhecimento e emoções constituem a bagagem que você leva dentro de si onde quer que vá. Suas crenças acerca dessas coisas são unicamente suas. Você escolheu todas as suas atitudes interiores em relação a cada uma dessas categorias.

O maior obstáculo que encontramos, quando pretendemos transformar nossa personalidade na obra de arte que desejamos, é vencer os nossos medos e dúvidas. Convivemos o tempo todo com eles, e são esses companheiros que nos impedem de assumir responsabilidade pela criação de uma vida mágica para nós mesmos.

Antes de passarmos às estratégias que podemos empregar para realizar transformações mágicas em nós mesmos, acho importante examinarmos o maior medo de todos, o pavor que parece estar presente em todos nós.

A relação de cada um com sua própria morte

Um pensamento que levamos conosco durante toda a vida, a partir dos primeiros anos da infância, tem a ver com a nossa própria morte. A questão que nos deixa a todos perplexos é: "Para onde irei quando morrer?" A maioria de nós tem com a morte uma relação não-resolvida. Você conheceu pessoas que hoje estão mortas. Conhece outras que cortejam a morte. Sabe que morrerá algum dia. Mas a morte continua a ser um eterno mistério. Para criar uma vida de verdadeira magia, você precisa libertar-se do medo e da ansiedade que há em torno do mistério da destruição do seu corpo.

O medo da morte pode ser um grande inibidor em sua vida. Pode impedir que você viva plenamente; pode tornar ansiosa e doentia a sua permanência neste mundo sob a forma humana. O meio de livrar-se desse dilema é encarar diretamente o medo da morte. Como tudo o mais que descrevi neste livro, encarar esse medo significa examiná-lo a partir do seu ser interior.

O medo é um pensamento. É invisível. Se você vive ansioso em relação à sua morte, a maneira de processar tudo o que viu e ouviu dizer a respeito da morte é concebê-la como algo permanente. Nesse processo mental, a morte é simplesmente o fim. O grande vazio. Você é um acidente cósmico e a morte é uma gigantesca doença fatal. Nada existe antes, nada existe depois. Realmente, *é* uma noção aterradora! Mas algo dentro de você, naquele espaço invisível, lhe diz que a coisa não pode ser assim. Você sabe que há uma parte de você que é imune à morte, uma vez que a morte tem a ver com desfechos; sua alma invisível e sem dimensões não está sujeita à limitação de ter começo e fim. Você sabe que a sua própria vida é invisível, que ela está simplesmente localizada em seu corpo físico. É com essa consciência que você deve familiarizar-se a fim de transcender o seu medo da morte.

Há uma imortalidade essencial que é a herança de todo ser humano. Para compreender isso, a primeira coisa a fazer é refutar a maneira como você se identifica totalmente com o seu corpo. Todo mestre espiritual e santo (e outros que não foram tão santos durante grande parte da vida) transmitiram essa mensagem. O Bhagavad Gita refere-se à morte com estas palavras:

> Tal como o homem abandona as roupas gastas e adquire novas, também o corpo é abandonado quando gasto, e um novo corpo é adquirido pela alma que habita dentro de nós.

O tradutor Eknath Easwaran, que dedicou toda a sua vida ao estudo do Bhagavad Gita, comenta:

> Para um ser iluminado (...) a morte não é mais traumática que a troca de um velho casaco. A vida não pode oferecer realização maior. O objetivo supremo da existência humana foi atingido. O homem ou a mulher que se apercebe de Deus tem tudo e nada lhe falta; quem tem isso, nada mais deseja; não pode ser abalado pela dor, por maior que seja. A vida não

pode ameaçar uma pessoa assim; tudo o que tem a oferecer é a oportunidade de amar, servir e dar.

Pense acerca do que Easwaran diz no trecho citado e o que relata o Bhagavad Gita. O objetivo supremo da existência humana é atingido quando aceitamos a nossa imortalidade e encaramos a morte não como fim ou punição, mas como despertar, recompensa, retorno ao infinito que rodeia o parêntese que abrimos na eternidade.

Na tradição cristã, Jesus disse da imortalidade: "...Isto significa vida eterna, que absorvam conhecimento de ti, o único Deus verdadeiro...". Todas as tradições falam de virmos a conhecer a imortalidade tornando-nos seres espiritualizados, dotados de um senso de propósito. Em todas as épocas da história humana, todas as tradições manifestaram a crença na imortalidade. Todas acreditaram que existe um mundo invisível na personalidade humana, e que o propósito da vida em nosso corpo físico é descobrirmos Deus ou como quer que se prefira definir a inteligência invisível que anima toda espécie de vida. Mas o fato de ouvir-me falar disso ou ler o que dizem os mestres espirituais das várias tradições religiosas não eliminará as suas ansiedades. Esse conhecimento tem de ser adquirido internamente e você também pode adquiri-lo.

Embora eu tenha citado palavras de algumas tradições espirituais e omitido centenas de outras por falta de espaço, é possível que você esteja interessado nas palavras de alguém que não teve qualquer instrução religiosa e que, na verdade, sempre procurou na vida coisas materiais. Fez parte do submundo como garoto de rua, viciado confesso em cocaína durante muitos anos e, de modo geral, uma pessoa que dava pouca importância a tudo o que fosse espiritual. O nome dele é Gary Busey, ator norte-americano que ficou mais conhecido por ter feito o papel de Buddy Holly no filme acerca desse cantor de rock que morreu aos 22 anos.

Em 1988, Gary Busey quase morreu em um grave acidente de motocicleta, no qual sofreu vários ferimentos no crânio. E disse o seguinte, em um artigo de Luane Lee, publicado no *Long Beach Press* de 28 de fevereiro de 1991:

> A grande tragédia não é a morte e, sim, o que morre dentro de nós durante a vida. A segunda parte de minha vida começou no dia 4 de dezembro de 1988. Estive no outro lado da existência e me vi numa sala cheia de luzes. Estava reduzido à medula que há dentro de minha coluna vertebral, onde mora a alma. Três feixes de luz me iluminaram o rosto e disseram-me que eu estava em um belo lugar cheio de amor. E eu *era* o amor. Podia seguir aquela energia e deixar o corpo. Ou podia retornar a esse corpo e retomar o meu destino. A escolha era minha.

Não são palavras de um guru da Nova Era, mas de um texano musculoso que sempre viveu entre a vida e a morte até deparar-se com aquele outro lado. Hoje os jornalistas o descrevem como um homem tranqüilo, ponderado, que não procura impressionar ou convencer ninguém. Aos que não acreditam em sua transformação, ele diz:

> Não se trata de acreditar. A verdade vai além da crença. Aconteceu. É só isso o que tenho a dizer. Eu estive lá e vi. Não importa que alguém acredite ou não, porque é a verdade.

E esse antigo viciado, que antes só falava palavrões, conclui a entrevista com estas palavras: "A palavra mais importante que há no mundo é amor."

Já ouvi milhares de histórias como a de Gary Busey. Minha cunhada, Marilyn Dyer, falou-me de sua visita ao outro lado da vida, depois de bater de frente com o carro há cerca de vinte anos. De lá para cá, perdeu o medo da morte. Sabe o que viu, e diz que sentiu alegria e contentamento. Alguns acreditam nela, outros duvidam. O que vai fazer? A dra. Elisabeth Kübler-Ross e o dr. Raymond Moody escreveram vários volumes sobre o que chamamos de experiências da proximidade da morte. Existe acordo quase universal entre os que estiveram entre a vida e a morte. Todos falam de luzes e da ausência de sofrimento. De boas-vindas eternas. Você pode ler e acreditar. Ou preferir o ceticismo. A escolha é sempre sua.

O principal motivo pelo qual a idéia da morte lhe traz ansiedade é que, durante toda a vida, você se habituou a julgar que o seu corpo é *você*. Quando aprender que você é realmente uma mente consciente que habita um corpo, começará a perceber a tolice dessa completa identificação com o seu corpo. Com o tempo, adquire uma atitude de interesse solícito pelo seu corpo, mas um senso de identidade à parte.

Se você faz a pergunta "para onde vou quando morrer?" e está se referindo à sua alma, a resposta é que você não morre. Morte é um conceito que se refere ao fim. Para que haja fins é preciso que haja limites. É óbvio que o seu ser sem dimensões não tem limites. Sua imortalidade é algo que você vem a conhecer perfeitamente quando se torna um ser espiritual que está tendo uma experiência humana. Se você identifica todo o seu ser com o seu corpo, então a pergunta passa a ser: "Para onde vai o meu corpo quando morre?" Nesse caso, você está se referindo a duas entidades. O possessivo "meu" implica dono ou possuidor e "corpo" implica aquilo que se possui.

O corpo que habitamos começa a "morrer" no dia em que chegamos a este mundo. Perdemos parte dele a cada dia e, ao mesmo tempo, o renovamos. Nenhuma das células físicas de que dispúnhamos há alguns anos estão presentes em nós hoje. Trata-se de um processo de renovação e restauração. Aquela parte de nosso corpo que morre tem de ser renovada com tecidos vivos. Vários quilos de nosso corpo morrem a cada dia e são eliminados, voltando a integrar-se ao solo por meio de vários processos fisiológicos. Em seguida, pedimos ao solo que nos forneça o material de renovação necessário para que permaneçamos vivos. Se você, após 50 anos de vida, não morresse fisicamente a cada dia, pesaria hoje vários milhares de toneladas. É o processo de morrer no mundo físico que nos permite viver.

Os minerais que constituem o nosso corpo são utilizados como parte desse perfeito sistema de reciclagem que é o universo físico. Nós não somos esses minerais. Os poucos minerais que restarem terminarão sendo usados no mesmo processo. Mas a nossa alma não contém minerais; não tem forma, e isso significa que é imune à morte.

Toda noite, quando nos deitamos para dormir, nosso corpo repousa. É um momento de renovação. Construímos um corpo novo durante esse período de repouso. Fazemos isso por estarmos cansados, em virtude do que fizemos durante o dia. No fim, o nosso corpo atual se desgasta (a não ser que tenhamos corrigido o erro do envelhecimento) e passa a um estado de repouso. Mas, e nossa alma? Eis o grande mistério! Gosto da seguinte passagem de *God Will Work with You, Not for You*, de Lao Russell:

> Em toda a natureza, vemos o renascer das rosas, das árvores e da relva. No ano passado, colhemos uma maçã nesse galho; este ano, vemos outra maçã no mesmo lugar em que estava a primeira, e veremos outra no próximo ano, e assim por diante. Quando abrimos uma delas, vemos as mesmas maçãs que iremos comer no futuro, sob a forma de sementes de outras

> maçãs que ainda não nasceram e que serão iguais às outras maçãs que nasceram no passado. É esse o eterno processo pelo qual a natureza repete a vida eterna. A natureza divide a vida eterna em eternas repetições de vida. Damos a essas repetições os nomes de vida e morte, mas ambas são apenas expressões opostas de vida. Não é maravilhoso saber disso? Não é maravilhoso saber que, a cada dia que vivemos no mundo visível dos corpos, todos os nossos pensamentos e atos são também simultaneamente repetidos e registrados no mundo invisível da mente?

À medida que você avança na direção espiritual e invisível que venho descrevendo neste livro, vai gradualmente perdendo a sua noção de realidade corporal. Desperta para uma nova realidade, que tem grande reverência pelo corpo físico em que você reside. Essa realidade lhe diz que você é capaz de criar moléculas de realidade física com a sua mente consciente, que a sua mente renova constantemente o seu corpo físico e cria o seu mundo físico.

Finalmente, você chega ao mundo da verdadeira magia, no qual pode criar eventos milagrosos no universo material com a sua mente invisível. Outros dirão que se trata de milagres, mas você saberá que é apenas a sua mente invisível a fazer o trabalho que sempre fez, criando aquilo que você experimenta no mundo físico, com a diferença de que, agora, tratam-se de experiências de bem-estar e de propósito.

À medida que continua a despertar, você deixa de preocupar-se com o que acontece ao seu corpo, substituindo essa preocupação pelo conhecimento. Seu objetivo será o de manter certo equilíbrio entre corpo e mente e as leis universais de Deus, sabendo agora o milagre que você é e abandonando qualquer noção absurda de morte. Descobrirá que os que morreram não se foram; estão apenas se renovando, tal como você vem fazendo.

Adicione a verdadeira magia em sua personalidade

Sua personalidade, com todos os componentes que descrevi neste capítulo, é criada por você mesmo. Você pode criar um milagre em si mesmo, tornando a sua personalidade tudo aquilo que é capaz de imaginar para si mesmo em sua mente onisciente e onipotente. Seguem-se alguns dos passos que você pode tomar para manifestar o seu novo modo de ser, a partir de hoje.

- *Elimine toda dúvida quanto ao tipo de pessoa que você pode vir a ser.* Você vive num mundo mental. Tudo o que você sabe acerca de si mesmo como ser físico tem o seu equivalente mental, ou seja, uma crença em sua mente. Se percebe deficiências em sua personalidade, isso significa que você tem o equivalente mental da deficiência em seu sistema de crenças. Isso se chama dúvida.

Lembre-se constantemente de que tudo o que você é hoje resulta de todos os pensamentos que teve. O seu intelecto, o seu nível de confiança, seus talentos, medos e hábitos são manifestações no mundo físico de um equivalente mental. O meio de mudar esses equivalentes mentais é refletir — tranqüila, constante e persistentemente — sobre o tipo de pessoa que você realmente deseja ser. Esses pensamentos são as sementes que plantará no mundo físico. Chegará o momento em que criará moléculas em seu mundo físico correspondentes às imagens mentais que formou. Da mesma forma que você cria moléculas de úlcera com os seus pensamentos, pode criar o que deseja quando elimina suas dúvidas e as substitui por crenças.

- *Pare de usar frases em seu mundo material que reflitam aquilo que você não deseja ser.* Quando uma pessoa se acusa de ser limitada, desajeitada, estúpida, medrosa e fraca, está bloqueando as possibilidades de criar os milagres que procura. Se o milagre, em seu caso, é ser algo diferente do que jamais foi, você deve deixar de ouvir essas antigas gravações.

Inicie um processo de reafirmação que reflita consciência de confiança e força, falando acerca de sua capacidade ilimitada de aprender qualquer nova aptidão intelectual e identificando os medos que superou. Saliente aquilo de que você é capaz, tanto em conversas com outras pessoas quanto consigo. Lembre-se: tudo o que você pensa e transmite se expande sob a forma de ação. Quando você fala de suas fraquezas e as defende, está também pensando nelas. Tenha em mente que o que você diz aos outros, mesmo de modo aparentemente insignificante, reflete determinado equivalente mental. Se você quer maior confiança em sua vida, deve falar de sua confiança e mencionar exemplos dessa confiança. Se deseja que os seus medos aumentem, fale aos outros a respeito desses medos, com todos os detalhes desagradáveis que ajudarão a convencê-lo de suas fraquezas. Pode parecer que eu esteja simplificando demais, mas essa é a maneira de criar uma transformação mágica em sua personalidade. Mantenha uma zona de autoconfiança em sua mente e deixe que esses novos pensamentos miraculosos desenvolvam os seus equivalentes mentais no seu dia-a-dia.

- *Mantenha-se concentrado naquilo que você aprova, e não naquilo que desaprova.* Por exemplo, não pense em não ter novos ressentimentos, porque nesse caso estará ainda pensando em ressentimentos e, conseqüentemente, será dessa forma que se conduzirá em seu mundo material. Em vez disso, pense naquilo que você pretende desenvolver. Pense em saúde, harmonia, amor e conforto corporal e passará a agir com base nessas coisas. Se você acha que lhe falta talento ou poderes intelectuais, não diga: "Não pensarei que sou ignorante ou sem talento", porque estará pensando a respeito de ignorância e reforçando o equivalente mental de limitação. Em vez disso, use a sua mente para criar imagens como "tenho tudo aquilo de que preciso para realizar os meus sonhos. Sou ilimitado, sou parte da perfeição deste mundo físico. Não sou um erro, sou uma necessidade divina". Essas imagens mudarão dramaticamente os seus equivalentes de comportamento no mundo físico. Você passará a agir com base em uma nova imagem de si mesmo, de suas possibilidades, e ver-se-á fazendo milagres dos quais antes não se julgava capaz.

- *Lembre-se diariamente de que você tem um propósito.* Quando vive em harmonia com o seu propósito, contente em dar de si mesmo, sua personalidade reflete esse contentamento. Passará a manifestar o talento e o intelecto de que precisa para cumprir o seu propósito. Não precisará de esforço nem de um mapa detalhado de metas e objetivos. Sua capacidade de manifestar mudanças em sua personalidade já está intacta. Não irá buscar inteligência, talento, aptidão e confiança em algum lugar externo; esses componentes já residem dentro de você. O que deseja é passar a um estado que esteja em harmonia com o seu propósito, estado em que você se sente inspirado e significativo. Quando esse for o seu estado mental, surgirão todas as características de personalidade de que você necessita.

Lembre-se de que nem a sua família nem a sua cultura lhe deram a personalidade que você tem hoje. Você a criou! Manifestou precisamente a personalidade de que precisava para realizar o trabalho de sua vida. E agora pode reenergizar-se ao longo da jornada. Não precisa continuar a reviver e reutilizar aquelas antigas variáveis, se elas já não são funcionais. Mantenha o seu senso de finalidade e não agirá com base em deficiências de pensamento.

- *Confie totalmente em sua intuição, um dia de cada vez.* Suas vozes interiores o advertirão insistentemente de que você possui os ingredientes de que precisa para trazer contentamento à sua vida. Suas conversas silenciosas e invisíveis parecerão um debate:

> "Eu sei dançar se quiser."
> "Nada disso, você sempre foi desajeitado."
>
> "Sou brilhante."
> "Nada disso, foi reprovado em geometria no ginásio."
>
> "Sou valente."
> "Nada disso, tem medo de sua própria sombra."

O "eu" é a sua intuição, o "você" é a sua experiência física, lembrando-o do absurdo de suas alegações no plano mágico. Você deve aprender não só a confiar em suas vozes intuitivas, mas em segui-las sempre. Elas são a orientação divina que lhe fala nesses diálogos silenciosos! Quando você souber que tem essa orientação e se recusar a agir de modo diferente, verá a ocorrência de mudanças milagrosas dentro de si mesmo.

Certo dia, enquanto fazia o meu exercício diário de corrida, avistei um casal em apuros. Os dois tinham acidentalmente trancado a porta do carro que haviam alugado e deixado a chave na ignição, com o motor funcionando. Procuravam a todo custo arrombar a porta do carro a fim de irem para o aeroporto, que ficava a uns 30 quilômetros de distância. Várias pessoas tentavam ajudá-los, inclusive dois empregados de um carro-forte. Enquanto eu os observava, minha intuição disse: "Você provavelmente pode ajudá-los." Mas continuei a correr, ignorando aquela voz interior.

Ao voltar de minha corrida, 40 minutos depois, o casal, juntamente com uma pequena multidão, ainda procurava em vão abrir a porta do carro. Ao passar por eles, aquela voz interior tornou a falar, desta vez mais forte: "Volte, tenho certeza de que você pode ajudá-los a resolver o problema." Corri mais uns cem metros, mas não pude ignorar o apelo que ouvia dentro de mim. Voltei até onde estava o carro e disse à mulher, quase em pânico, que sabia como abrir a porta, uma vez que isso já me acontecera várias vezes. Eu não tinha a menor idéia do que fazer, mas *sabia* que estava ali para ajudá-los e que podia ajudá-los.

Eles estavam tentando usar um cabide de arame, entortado em forma de gancho, para prender o pino da porta. Mas este era liso e afinado para cima, projetado exatamente para frustrar tentativas dessa natureza. Eu disse à mulher: "O motor está ligado, de modo que o sistema hidráulico está funcionando. Portanto, basta usar uma vareta comprida para apertar no painel o botão que aciona o vidro da janela." Virei-me e avistei no chão exatamente a vareta de que precisava. Usando a chave de minha casa, forcei um pouco para baixo o vidro da janela e ela conseguiu enfiar a vareta e tocar o botão certo. O vidro desceu, como que por magia, e o casal partiu para o aeroporto.

Saí dali pasmado com o poder de minha voz intuitiva, e decidido a jamais ignorá-la novamente. Era uma voz forte e clara: "Seu propósito é ajudar, você é orientado quanto ao que fazer, vá lá e use a sua intenção para ajudar a manifestar um milagre para esses dois. É para isso que você está aqui." Não tenho a menor idéia de quem eram aqueles turistas de Maui, mas sei que tenho algum tipo de ligação espiritual com eles. Minha voz interior, minha orientação divina e intuitiva, permite-me demonstrar aptidões que, às vezes, nem eu mesmo sei que possuo. Quando me aproximei do carro e me apresentei como especialista em abrir automóveis, minhas palavras me surpreenderam tanto quanto a eles. Mas de certa forma eu sabia que podia ajudar e, por incrível que pareça, tudo o que eu precisava estava ali mesmo. Não precisava de um curso de serralheiro; eu já possuía o talento e as aptidões necessárias para cumprir o meu propósito.

• *Saiba que há um segredo enterrado no fundo do seu ser invisível.* Esse segredo lhe diz: "Você não precisa de mais nada, já tem tudo o que lhe é necessário. Tem uma personalidade divina, permita que ela venha à tona, pare de emitir opiniões a respeito. Tem muitos talentos, cumpra o seu propósito e os seus talentos estarão à sua disposição. Você é brilhante, todas as qualidades intelectuais de que precisa para cumprir o seu propósito virão à tona." Abandone a idéia de que é um erro ou que não recebeu o quinhão que merecia.

Você é hoje tudo o que devia ser. O seu conjunto externo-interno está em perfeito equilíbrio com tudo o que há no universo. É possível que se tenha convencido do contrário e, nesse caso, faça desta a sua nova realidade. Sua perfeição não muda, mas sua falta de confiança em si próprio muda, e o que você acredita acerca de si mesmo é sumariamente importante nesse contexto. O segredo que há no centro de sua alma é que você já é tudo isso — nenhum acidente, nenhuma imperfeição, simplesmente uma obra-prima divina que você deixou que se deteriorasse em seu mundo interior. Ceda a esse segredo e terá tudo aquilo de que precisa para viver uma vida em harmonia com a sua finalidade. Se lutar contra isso, terá uma vida de angústia.

• *Faça um inventário da conduta e das características que tinha quando criança e que já não se aplicam à sua vida adulta.* Você chupava o dedo. Depois aprendeu a não fazer isso. Brigava com os irmãos quando frustrado. Depois aprendeu a não fazer isso. Deixava a comida escorrer pelo queixo e enfiava os dedos no bolo de chocolate. Depois aprendeu a não fazer isso. Cambaleava e caía quando procurava andar. Depois aprendeu. Não sabia lidar com frações e números decimais. Depois aprendeu. A lista é enorme, daria para encher vários volumes. Mantenha estas palavras, "depois aprendeu", bem vivas em sua consciência.

Na vida você pára de mudar. Está constantemente aprendendo o que não deve fazer, e quais novos talentos, conhecimentos e variáveis da personalidade deve usar. Os que tinha antes já não produzem resultados. Certamente sabe agora que não deve bater em sua irmã quando ela toma seus brinquedos. Não defende esse comportamento com frases como "eu sempre fui assim, sou agressivo por natureza". Aprendeu a não fazer isso. Use essa percepção para desenvolver outros aspectos de sua personalidade. A palavra-chave é *saber*. Você já não tem dúvidas: *sabe*. Substituiu o antigo comportamento pelo conhecimento. E irá continuar a fazer esse tipo de substituição pelo resto da vida quando está em um caminho espiritual.

Hoje, sei que não devo dizer a mim mesmo "não tenho talento para fazer algo", da mesma forma que sei que não devo dizer "sou inferior, nunca aprenderei a andar. Acho que terei de engatinhar pelo resto da vida". Hoje sei que não devo dizer "não sei como escrever um livro sobre a manifestação de milagres e de magia", da mesma forma que sei que não devo dizer "nunca vou aprender a somar, não entendo de números". Hoje sei que não devo dizer "tenho medo de desafios", da mesma forma que não devo dizer "tenho medo do bicho-papão quando as luzes se apagam".

Você sabe que é tolice continuar com essas antigas racionalizações. Aprendeu. Saiba que adquirirá as variáveis de personalidades necessárias para criar tudo aquilo de que precisa, deixando de apegar-se a essas descrições infantis de si mesmo.

- *Crie um inventário de intenções para si mesmo.* Não uma lista de desejos, mas um rol daquilo que você pretende criar para si mesmo. O tipo de pessoa que você quer ser, juntamente com os ingredientes necessários para criar essa pessoa, estão todos ao seu alcance. Você deve em primeiro lugar *saber* isso. Depois passe à fase da intenção. "Pretendo manifestar o necessário talento e intelecto para tornar-me o tipo de pessoa sintonizada com o propósito que estou destinado a ser." Esse tipo de compromisso interno com a sua própria excelência é a essência de todos os milagres.

Passará a ter melhor memória se pretender que isso aconteça. Em vez de concentrar-se no mundo de coisas que vem esquecendo, concentre a sua mente em tudo quanto irá lembrar. "Desta vez, consegui lembrar-me do nome daquela pessoa sem dificuldade alguma. Estou realmente melhorando minha memória." "Pela primeira vez, fiz esse exercício de ioga sem esforço. Estou manifestando novo talento." "Consegui impor-me diante daquele vendedor insistente. Estou ficando mais confiante." Use a sua mente para concentrar-se no que pretende, não naquilo que não pode manifestar. Assim, passará do desejo à ação, e estará usando suas intenções para realizar também milagrosas mudanças de personalidade.

- *Comece a agir em seu mundo físico como se já fosse aquela pessoa que gostaria de ser.* Mesmo que tenha se convencido de que sempre teve medo de multidões, ou que é sensível a doenças, ou que não possui as aptidões intelectuais para associar-se a certas pessoas, comece a agir como se já fosse a pessoa miraculosa que gostaria de ser. Exato: *finja* que é!

Sem dizer a ninguém que você é, na verdade, uma massa trêmula de gelatina por dentro, demonstre confiança em determinada situação na qual ninguém o conhece. Nesse momento de sua vida, não importa quais sejam as suas convicções mentais, você passa a ser aquela nova pessoa milagrosamente confiante.

Faça o papel que deseja fazer. Esse papel passará a ser o seu mundo físico, enquanto o *desejo* é a voz interior.

Não há ninguém neste mundo que seja melhor do que você aos olhos de Deus. Você tem o espírito de Deus fluindo em seu interior o tempo todo e descobrirá um simples segredo: é capaz de fazer qualquer coisa que deseje fazer. Qualquer coisa! O segredo é o desejo, que é um conceito invisível e sem dimensões que reside dentro de você. Se realmente deseja e é capaz de visualizar alguma coisa, é capaz de manifestá-la.

Em meu caso, cheguei a essa verdade agindo como se aquilo que desejava no fundo de mim mesmo já estivesse aqui no mundo material. Quando fiz os exames no curso de pós-graduação, sabia que as minhas notas não seriam das maiores. Mas, durante toda a fase de exames, conduzi-me como se já houvesse sido aprovado. Cada entrevista era para mim uma oportunidade de fazer exatamente isso. E, contrariando as possibilidades, fui aprovado. Eu já havia visualizado isso em minha mente, e sabia o que ia acontecer.

Depois de aprovado, soube que somente um pequeno percentual dos que passavam nos exames chegava a completar o curso e a escrever suas teses. Mas eu me via completando o curso, e em três anos. Sempre agi assim. Desde o início, quando o assunto vinha à baila, eu anunciava que iria doutorar-me antes de completar 30 anos, em três anos de estudo (além de trabalhar e cuidar de minha família). No dia 4 de maio de 1960, seis dias antes do meu 30º aniversário, passei no exame oral final. Sabia em minha mente que iria passar, e agia como se fosse uma realidade que já se manifestara há muito tempo no mundo físico. Use a técnica de primeiro visualizar e, em seguida, agir com base nessa imagem antes da realização do evento. Não falha nunca.

- *Aprenda a representar de antemão, em sua mente, a personalidade que deseja ter, antes de colocá-la em ação.* Por exemplo, se acha que não tem talento para cantar ou pintar, recolha-se ao seu interior e viva a sua vida, primeiro, em uma base espiritual, depois experimente-a em seu mundo material. Veja-se diante de um cavalete, criando uma obra-prima, como faz nos sonhos. Sem esforço, fluente e sem críticas. Pratique, periodicamente, ser esse consultor espiritual do seu mundo físico. Cante perfeitamente bem em sua imaginação, exulte em maravilhosa sensação de alegria de nada negar de si mesmo a cantar a sua melodia. Esqueça a todos no mundo físico e esqueça acerca de suas possíveis reações. Simplesmente permita-se fazer essa viagem interior.

É assim que você cria o milagre de um talento que jamais acreditou que viesse a ter. Primeiro, viva espiritualmente, ou seja, viva essa situação na mente, Q.I., hábitos, personalidade, saúde, coragem. Preste atenção à sua dimensão interna e saiba que tudo o que criou acerca de si mesmo como ser físico tem um equivalente mental dentro de você. É nessa dimensão que deve aceitar totalmente a sua própria grandeza. Sem opiniões, ilimitado, simplesmente deixando-se nadar em seu oceano de abundantes possibilidades interiores. Não precisa dizer a ninguém que faz esses ensaios interiores; eles devem ser a sua jornada particular, e o levarão à verdadeira magia se você dedicar-se a eles incondicionalmente.

- *Lembre-se de que, se você se considera carente em algum aspecto da personalidade, continuará a manifestar essa carência enquanto se concentrar nela.* Ninguém jamais se contenta com aquilo de que não precisa. Você continuará a ser perseguido pelo baixo conceito que faz de si mesmo. Sua capacidade intelectual permanecerá pequena enquanto você se convencer, a si próprio e aos outros, de que é uma pessoa limitada. Tudo o que vê como carência em sua personalidade continuará sendo uma carência ainda maior até que você *saiba* algo diferente acerca de si mesmo. Você pode escolher o que deseja saber acerca de si mesmo; e, se pode escolher, porque não preferir coisas positivas ao invés de negativas? Você chegou onde está em sua autoavaliação em virtude das opções que fez. Conserve esse simples conhecimento ao seu alcance, e ele o ajudará muito a criar milagres para si mesmo.

- *Não procure a opinião de ninguém acerca de sua personalidade.* Nada peça a ninguém em matéria de avaliação. Não confie em testes de Q.I. para determinar suas aptidões. Confie em sua própria percepção divina de capacidade ilimitada. Esqueça o que os outros dizem a respeito do seu talento ou de sua aptidão para o que quer que seja; consulte sempre o seu próprio observador pessoal, os guias invisíveis que fazem parte de sua percepção intuitiva. Outras pessoas podem fazer avaliações "realistas" de suas capacidades, mas você não está interessado nessas opiniões, quer sejam positivas ou negativas. Basta que você saiba quem é e cuide de seus próprios interesses. Se encontrar obstáculos, paciência. Abençoe esses obstáculos como lições oferecidas por Deus e prossiga em seu caminho. Use as palavras desanimadoras que ouve dos outros como lembretes de que está determinado a colocar a sua vida, em seus sonhos, em harmonia com a missão que lhe foi dada. Nada peça a ninguém. Seja educado quando eles emitem opiniões, agradeça-lhes a solicitude e, em seguida, recolha-se para dentro de si mesmo.

Pessoalmente, aprendi a evitar os obstáculos que surgem em meus negócios públicos. Tenho, à venda no mercado, milhões de exemplares de livros e fitas gravadas. Há quem goste deles e há quem não goste. Para mim, é suficiente escrever e falar a partir de minha posição, em harmonia com o meu propósito, sabendo que estou no caminho certo. Aprendi a ignorar as críticas e a permanecer em sintonia com esse propósito. Em meu trabalho, não procuro agradar a ninguém a não ser a mim mesmo. Faço o que sei ser correto para mim, visando a sempre melhorar a vida dos outros e a realizar o trabalho divino. Se o meu trabalho lhe ajuda e a outros, tanto melhor. Se não, gosto de produzi-lo. Não me concentro nos resultados do meu esforço. Não são os resultados que me motivam. O que me motiva é a consciência interior de ter uma missão e manter-me fiel a ela, independente dos resultados. Ironicamente, uma vez que consigo harmonizar a minha vida com meu propósito, os meus livros e minhas palestras fluem melhor do que nunca. Recomendo que você também experimente essa ironia em sua vida. Nada peça e receberá muito. Mas, se o seu objetivo é receber, você viverá em constante carência.

- *Crie o seu próprio programa de desenvolvimento pessoal, primeiro em sua mente, depois comece a pô-lo em prática em seu dia-a-dia.* Visualize-se fazendo exercícios, comendo mais legumes e frutas, bebendo mais água e menos refrigerantes e álcool, reduzindo a sua ingestão de venenos, freqüentando aulas de ioga, lendo livros de aperfeiçoamento da vida, escutando gravações sobre desenvolvimento espiritual e físico e meditando em silêncio. Imagine-se adotando esse novo tipo de conduta e visualize os resultados desejados. Veja-se mais esbelto, respirando melhor, com pressão arterial e nível de colesterol mais baixos, sentindo-se atraente e contente consigo mesmo, mais leve e restaurado em vez de envelhecido. Quando projetar regularmente essas imagens em sua mente, começará a implementá-las em seu regime diário. Começará a ter tempo para ser saudável e feliz. Verá que o seu corpo reage de modo milagroso aos seus equivalentes mentais.

- *Use a meditação regularmente para criar a harmonia e a paz interiores que lhe permitirão tornar-se a personalidade mais adequada ao propósito magnífico e divino que você assumiu neste planeta.* Ao meditar, procure sentir mentalmente a sua própria morte. Veja-se caminhando em direção à luz e desfazendo-se da roupa a que você se habituou a chamar de corpo. Veja em retrospecto, a partir desse ponto de vista, tudo aquilo a que você se apega, e sinta em sua meditação o absurdo desses apegos. Essa visão lhe dirá que você não pode ser dono de nada, que é tão absurdo ter apego aos bens materiais de sua vida quanto apegar-se, depois de acordado, às personagens e manifestações físicas que lhe surgiram em sonhos. Desperte em sua meditação e saiba que o seu ser eterno e sem forma é isento de apegos e preocupações. Morrer enquanto se está vivo é uma experiência esclarecedora que elimina os nossos medos e nos diz quem realmente somos. Descobrir a força invisível que há dentro de você permite-lhe tratar com reverência, mas sem apego, a este mundo físico no qual você surgiu. Isso o deixará livre para agir em harmonia com o seu propósito, em vez de buscar recompensas e resultados.

- *Use a meditação para desfazer-se dos rótulos que colocou em si próprio e libertar-se das grandes mentiras acerca de sua incapacidade em mudar certos aspectos de si mesmo.* Seja muito tranqüilo acerca de ser perfeito e ter tudo o que precisa para viver em harmonia com o seu propósito. Pela meditação, ative a consciência de que não precisa de mais nada para experimentar mudanças milagrosas em sua personalidade. Permita-se ter a sensação de que você é tudo, inclusive um milagre. Ao examinar as mensagens destes quatro capítulos sobre como manifestar a verdadeira magia em sua vida, pense nas seguintes palavras de Hermann Hesse e tente aplicá-las à sua realidade pessoal:

> Não existe outra realidade além daquela contida em nós mesmos. É por isso que tantas pessoas vivem uma vida tão

irreal. Julgam verdadeiras as imagens que estão em seu exterior e nunca permitem que o mundo interior se afirme.

Os seus milagres são um trabalho interior. Recolha-se ao seu interior para criar a magia que você busca em sua vida. Essa é, de fato, a sua única realidade.

CAPÍTULO 7

A verdadeira magia e a sua saúde física

Nossos corpos são nossos jardins, e nossas vontades os jardineiros.
William Shakespeare

O argumento central deste livro é o de que somos singularmente capazes de criar a verdadeira magia em nossa vida. A premissa básica é a de que passamos a ser aquilo em que pensamos ao longo do dia e que a soma desses pensamentos constitui a nossa vida.

Creio que lhe *ensinaram* que o seu corpo tem limitações físicas. Disseram-lhe o que ele pode fazer e em que grau de perfeição é capaz de fazê-lo, com que freqüência adoece ou se danifica, como é difícil mantê-lo em bom estado de saúde, aproximadamente quando irá morrer, e quais as doenças e vícios que pode e não pode superar. Você foi submetido ao que equivale a uma doutrinação quanto aos seus limites como entidade física. Este capítulo o ajudará a desaprender a maior parte do que lhe ensinaram, pois entrar no portentoso jardim dos milagres significa que o importante passa a ser o desenvolvimento de uma consciência de possibilidades, não de impossibilidades. Você precisará de novas estratégias para criar os milagres que procura realizar em seu corpo físico.

Não vou lhe dizer quais alimentos deve comer, que programa de exercícios deve adotar, quais informações sobre nutrição deve levar em conta, quanto deve repousar nem que vitaminas e sais minerais deve ingerir. Não desprezo a importância dessas coisas; pelo contrário, dou-lhes a devida atenção, como você também deve dar. É claro que você sabe que é melhor comer legumes que mascar chicletes. Ninguém precisa lhe dizer que fazer exercícios é melhor do que viver deitado no sofá, quando se quer ter saúde física. E sabe que a boa nutrição exige que se comam mais frutas e menos gorduras e açúcar e se beba bastante água.

Caso queira maiores detalhes a respeito de bons programas de nutrição, exercício e cultura física, encontrará muitos livros excelentes na biblioteca e nas livrarias de sua cidade. Os meus favoritos são *Saúde perfeita* e *Vida incondicional*, do dr. Deepak Chopra, e *Dieta sem fome*, de Harvey e Marilyn Diamond.

Por que, então, com toda essa informação ao nosso alcance, tantas pessoas sofrem de limitações físicas, e por que tão poucas atingem excelente nível de saúde? É sobre isso que pretendo lhe escrever.

Sei que você já é um milagre físico em potencial. Estou absolutamente convencido de que pode ter tudo o que quiser em matéria de cultura física e que não precisa sofrer as limitações que caracterizam o seu modo de vida. Sei, também, que você sabe o que deve fazer nesse sentido. Não precisa de mais um livro de dietas ou mais um vídeo de ginástica.

O que lhe falta é a capacidade de transformar em realidade física aquilo que a sua mente já sabe. E conseguirá isso se adotar os princípios apresentados na primeira parte deste livro. Chegou o momento de sermos específicos a respeito do seu corpo físico e fazermos com que comece a manifestar milagres no tocante à saúde e ao seu desempenho no mundo físico.

Determine o seu milagre

Ao abordar o assunto da verdadeira magia em seu benefício como manifestação física da perfeição, considere antes de mais nada o corpo no qual você veio a este mundo. Não irá pedir a si mesmo que tenha 1,90m de altura, se escolheu vir ao mundo em um corpo de 1,60m. Você não quer esse corpo de 1,90m e sabe disso. Quem sabe, da próxima vez?

Por enquanto, ao considerar o que constituiria um milagre para você no tocante à sua entidade física, faça-se as perguntas que realmente lhe importam: Qual a aparência que genuinamente desejaria que o seu corpo tivesse? Qual o desempenho que realisticamente desejaria que ele fosse capaz de ter? Quais os venenos que gostaria de ver permanentemente eliminados de seu corpo? O que gostaria de curar em seu corpo para que você pudesse realmente viver o milagre?

Após formular essas perguntas, experimente este excelente exercício. Ponha-se diante de um espelho onde possa ver o corpo inteiro e feche os olhos. Em seguida, visualize o que gostaria que o seu corpo fosse *capaz de fazer*, que aparência gostaria que ele tivesse, quão saudável e isento de vícios gostaria que ele fosse. De olhos fechados, plante essa visão firmemente em sua consciência. Agora abra os olhos e contemple minuciosamente o corpo que *você* criou. Isso mesmo: eu disse que *você* criou. Você está *convencido* ou duvida de sua capacidade de realizar sua visão interior?

Se você é como a maioria das pessoas, *duvida* ser capaz de criar o seu próprio milagre. As pessoas às quais falei dessa questão de milagres em nosso corpo físico geralmente a definem como a realização de um sonho que elas sabem estar remotamente dentro de suas possibilidades, mas que atualmente acreditam ser impossível.

Enquanto você examina o que constituiria um milagre para si mesmo nesse contexto, pense: *o que quer que tenha sido realizado por qualquer outro ser humano no mundo físico está dentro da faixa do possível.* Isto o ajudará a lembrar-se de que a lei universal que, no passado, permitiu a ocorrência de algum milagre em qualquer ser humano, em qualquer época, não foi revogada! Não receie imaginar para você alguma coisa que já tenha sido realizada, mesmo que no momento não confie em poder realizá-la no corpo que ora ocupa. (Talvez você tenha de transformar o seu corpo para fazer com que o milagre ocorra!) Por enquanto, simplesmente imagine o que constituiria a verdadeira magia para você e mantenha-o bem claro em sua mente.

Definir o milagre que você deseja é o primeiro passo na direção de transformá-lo em realidade. Talvez se trate de fazer com que o seu corpo tenha a aparência que tinha no passado e se sinta como tal, muito embora você tenha perdido aquela sensação mágica há muito tempo. Talvez tenha a ver com alguma doença em que você adoraria ver eliminada do seu corpo, mas duvida ser capaz de curar-se. Talvez seja perder um vício ou uma série de vícios que acarretam a ingestão de substâncias tóxicas, as quais dominaram a sua vida até hoje. Talvez você gostasse de completar um triatlo ou correr uma milha, ou nadar de uma margem a outra de um lago, ou qualquer coisa que sempre lhe pareceu fora do seu alcance.

Não estou pedindo que atravesse um lago a pé, nem que voe por cima das árvores, nem que mude a forma do seu nariz com o pensamento mágico. Estou lhe pedindo que tenha em mente, simples e claramente, o que constituiria um milagre para você, e somente para você. Componha essa visão e, durante alguns minutos enquanto lê este capítulo, deixe de descrer e de duvidar e permita-se fazer essa viagem na direção da verdadeira magia.

Lembre-se: o seu corpo é apenas a embalagem física que abriga a parte invisível da entidade a que chamamos alma ou ser superior. A mente controla o funcionamento desse corpo, o seu relativo estado de saúde e todas as suas capacidades. Você é aquilo que pensa. Portanto, vejamos o que você pode fazer com a sua mente para criar a verdadeira magia no reino do seu corpo físico.

Seja um aprendiz interessado

Lembra-se do antigo provérbio zen que citei no início deste livro? "Quando o aluno está pronto, o mestre aparece." Se você deseja ver a transformação milagrosa de todo o seu ser físico, uma mudança na direção da saúde e de desempenhos tão extraordinários que você antes julgava impossíveis, deve mudar o seu ser interior, aquela entidade invisível chamada mente, tirando-a do estado de "eu gostaria que fosse assim" para levá-la a outro estado no qual você recorrerá a tudo o que estiver ao seu alcance a fim de ajudá-lo a realizar essa tarefa.

Torne-se um estudioso do seu corpo físico. Em sua mente, determine que, a despeito de suas atuais capacidades ou saúde física, você já é um milagre. Está de posse de um corpo no qual flui o princípio universal da vida. Só o fato de poder contemplar um estado tão impressionante quanto esse já é milagroso. Você poderia ser uma pedra, um bloco de cimento ou uma planta. Mas, não: está impregnado de algo que lhe permite respirar, tatear, degustar, ver, contemplar e estar vivo no universo.

Se estiver determinado a ver com admiração e reverência o seu corpo físico, e sabe interiormente que o seu ser invisível deseja que o corpo em que habita seja o mais sadio possível, então você é um aluno que está pronto. Contudo, se estiver de fato apenas iludindo a si mesmo com esse tipo de pensamento e, em algum lugar daquele ser superior e invisível que ocupa o seu corpo, você está cheio de dúvida, e diz "eu gostaria de maximizar o meu corpo físico e sentir essa magia, mas sei que não sou capaz de fazê-lo porque nunca consegui fazê-lo antes, e sou fraco e cederei à primeira tentação que me aparecer", então você não está pronto. Em vez disso, tem muito o que fazer no reino invisível que é a sua própria essência no mundo físico.

Suponhamos que a dúvida persista e você esteja em posição de querer experimentar a magia no corpo físico que ocupa, mas tem várias dúvidas quanto à sua capacidade de fazê-lo. O que fazer se esse é o seu caso (que é, na verdade, muito comum)?

A resposta está no provérbio zen. "Quando o aluno está pronto, o mestre aparece." O que você garante com a dúvida mental é que não receberá a orientação e a ajuda de que precisa. Em outras palavras, você se recusa a deixar que apareçam os mestres que podem ajudá-lo nessa tarefa. Não que os mestres não estejam presentes e dispostos a ajudá-lo. É que você não consegue deixar que eles venham em sua ajuda. Sua dúvida mental, esses pensamentos que dirigem a máquina chamada corpo, estão repelindo a verdadeira magia. Não se engane a esse respeito. Você cria a ausência da verdadeira magia com intenções que duvidam de sua capacidade. Os instrumentos que você utilizou para criar o seu corpo foram os seus pensamentos, os pensamentos que lhe foram impostos e aqueles que você escolheu como modo de processar o seu universo. Suponho que você esteja ainda na modalidade da dúvida; do contrário, já teria experimentado a verdadeira magia da saúde perfeita. Cabe-lhe examinar como mudar esses pensamentos de modo a dar a si próprio a oportunidade de criar a verdadeira magia em seu corpo físico.

A dra. Elisabeth Kübler-Ross, em um trecho de *Healers on Healing*, explica como teve de desaprender algumas das coisas que tinham sido ensinadas durante sua carreira:

> Em um dos seminários que promovi, um homem enorme, que pesava talvez 180kg, sofreu acesso súbito e inesperado de fúria homicida. Pressenti que devia socorrer uma mulher que estava sentada muito perto dele. Fui até onde ela estava e empurrei-a para longe, mas o homem aproveitou-se disso para usar uma mangueira de borracha (que era empregada para dar vazão à cólera em um catálogo de telefones) e golpear com toda a força os dedos do meu pé direito, não cobertos pelo calçado, esmagando-os.
>
> Não pude parar e concentrar-me na dor. Cobri o dedão do pé com a mão, ignorando a dor, e concentrei toda a minha energia no homem encolerizado, de modo a levá-lo até o extremo de sua fúria e extravazá-la. Daí a pouco, subitamente, a fúria havia passado e o grupo estava em segurança.
>
> Indaguei-me por que estava sentada em posição tão estranha, com o joelho direito levantado, segurando o dedão. Lembrando-me do que havia sucedido, retirei a mão para olhar o dedo, esperando o pior. Para meu espanto, não vi qualquer sinal de ferimento. Havia sido instantaneamente curada.
>
> Tive várias experiências de cura física espontânea em situações de emergência. Em todos esses casos, o motivo pelo qual pude curar-me foi que não tive tempo de pensar. Sendo médica, fui treinada para acreditar que curas instantâneas não podem acontecer. Mas, em emergências, quando nos concentramos totalmente na situação, e não há tempo para pensar, não bloqueamos o nosso potencial inato de curarmonos, potencial que, acredito, todos temos. Se desenvolvêssemos

> mais confiança e fé em nossa capacidade interna de cura, essas curas físicas espontâneas poderiam ocorrer com maior freqüência.

Embora este trecho trate da cura material, as conclusões da dra. Kübler-Ross se aplicam a todos os aspectos de nosso bem-estar físico.

Se você é um aluno que procura estar preparado, deve assumir a responsabilidade por tudo o que criou. O estado de relativa saúde em que o seu corpo se encontra, sua atratividade física, os seus vícios ou maus hábitos que o impedem de ter saúde perfeita, todos resultam de intenções que você teve durante sua vida. O seu primeiro passo é aceitar inteira responsabilidade por tudo isso. Depois, reexaminar o modo pelo qual utilizou a sua mente para criar o corpo físico que lhe abriga a alma nesta gloriosa jornada pelo reino humano.

Para eliminar a dúvida persistente e transcender a velha maneira de pensar e de criar o seu corpo físico, examine honestamente como ele vem trabalhando e, em seguida, empenhe-se em adotar uma fase experimental de mudança. Uma vez você tenha firmemente estabelecido nova maneira de processar a criação de sua vida física, os seus mestres voltarão a surgir como sempre o fizeram, com a diferença de que, agora, você estará em condições de aceitar a ajuda que lhe oferecem.

Os sete passos para que a verdadeira magia se manifeste em seu ser físico

Você *pode* aumentar a fé e a confiança na capacidade de o seu corpo curar-se e manter-se sadio. Como? Para começar, faça uma revisão, do ponto de vista do seu corpo físico, das sete crenças que apresentei no capítulo 1, necessárias para atingir a verdadeira magia.

1. *Reconheça que há dentro de você uma força vital invisível.* Você reconhece a força vital onipotente e invisível que existe em seu interior? Muito embora não possa senti-la pelos seus cinco sentidos, aprenda a utilizar essa força vital ao tentar compreender o funcionamento físico do seu corpo. Quando fizer contato com essa força vital, de modo positivo e confiante, começará a agir automaticamente com base naquilo que ela lhe diz. Por exemplo, se se convenceu de que é incapaz de ter boa forma física, que é fraco demais para realizar certas tarefas como nadar ou correr longas distâncias, ou que é sensível e não pode transcender as doenças que ocorrem em sua família, este será o rumo que seu corpo seguirá. É provável que outras pessoas lhe tenham ensinado a acreditar em tais pronunciamentos, e você não conhece outro rumo. Diariamente, olha-se no espelho e vê um corpo flácido ou débil e pensa em como teve a má sorte de herdar genes que não lhe permitem ser sadio. E a força vital que sempre existe dentro de você trata de reforçar os seus pensamentos.

Para ser um aluno pronto a receber o mestre, comece a reexaminar essas vozes interiores e, pelo menos, passe a questioná-las firmemente. Da mesma forma que a dra. Kübler-Ross compreendeu que o corpo tem a espantosa capacidade de curar-se instantaneamente, você também deve convencer-se, pelo menos mentalmente, de que o seu corpo tem o poder de curar-se e fortalecer-se.

2. *Saiba que os seus pensamentos vêm de dentro de você mesmo.* Livre-se da crença de que não controla o seu corpo. Na epígrafe que usei neste capítulo, Shakespeare fala de nossas "vontades". E a verdade é que a nossa vontade é o jardineiro que cuida do jardim a que chamamos de corpo. Essa vontade é totalmente invisível, mas se origina dentro de você e somente de você. Permita-se utilizar essa vontade invisível de modo a abrir o seu mundo físico

ao que lhe parece impossível. Saiba que seus pensamentos partem de dentro de você e controlam todas as suas experiências físicas. Embora, talvez, não consiga criar um corpo de classe internacional, um físico que lhe conquiste a medalha de ouro em uma olimpíada, você tem a capacidade de ser magnífico, divinamente capaz e sadio dentro do corpo que possui.

Se realmente acredita e age de modo a curar o seu corpo de enfermidades e condições que acreditava estarem fora do seu controle, descobrirá a verdadeira magia. Mas a disposição de usar a confiança e o conhecimento só lhe virá a partir dos seus pensamentos. E, quando tiver esse conhecimento e acreditar nele, e recorrer a ele freqüentemente de modo que sugiro aqui, não poderá mais duvidar.

3. *Compreenda que não existem limites.* Para começar, reforce em sua mente a convicção de que não há limites no mundo físico capazes de impedi-lo de alcançar a verdadeira magia em sua vida. Nada existe que impeça de transformar sua doença em saúde. *Nada!* Se, ao ler estas linhas, você disser consigo, "ele está errado, não conhece a minha doença", este será o pensamento que usará para criar o seu corpo físico daqui por diante. Os seus limites são o que você defende e em que acredita, e você só pode agir com base no que pensa, mesmo quando se trata de criar o corpo físico que hoje ocupa. Esse corpo está sendo constantemente recriado a cada momento de sua existência. Os instrumentos necessários para recriá-lo, para reproduzir as novas células que irão substituir as que se desgastaram, estão todos dentro de seu ser invisível, sua mente. Não importa o que alguma equipe médica lhe tenha dito, não importa o quanto esteja viciado em substâncias como nicotina, cafeína ou álcool, não importa qual a desordem alimentar a que você se apega religiosamente — todas essas condições do seu corpo, *todas elas*, podem ser milagrosamente revertidas.

Mas somente se você souber e conscientizar-se de que as suas limitações resultam de pensamentos e de crenças limitados. O mínimo que pode fazer, em vez de apegar-se às suas limitações, é concentrar-se na maneira como irá processar os pensamentos acerca de seu corpo. Talvez as limitações físicas que você conhece e experimenta sejam o resultado do seu modo de pensar.

Quando você se desfizer de seu modo limitado de pensar, os mestres que se ausentaram de sua vida há tanto tempo começarão a aparecer e a guiá-lo para os milagres. Mas, lembre-se: pensar que tem limitações é como colocar uma barricada à sua frente, uma barreira que não deixará que esses mestres apareçam em sua vida.

4. *Saiba que a sua vida tem um propósito.* É muito provável que o seu corpo físico tenha estado até hoje tão inconsciente de seu propósito quanto o seu ser espiritual. Tudo neste mundo tem um propósito, inclusive a sua vinda a este planeta sob a forma de ser humano. Você é parte da perfeição deste universo inexplicavelmente divino e perfeito. É preciso que adapte o seu corpo a esse propósito.

A pergunta "qual a lição a aprender aqui?" deve agora ser aplicada ao seu corpo físico. Procure descobrir a lição encerrada em sua incapacidade de realizar certas tarefas, o colapso físico que está experimentando ou o fato de ser viciado em determinadas substâncias. Pode, então, passar dessa concentração no sofrimento para aprender o que puder de sua doença, acidente ou vício. Lembra-se desse método? Eu o descrevi no capítulo 1 como o caminho para a iluminação pelos resultados. É o caminho que precede o do propósito. Primeiro vem o sofrimento, depois o resultado, em terceiro lugar, o propósito.

Nesta última, você já não precisa concentrar-se em qual é a lição, pois sabe que toda a sua vida tem a ver com o ato de dar e servir e ajudar aos outros. Quando se convence de que a sua vida tem uma missão grandiosa e heróica, passa a ser uma entidade espiritual que está tendo uma experiência humana temporária. Em conseqüência, para cumprir a sua missão e permanecer em harmonia com o propósito, você automaticamente dá ao seu corpo o mais poderoso combustível e todo o amor de que é capaz para o cumprimento de seu propósito.

Ver-se-á desejoso de fazer exercícios freqüentemente, e o fará com amor e compreensão da perfeição que o seu corpo representa. Dará valor ao seu ser físico como o veículo que abriga a sua alma, e ficará maravilhado com a sua perfeição e beleza. Jamais terá pensamentos negativos ou preconceituosos a respeito dele, pois saberá em seu coração que seu propósito é amar e servir, e isso significa ter pensamentos generosos e harmoniosos em relação a todos e a tudo, inclusive o seu corpo. Quando você se alinha com o seu propósito, o seu corpo também se alinha.

Será uma alegria senti-lo devidamente, eliminar os venenos, curá-lo naturalmente e sentir a sua perfeição. Sua vida tem um propósito! Não esqueça essas importantes palavras. Quando souber qual ele é, quando agir com base nesse propósito e vivê-lo diariamente, os mestres passarão a aparecer com regularidade e a guiá-lo para a verdadeira magia em seu ser físico.

5. *Vença a fraqueza, deixando-a para trás.* Aprenda a deixar para trás os hábitos contrapoducentes, em vez de tentar eliminá-los pelo raciocínio ou manipulação. É espantosa a rapidez com que você pode deixar para trás os seus hábitos negativos quando se realinha como ser espiritualizado. É como atravessar o portão que dá para um jardim de saúde e felicidade. Aquilo que lhe parece tão difícil, quando você pensa em termos de limitação, é agora milagrosamente simples de fazer. Quando você deixa para trás seu antigo modo de pensar, deixa também o seu antigo modo de viver.

Fiquei chocado diante da facilidade com que abandonei a nicotina e a cafeína. Quando passei a saber condicionalmente que já não queria esses venenos em meu corpo — e quando me convenci de que largar esses vícios não parecia difícil — livrei-me facilmente dessas substâncias. O vício era a minha maneira de *processar* o que eu pensava acerca dos vícios! Uma vez que passei a crer em mim e a ver minha alma e meu corpo como divinos e preciosos, automaticamente me converti em um ser capaz de criar o milagre de abandonar os vícios. Creia-me: deixar de ser uma pessoa que fumava intensamente e consumia litros de refrigerantes cafeinados por dia, para ser uma pessoa livre dessas substâncias, traz bem-estar maravilhoso.

Inúmeras vezes fui tentado a reincidir, mas não cedi. Deixei para trás essa parte de minha vida, e hoje preciso fazer força para acreditar que houve tempo em que tinha o vício de ingerir tais venenos.

A pessoa simplesmente deixa esses comportamentos no passado. Voltar a eles é quase tão impossível quanto voltar a engatinhar depois que se aprende a andar. Você deixa para trás esses obstáculos à sua viagem quando decide dar os passos que estou sugerindo aqui.

6. *Examine o que você julga impossível e, em seguida, mude suas crenças.* Se pensa que o câncer é incurável, verá que isso não se aplica a você. Se crê que está condenado a uma vida de vício, doença ou desconforto, reexaminará essa crença e a substituirá pelo raciocínio da verdadeira magia.

As palavras "isso é impossível" são símbolos de pensamentos. A noção de impossibilidade não é uma realidade separada de nossos pensamentos. Tecnicamente, no pensamento, que não tem dimensões nem forma, nada é impossível. O seu corpo, que lhe parece massa sólida, é, de fato, quando examinado em detalhe, espaço vazio ou consciência. Na verdade, como já vimos, o vazio domina toda a matéria; quanto mais potente o microscópio, mais você pode ver que, até o infinito, a matéria é composta de espaço vazio. Ou é, como Robert Frost a descreveu poeticamente, "o segredo que reside no centro e sabe".

À medida que você percorre a sua vida, tenha em mente que cada célula do universo, inclusive o seu corpo, é composta de uma força invisível. Não procure pronunciar ou soletrar o nome dessa força vital, nem rotulá-la. Saiba que ela existe, e que nada é impossível nessa dimensão, inclusive a sua capacidade de utilizá-la, de modo a tornar a sua vida, no sentido físico, tudo o que você pretende que ela seja. Os milagres só podem acontecer quando nos libertamos desse conceito de impossibilidade e nos permitimos experimentar a magia de crer.

7. *Vá além da lógica.* Abandone qualquer grande dependência em relação à sua mente racional como guia. Sua mente racional trapaceia e ilude. Você não pode explicar logicamente a sua própria mente, dizer onde ela se localiza, onde ela estava antes de sua vinda para este mundo em forma humana, ou para onde irá depois que você partir.

A lista de coisas que desafiam qualquer explicação racional é enorme. O que é um pensamento? Como os pensamentos se ligam uns aos outros? Como podem as mães saber o que pensam os filhos? O que torna possível os patos voarem em formação sem qualquer treinamento? Como pode um salmão voltar ao local da desova? Se não podemos nem começar a explicar o que a vida é, e muito menos como pensamos, então por que confiar tanto no lado esquerdo e racional de nosso cérebro no que tange ao que se pode e não se pode fazer?

Cada célula de nosso corpo tem dentro de si toda a energia do universo. Em lugar de se ver como único ser humano na vastidão do universo, experimente o oposto. Tente imaginar que o mundo está dentro de você. Em cada célula do seu corpo, o mundo e toda a sua magia estão presentes e ao seu alcance. Se você usar a lógica e a análise racional para tentar explicar milagres, logo voltará a pensar na impossibilidade de tudo isso. Apegar-se-á aos velhos hábitos de pensamento, e será impotente e indefeso quanto ao que é possível para você.

Permita-se o luxo de crer na divindade de sua alma. Permita-se saber que cada pensamento que você tem é um milagre que não pode ser explicado pelo discurso lógico e científico. Saiba que você, o seu corpo e a sua alma constituem um milagre e nada que você possa imaginar em sua mente é impossível. Até mesmo a criação da própria vida provém dessa dimensão invisível do pensamento.

Estes são os sete passos que levam à verdadeira magia, revistadas para o fim de aplicá-las ao seu ser físico. O caminho para a criação desse novo ser, como tudo o que você aprendeu, começa e termina em seu ser invisível, aquele lugar sem fronteiras no qual todos os seus atos têm início, sua mente mágica.

Produza saúde e curas milagrosas

José Silva, fundador do Método Silva de Controle Mental, é um homem a quem admiro há muito tempo. O método Silva de visualização, que venho utilizando há muitos anos, já me ajudou a combater doenças e acidentes e a evitar cirurgias. Pude curar-me de uma hérnia que, segundo me haviam dito, precisava ser operada. Obviamente, tenho grande fé no poder mental de curar, bem como ajudar-nos a criar condições cada vez melhores de saúde.

A citação a seguir é extraída do prefácio do extraordinário livro *O método Silva de controle mental para alcançar a cura*, de autoria de José Silva. Concordo inteiramente com tais palavras. Esse homem ajudou milhões de pessoas a recorrerem à mente para criar a saúde perfeita. Recomendo que você procure os livros e fitas gravadas de José Silva e, se puder, freqüente as sessões de treinamento que ele promove nos Estados Unidos.

> Você não precisa viver uma vida de doenças.
> Não precisa morrer por problemas de saúde.
> Sua condição natural é ser sadio.
> Você tem o direito de viver uma vida perfeitamente sadia até o dia de sua morte natural.

Palavras fortes e poderosas. O que mais poderíamos desejar para o nosso corpo físico? Simplesmente ser sadio, feliz, plenamente vivo e isento de doenças. No entanto, muitos de nós nem chegamos perto de realizar isso.

Há vários anos, minha mulher e eu passamos algum tempo na ilha de Bali, no sul do Pacífico. Ficamos fascinados com o modo pelo qual os habitantes da ilha se relacionam entre si. Tinham muito pouco em termos de posses físicas; viviam quase todos com uma renda familiar média de menos de cinqüenta dólares por mês, mas isso parecia ser pouco importante. Havia nas pessoas perceptível e muito apreciado silêncio, mesmo em famílias numerosas, cujas crianças dormiam no chão sujo sob teto de palha. Costumavam olhar-se nos olhos e não para o dinheiro uns dos outros. Mas o que não percebemos, até voltarmos para casa, é o quanto nós, ocidentais, parecemos insalubres em comparação com os habitantes de Bali.

Quando chegamos a São Francisco para apanhar outro avião rumo à costa leste, Marcie e eu simultaneamente nos fitamos ao nos acomodarmos no avião, com reação idêntica. Ficamos chocados com a aparência da maioria dos passageiros. Quase todos os que ali estavam exibiam sinais evidentes de ansiedade — na pele e nos olhos — e pareciam gordos demais. Não tínhamos visto nada disso em Bali, onde, embora o povo fosse pobre, havia abundância de alimentação sadia, graças à localização da ilha, de clima tropical devido à proximidade com a linha do equador. Não tínhamos visto nenhum corpo gordo demais e ninguém parecia estar fisicamente fora de forma.

Ficamos chocados pelo modo como os outros passageiros pareciam incapazes de se olharem nos olhos, exemplo da tendência ocidental em ignorar as pessoas para se concentrar na fortuna e nas posses. Essa atitude, combinada com a evidência de deterioração física, contrastava fortemente com o que havíamos visto em Bali. Pareceu-me claro que a aparência dos habitantes de Bali e dos ocidentais refletia suas respectivas mentalidades.

No entanto, a maioria das pessoas naquele avião jamais pensaria, por um momento, que a sua aparência física tivesse alguma coisa a ver com os seus pensamentos. Se lhes perguntássemos por que se sentiam tão mal, ou tão fatigados ou sofriam de tantos ataques de gripe e resfriados, ou ainda, gastavam tanto tempo e dinheiro com analgésicos e antibióticos, provavelmente atribuiriam os males às tensões da era moderna. Mas isso não é necessariamente assim. Nossa saúde e a capacidade de cura estão localizadas estritamente dentro de nós.

Silva relata inúmeros casos de pessoas que tinham sido informadas de que os seus problemas físicos estavam fora de controle. Um deles era um homem que se tornara tetraplégico havia 18 anos, com paralisia total de um lado e parcial de outro. Haviam-lhe diagnosticado esclerose múltipla, doença incurável e progressiva. Esse homem conseguiu passar ao estado alfa que mencionei na seção sobre meditação do capítulo 3.

No primeiro dia de treinamento, ele observou certa sensação em seu dedo mínimo. A partir daí, começou a estabelecer metas físicas para si mesmo, como resultado do poder recém-descoberto de curar com o pensamento, por meio do estado alfa de consciência superior. Depois, decidiu subir escadas e caminhar sem ajuda alheia. Criou o seu próprio milagre em 14 meses de treinamento mental deliberado e conseguiu subir escadas.

O que é importante é como isso se relaciona especificamente com você. A mensagem que quero transmitir é que você é capaz de imaginar o mais alto estado de saúde para si mesmo dentro de sua própria mente. E a essência dos milagres são essas imagens mentais, esse filme cinematográfico mental.

São inúmeras as histórias de pessoas que foram capazes de manifestar milagres de cura. Um dos livros mais profundos que já li a respeito é *The Cancer Conqueror*, de Greg Anderson. Trata-se de uma parábola baseada nas verdades que Greg aprendeu nos dois períodos em que sofreu de câncer e quando saiu do hospital, supostamente para morrer. Informado de que não sobreviveria aos próximos 30 dias, Greg teve uma experiência que lhe trouxe um novo respeito pelo poder do espírito humano de vencer a doença.

O livro é apresentado como parábola, mas a história pessoal do autor é real e representa um testemunho dramático a favor do que venho dizendo sobre milagres. A atitude de Greg não foi a de aguardar e esperar que as coisas melhorassem. Como ele diz, "não se vence o câncer por ter sido perdoado. (...) Vence-se o câncer por se ter decidido a ser uma nova pessoa".

Greg descobriu o quanto o medo, a ira e o infortúnio afetam o sistema imunológico. Descobriu também que o amor incondicional, a paz interior, o ato de dar amor, reduzir as expectativas dos outros e sintonizar-se com o poderoso efeito da meditação e da visualização foram as sementes da derrota do câncer que lavrava em seu corpo. Teve de mudar toda a sua consciência, de uma modalidade não-espiritual para uma modalidade espiritual, e, no processo, foi capaz de restaurar magicamente sua própria capacidade de cura. A jornada de Greg foi realmente incrível. Recomendo que você leia o seu livro e o compartilhe com alguém que você saiba que tenha sido diagnosticado com câncer.

Mas a chave da realização de milagres não é ler um livro ou escutar as palavras de alguém. A chave é saber, quando nos dizem que sofremos de alguma enfermidade, que podemos nos preparar para o sofrimento ou preparar-nos para a cura. Não pretendo com isso criticar a comunidade médica. Na verdade, os médicos deram enormes passos para erradicar o processo de muitas doenças. E, recentemente, foram responsáveis por conduzir pesquisas sobre o poder da mente e ensinar às pessoas como recorrer à mente invisível para tratar de suas doenças.

Uma das pessoas de quem mais gosto, alguém que considero um caro amigo e companheiro espiritual, é também um médico fantástico. Seu nome é Deepak Chopra, um homem que já mencionei neste livro. Entre os interessantíssimos livros que escreveu estão *Saúde perfeita, Cura quântica, Vida incondicional, O retorno de Rishi* e *Conexão saúde.* Examine o trecho que se segue, extraído de *Saúde perfeita,* no qual o dr. Chopra discute como podemos nos curar ou fazer o que chamo de milagres:

> Quando nos aprofundamos na origem das doenças, uma verdade fundamental vem à luz: toda doença resulta de um colapso do fluxo de inteligência. Quando falam de inteligência, as pessoas se referem quase automaticamente ao intelecto e ao tratamento intelectual de conceitos. Mas a inteligência não está meramente no cérebro. Pode manifestar-se ao nível subcelular, celular, dos tecidos ou do sistema nervoso. (...) Embora todos esses níveis de inteligência possam ser localizados, é impossível localizar a própria inteligência. Inteligência é mente (...) o seu raio de ação abrange o universo. Seria imprudente supor que

> ela só opera a partir dos confins do cérebro. Nesse sentido, todo processo patogênico tem sua origem nessa dimensão mais vasta da Mente. O mesmo se pode dizer da saúde.

Esta é uma noção realmente espantosa para os que ainda não aprenderam a crer em milagres e na verdadeira magia. Nossa saúde é o resultado da inteligência que existe em cada célula de nosso corpo, e essa inteligência não é nem visível nem identificável. Não tem caráter local. Não está apenas em nosso cérebro: está em toda célula, todo neurônio, todo hormônio e todo anticorpo de nosso organismo. De fato, essa inteligência invisível é a nossa própria essência. Para termos saúde perfeita, precisamos entender que é na mente que processamos tudo e decidimos quanto à realidade física que iremos conhecer.

Você não precisa alimentar sentimento de culpa em relação às suas enfermidades; o sentimento de culpa apenas paralisa o seu sistema imunológico e bloqueia a sua capacidade de atingir um nível superior de saúde. Em vez de sentir culpa, tente perguntar-se: "O que devo aprender com esta doença ou esta falta de saúde? Que lição ela me traz?" Em seguida, aplique o seu novo conhecimento acerca do poder da mente a fim de alterar a condição debilitante que você antes aceitava como o seu destino.

O dr. Abraham Maslow dedicou grande parte da vida ao estudo de indivíduos que ele chamou de auto-realizadores. Em *O céu é o limite*, escrevi longamente acerca das qualidades dessas pessoas especiais. Uma característica que ressalta quando examinamos suas vidas é que, quando se deparam com problemas aparentemente insuperáveis, elas se voltam para dentro de si mesmas em busca da solução. Aqueles que viveram com o máximo de saúde e bem-estar encontraram em sua própria mente a resposta aos problemas da vida. Recusaram-se a procurar culpa ou cura mágica fora de si mesmos.

Em *Conexão saúde*, o dr. Deepak Chopra diz: "A possibilidade de passarmos a um plano superior é muito real para todos nós. Não requer força, esforço ou sacrifício. Exige pouco mais do que mudarmos as nossas idéias acerca do que é normal."

Preferi não incluir longa série de casos de pessoas que venceram doenças incuráveis, porque não é a finalidade deste livro. Escrevo para você, para a inteligência invisível que permeia o seu corpo. Se você *não* se crê capaz de um milagre em sua saúde física, nem um milhão de casos desse tipo o convencerão. Se *crê*, não precisa ser lembrado por outras pessoas que percorreram esse caminho antes de você.

Por enquanto, mantenha viva a visão daquilo que constituiria o seu milagre de saúde pessoal, à medida que explora o mundo dos milagres na área de aptidão física. Ao final deste capítulo, fornecerei resumo de como preparar a sua mente para milagres em seu corpo.

Realize milagres com suas habilidades físicas

Quais as coisas que você sempre sonhou realizar, mas sabe que, para realizá-las, seria preciso um milagre? Mais uma vez você precisa transferir a sua consciência para um lugar de possibilidades ilimitadas. E, como antes, um milagre espera por você nesse reino de sua vida. Prometo!

Quando eu tinha 28 anos, a idéia de fazer uma maratona, correr 42 quilômetros, era simplesmente inaudita. Teria sido necessário um milagre para que eu, àquela altura da vida, pudesse correr quase quatro horas sem parar. Mas, de lá para cá, fiz sete maratonas, e já venho correndo um mínimo de 12 quilômetros por dia há mais de 15 anos, sem faltar um dia sequer. O milagre de ontem é a realidade de hoje. O milagre de hoje será a realidade de amanhã.

E como corri 42 quilômetros sem parar? Mantendo em minha mente a idéia de que era capaz de fazê-lo, recusando-me a ter medo ou duvidar dessa possibilidade. O resto foi fácil. Não precisei procurar lições fora de mim mesmo, nem pedir que alguém me mostrasse como fazê-lo. Eu tinha a idéia na mente, tudo era uma questão de alinhar-me de modo a manter a visão. O corpo fará o que desejarmos que ele faça, como aquele jardineiro onipresente de que Shakespeare nos fala.

Vale a pena lembrar, também, que você criou tudo aquilo que o seu corpo físico é capaz de fazer até hoje, no instante em que lê este livro, sentado numa poltrona. Tudo o que você é capaz ou incapaz de fazer deriva do que você decidiu naquela esfera invisível chamada mente, onde todos os seus pensamentos se originam e onde a sua realidade física também irá originar-se.

A reportagem a seguir apareceu na seção de esportes da edição de domingo, 23 de junho de 1991, do *Maui News*, assinada por Hal Bock, comentarista de esportes da Associated Press:

> A declaração merece pelo menos um rufar de tambores, mas Jim Law a faz com naturalidade, sem qualquer sombra de drama.
>
> — Acho que não estaria vivo hoje se não fossem as olimpíadas de idosos.
>
> Só isso. Uma simples questão de vida ou morte. Law é professor de psicologia da Universidade Johnson C. Smith, em Charlotte, Carolina do Norte. Há cinco anos, com 60 anos, ele passou a participar das olimpíadas de idosos — nada muito cansativo, apenas o torneio de pingue-pongue — e fez um checkup rotineiro com o médico. Foi quando ficou sabendo que estava com um índice de colesterol de 322.
>
> Trezentos e vinte e dois.
>
> O nível normal é menos de 200. O limite fica na faixa de 200 a 239. A faixa de alto risco começa em 240.

Jim estava em 322 e sabia por quê.

— Sorvete, lanches, carne vermelha — disse ele — todas essas coisas gostosas. Além de fumo e uma vida sedentária.

Ou seja, a dieta média de todo americano.

Justificadamente alarmado, Law passou a fazer exercícios e a comer sensatamente — frutas, em vez de gorduras; legumes frescos, em vez de carne vermelha. Perdeu rapidamente nove quilos e o colesterol caiu para 188, nível perfeitamente aceitável. Mas não se contentou com isso.

— Quatro meses depois, meu colesterol estava em 127 — disse ele. À medida que perdia peso, ia me sentindo melhor. Quando não fazia exercícios, passava mal. Encontrei tempo para fazer exercícios porque a causa era boa — tratava-se de mim mesmo!

Aurelia, a mulher de Law, com 63 anos, corre junto com ele.

— Certa vez, ela estava arfando em meio a uma corrida — disse Law. — Um senhor, acho que tinha 73 anos, segurou-a pelo braço e disse: "Não se preocupe. Contanto que cheguemos antes do pôr-do-sol, tudo bem."

Law chegou muito antes do pôr-do-sol. Correndo as provas de 100, 200 e 400m na olimpíada de idosos de 1989, ganhou três medalhas de ouro e estabeleceu três recordes para o seu grupo etário. Seus melhores tempos ao ar livre são 12,71; 26,10 e 59,39 — os dois primeiros, recordes nacionais; o terceiro, recorde mundial.

E o seu gosto por essas competições? Bem, os corredores idosos dividem-se em grupos etários separados por cinco anos. No dia em que completou 65 anos, Law não se conteve: queria competir na próxima categoria, e dirigiu 1.120km para participar de uma prova.

Imaginem! Um sexagenário transformando totalmente a sua vida. A partir da perspectiva do excesso de peso e de um nível de colesterol capaz de causar pânico a qualquer um, recorreu à sua mente e criou uma vida que antes sabia ser impossível. Enquanto sabia que era impossível, agiu com base nessa convicção, tomando sorvete e vendo televisão. Quando se convenceu, em sua mente, que outro estilo de vida era possível, agiu com base nessa nova convicção — e um milagre ocorreu em sua vida.

Você tem a capacidade interior de imaginar para si mesmo qualquer coisa no contexto da verdadeira magia. Qualquer coisa! Uma vez compreendido isso, você será capaz de dar os passos descritos neste livro para transformar o seu milagre em realidade. E receberá toda a orientação divina de que necessita nesse processo. Isto se aplica a praticamente tudo o que você visualizar para si mesmo como um feito que hoje *parece* impossível. A mesma estratégia destinada a manifestar milagres em suas realizações físicas se aplica a todas as outras áreas de sua vida. Mas você só terá acesso à verdadeira magia se perder toda dúvida e todo medo, e converter-se em um ser espiritual.

Deixe-me contar uma experiência que tive nessa área de atingir um nível que jamais havia atingido antes, nível que julgava não poder atingir até que me tornei autêntico ser espiritualizado envolvido em uma experiência humana.

Eu estava jogando uma partida de tênis contra um excelente jogador, e vínhamos batalhando sob o sol quente por mais de três horas. Eu havia vencido o primeiro set. Tom vencera o segundo e, a partir daí, algo muito estranho começou a acontecer. Na época, eu fazia meditação havia vários anos, e estava inteiramente convencido de que era possível a uma pessoa ter acesso à orientação divina, ou àquilo que tendemos a chamar de intuição. Naturalmente, ninguém sabe definir explicitamente o que é a intuição ou o saber divino que sentimos interiormente, mas todos sabemos do que estamos falando quando o mencionamos.

O que passou a acontecer foi muito estranho. Eu não conseguia fazer um ponto, embora estivesse jogando muito bem. Tom parecia estar naquilo que os jogadores experientes chamam de "zona" e outros chamam de "fluxo", como mencionei no capítulo 5 (outros dizem que a pessoa joga inconscientemente). Não perdia uma jogada; até mesmo as bolas que eu lançava diretamente contra ele em alta velocidade, nos instantes em que recuava para se proteger, terminavam sendo rebatidas e vinham para o meu lado do campo para marcar ponto. Era como se o meu guia invisível estivesse rindo de mim; e logo passei a rir alto do que estava acontecendo.

Em dado momento, Tom enviou uma bola alta, acima de minha cabeça, na direção da cerca. Olhei para cima e vi que ela iria cair quase dois metros fora da quadra. De repente, no ar parado da tarde, um vento soprou, apanhou a bola acima de minha cabeça e literalmente a impeliu para trás. A bola foi cair próximo à linha de fundo de Tom, marcando 15 pontos. Fiquei aturdido. Esse tipo de milagre vinha ocorrendo jogo após jogo, e uma voz interior me dizia: "Relaxe, Wayne. Não leve isso tão a sério. Não se esforce tanto. Relaxe, divirta-se e tudo acontecerá como deve acontecer."

Percebi que não estava sozinho no campo e que a voz estava me ensinado uma lição valiosa. Perdi cinco games consecutivos no início do terceiro set, mas sabia que, se mantivesse a calma, se parasse de lutar e sentir-me frustrado e enviasse amor e parabéns a Tom, tudo correria bem. Eu estava perdendo de 0-5 e, no entanto, estava jogando muitíssimo bem.

Quando mudamos de campo para terminar o jogo, ouvi que a voz me dizia literalmente: "Medite enquanto joga o resto da partida. Fique tranqüilo e encare o jogo como uma meditação." Daí por diante, mal pude crer na transformação que ocorreu.

Desliguei-me de tudo o que havia em meu mundo físico, tudo. O ambiente em que estava, o sol, as pessoas que assistiam ao jogo, a quadra, minha raquete, tudo. Recolhi-me totalmente para dentro de mim mesmo e comecei a repetir meu mantra. O meu cérebro atingiu o ponto alfa imediatamente e senti aquela incrível leveza de ser que descrevi na seção sobre meditação. Nem chegava a ver o adversário. Tornei-me como que integrado à bola. A reviravolta foi completa. Não perdia uma jogada. Tinha a impressão de ser capaz de voar, embora estivéssemos jogando havia horas debaixo de um sol inclemente. Sentia as pernas vigorosas e sabia interiormente que seria capaz de rebater qualquer bola.

Quando tornamos a trocar de campo, simplesmente repeti o mantra várias vezes, em silêncio, e tive uma sensação maravilhosa e eufórica de leveza. Ganhei sete games consecutivos, perdendo somente alguns pontos.

Depois do jogo, Tom me perguntou: "O que houve com você em campo? Até a sua aparência mudou. Nunca o tinha visto concentrar-se daquele jeito, nunca o vi tão confiante e tranqüilo. Nem me importo de ter perdido depois de estar ganhando por 5-0, pois joguei muito bem, mas você extrapolou durante os últimos games."

Isso aconteceu há alguns anos. Eu não jogava sozinho e sabia que alguma coisa mágica estava ocorrendo. Era a mesma lição que havia aprendido quando meditava embaixo daquela árvore, tentando arrancar a flor de um dos galhos. "Não exija nada. Relaxe, deixe que o milagre aconteça sem qualquer insistência de sua parte, e terá tudo aquilo de que precisa." A flor caiu em minha mão e me transmitiu a mensagem de que eu precisava, quando parei de me esforçar.

Creio que isso se aplica a tudo o que você deseja realizar em sua vida. Transmita amor e harmonia, ponha sua mente e seu corpo em um lugar tranqüilo e deixe que o universo funcione com a perfeição de costume. O meu corpo estava em completa harmonia com a minha mente durante aqueles sete games. Eliminei dúvidas e medos, substituindo-os por convicção e confiança, e permiti-me jogar em um nível mais elevado, quando encarei a partida como meditação, não como competição.

Você tem acesso a esses momentos miraculosos que alguns chamam de atingir uma zona ou estar inconsciente em qualquer aspecto de sua vida. Esses momentos fazem parte de uma antiga filosofia, conforme atestam as palavras de Lao-tzu, escritas há mais de 2 mil anos:

> Mesmo o homem mais capaz, quando forçado,
> nada consegue.
> A maior virtude, quando forçada,
> nada realiza.
> Mesmo a melhor forma física, quando forçada,
> não produz o que se espera.

As grandes façanhas físicas que você irá realizar são, de fato, milagres quando você as visualiza hoje. Recolha-se à solidão tranqüila de sua mente. Ganhe acesso à parte superior do seu ser e saiba que não está sozinho. Pare de competir com os outros e use a mente para permitir que a sua entidade física atinja o seu nível mais alto. Siga as instruções que apresento no fim deste capítulo para criar um estado mental capaz de criar milagres.

Algumas palavras sobre vícios e milagres

Se passou parte de sua vida viciado em algo que tem efeitos tóxi cos sobre seu corpo, estou certo de que libertar-se dessa substância ou atividade constituiria, para você, um milagre. Se é vítima de alguma desordem alimentar, ou houve algum período em que sabia que o seu corpo estava fora de forma em conseqüência de algum comportamento seu, veria como milagre o fato de libertar-se dessa condição. Se esteve viciado em nicotina, cafeína, maconha, cocaína, álcool ou drogas ainda mais fortes, e simplesmente não conseguiu eliminar sua dependência em relação a elas, ver-se fisicamente livre dessas substâncias realmente constituiria o seu milagre no mundo físico.

A maioria das pessoas constrói um sistema de defesa para os seus vícios, advogando e defendendo seus hábitos. Tenta convencer os outros de que tais vícios realmente não constituem problema, que poderia largá-los se quisesse ou que poderia mudar de vida se o desejasse. "De que vale viver se a gente não pode se divertir?", dizem elas em defesa própria. Todo viciado (ou seja, quase todo mundo em relação a alguma coisa) quer que os outros acreditem que ele não tem problema.

Por dentro, naquele lugar invisível em que a verdade continua a encará-lo apesar das negativas externas, todo viciado sabe que tem um problema e preferiria não estar se envenenando. Crê que precisa apenas de mais coragem, força ou disposição de mudar.

Você pode ter toda ajuda ao seu alcance, inscrever-se nas associações de apoio, receber o melhor cuidado médico e psicológico do mundo, mas mudar seu velho hábito e descobrir o milagre de livrar-se de um vício é algo que tem de fazer sozinho. Tem de tomar a decisão em sua mente e, em seguida, realizá-la em seu mundo material e físico. Nenhuma outra pessoa pode fazê-lo por você. E nem você poderá fazê-lo se encarar a si mesmo como apenas um ser físico. Tudo tem de vir daquele lugar invisível, de dentro de você.

É importante lembrar, mais uma vez, que a lei universal que permitiu a qualquer pessoa libertar-se de um vício grave não foi abolida. Não importa a que ponto você baixou. Tem dentro de si a capacidade de transformar a sua vida em um milagre e libertar-se do vício.

Transcrevo a seguir a carta que recebi, há algum tempo, assinada por uma mulher que devolveu saúde à sua vida e criou seu próprio milagre. Quando a aluna estava pronta, realmente pronta, o mestre surgiu. Não se trata de uma história de ficção. Conheci Kathy pessoalmente e estive com ela em um programa nacional de TV, no qual ela teve a coragem de narrar a sua história a milhões de telespectadores.

Prezado Wayne:

Depois de ler seus livros e ouvir suas fitas (TODAS ELAS pelo menos mil vezes!) e, finalmente, ter a oportunidade de conhecê-lo e falar-lhe pessoalmente, em maio passado, em Seattle, estou pronta para escrever-lhe esta carta. Digo "pronta" porque, quando ouvi uma primeira fita sua há vários anos, passei a alimentar uma dolorosa "paixão" por você, paixão que se tornou reverência, reverência que se tornou admiração, e admiração que se tornou a aceitação do fato de que, por algum motivo, você passou a ser um mentor em minha vida. Não o molestarei com a história detalhada de como você literalmente salvou a minha vida, pois tenho certeza de que recebe centenas de cartas desse tipo, (...) mas quero que saiba de onde vim, para compreender onde cheguei e o impacto que você exerceu sobre a minha existência.

Em 1982, estava completando um ano durante o qual havia descido ao mais baixo ponto de minha realidade. Prostituta com forte dependência de vodca e cocaína, havia me casado aos 17 anos, me divorciado aos 22, feito quatro abortos e tentado suicídio duas vezes. Por essa época, conheci meu atual marido, homem fortemente atraído por prostitutas e viciado em cocaína. Passamos a alimentar o pesadelo um do outro e o nosso desespero dobrou. Nossa vida transformou-se em rotina: permanecíamos "chapados" durante dias, consumindo drogas e bebendo. Lembro-me de ter acordado certa manhã, pensando: "Não vou chegar aos 30 anos, vou morrer."

Certo dia, estava em uma livraria, comprando um livro para dar de presente de aniversário à minha irmã, quando notei certas fitas cassetes num mostruário. Por algum motivo, aquelas fitas me intrigaram. O assunto era "como mudar a sua vida". Vi seu rosto na capa de uma dessas caixinhas e apanhei-a. Sei que isto pode parecer muito estranho mas, daí por diante, minha vida mudou totalmente. Comprei todas as suas fitas que encontrei na livraria, e adquiri todos os seus livros. Pedi ao meu marido que as escutasse e, juntos, ouvimos as fitas, dia após dia. Depois descobri a série de fitas Nightingale/Conant e encomendei todas elas! Gradualmente, a nossa vida começou a mudar. Sem freqüentar centros de reabilitação, alcoólicos anônimos ou qualquer grupo de apoio, libertamo-nos das drogas e do álcool há mais de cinco anos.

Hoje vivemos uma vida que julgávamos estar além dos nossos sonhos mais impossíveis! Temos uma bela casa, fundamos uma sociedade anônima e duas firmas separadas, e estamos começando a criar uma família. Temos pleno controle de nossas vidas e sentimo-nos como se não houvesse limites para o que podemos fazer! Queria conhecê-lo pessoalmente, o que consegui em maio passado. Queria agradecer-lhe. É impossível explicar por que alguém que eu não conhecia se tornou uma força tão grande em minha vida, mas a explicação não importa. O que importa é que a nossa vida mudou para sempre. Uma das coisas que aprendi é que não há nada mais flexível do que o espírito humano, e que talvez nunca venhamos a saber o que nos impele nesta ou naquela direção, boa ou má. Quero agradecer-lhe do fundo coração pelo que você vem fazendo, ao colocar à disposição das pessoas informações que são mais necessárias do que imagina. Você, Wayne, está transformando milhares de vidas! Obrigada por ter-me feito ouvir e partilhar conosco os seus pensamentos superiores.

Cordialmente, Kathy.

Para Kathy — que hoje é uma bela e orgulhosa mamãe, uma feliz e bem-sucedida empresária que tem um casamento e um companheiro altamente espiritualizados — sua vida é um milagre. Quem teria pensado, em 1982, que tal resultado seria possível?

A ocorrência de milagres em seu mundo físico, quer seja o fato de curar-se de alguma doença ou atingir o máximo de saúde física, libertar-se de um vício ou realizar um feito que desejava realizar há muito tempo, depende inteiramente de como você, como ser espiritualizado, decidiu usar a sua mente invisível e a orientação que está ao seu alcance.

Seguem-se algumas sugestões específicas para fazer desta a sua realidade pessoal, e uma breve revisão da condução mental necessária para a criação de milagres.

A manifestação de milagres em seu mundo físico

Um dos ingredientes da fórmula para permitir que os milagres aconteçam em sua vida é exercer papel ativo em sua reprogramação, a fim de criar o que você antes julgava impossível, e usar as seguintes diretrizes para essa condição mental, adaptadas do que ficou dito no capítulo 3.

- *Exclua seus julgamentos e descrença, praticando afirmações.* Como parte de sua agenda diária, pratique as seguintes afirmações. Elas lhe ajudarão a eliminar dúvidas e idéias que o impedem de passar ao próximo nível no plano físico:

- Estou no processo de criar o milagre que mereço.
- Estou disposto a afastar aquilo que me inibiu até hoje.
- Tenho certeza de que não estou só e que receberei orientação quando estiver pronto.
- Estou pronto.
- Sei que tenho a capacidade de realizar qualquer coisa que conceber em minha mente.
- Estou disposto a fazer o que for necessário para transformar o meu sonho em realidade.

Utilize estas e quaisquer outras frases que você mesmo pode escrever. Quando ditas em voz alta e repetidamente, elas o ajudarão a eliminar a descrença.

- *Crie uma zona mágica, ouvindo cuidadosamente tudo o que lhe diz o seu corpo.* Trata-se de sua zona mágica particular, da qual você não precisa dar ciência a ninguém. Quando sentir-se farto, cansado, doente, letárgico, sentindo dores ou quaisquer outros sintomas físicos, diga a si mesmo: "O que o meu corpo está me dizendo? Que lição posso aprender com isso?" Simplesmente escute e anote o que ouviu. Dentro em pouco, receberá a mensagem que o seu corpo está enviando:

"Exercite-me. Detesto ficar sentado e tornar-me flácido."

"Cuidado! Não me alimente tanto."

"Detesto açúcar e é por isso que lhe dou certas dores de cabeça."

"Gosto quando você me dá bastante água filtrada e limpa. Ajuda-me a eliminar toxinas."

"Aplique-me aqueles óleos e cremes que mantêm fresca a minha pele."

"Pare de me dar drogas, por favor! Por que você pensa que eu reajo com ressacas, corizas, letargia, raciocínio turvo, confusão mental, ansiedade, pressão alta, pulso acelerado, congestão, tosse etc.?"

Escute o que o seu corpo lhe diz e receberá as informações de que precisa. Cada célula de seu corpo tem inteligência universal infinita dentro de si. Estimule essa inteligência. Trate-a com o respeito e a reverência que ela merece. Os milagres serão a sua recompensa.

• *Afirme-se como pessoa isenta de limitações, praticando novas atividades.* Verifique o que você tinha certeza de não poder realizar um ano atrás. Digamos que fosse, por exemplo, correr um quilômetro sem parar. Ou passar todo um ano sem se resfriar. Ou 21 dias sem beber álcool. Ou passar uma semana reduzindo para a metade o teor de gorduras daquilo que come. São exemplos bastante específicos, capazes de permitir que você se prepare mentalmente para superar as limitações que impôs a si mesmo.

Escolha uma dessas limitações e visualize-se superando-a, um dia de cada vez. Crie o seu próprio desafio pessoal de passar para um novo nível. Um quilômetro, um dia, um ano, mas um dia inteiro de cada vez. Ficará surpreso com os resultados, que começaram com um pensamento. Terminará acreditando que não existe nada que não possa fazer se aplicar a sua mente e acreditar nela. São estes os circuitos internos do autor de milagres.

• *Confie nas intuições e palpites interiores acerca do seu corpo físico.* Preste atenção quando sentir o que lhe parece ser uma inclinação forte e dramática dentro de você. Dê ouvidos e siga esses ditames interiores. Essas vozes internas lhe dirão o que evitar, a quem procurar, o que ler, em quem confiar, o que comer, quando fazer exercícios e quando repousar. É claro que procurará a ajuda de outras pessoas bem informadas, mas cuidado com aquelas que dizem o que é impossível para você. Ou, pelo menos, encare essa negatividade como uma grande lição e use-a para superar as limitações que estão procurando lhe impor. Saiba que não está sozinho e confie em que será devidamente orientado. Veja com grande admiração e espanto a vastidão e o mistério das mensagens não-físicas que lhe são transmitidas acerca de seu corpo físico. Terminará assistindo aos milagres de que falo neste livro.

- *Comece a confiar no segredo que reside no centro e sabe.* Embora você ainda não tenha tido acesso ao seu ser superior, ele é parte de você. Confie na inteligência invisível e silenciosa que flui por sua forma. Recorra a ela freqüentemente e pergunte-lhe apenas: "Como posso dar a minha vida aos outros?" "Como posso servir?" "Ajude-me a ser a pessoa melhor e mais útil possível."

Descobrirá que, para dar de si mesmo em uma vida integrada ao seu propósito, você precisará ser o mais sadio, positivo e confiante possível em sua natureza divina. Isso lhe ajudará a tomar o caminho da realização de milagres e da verdadeira magia.

Após cada meditação, eu sempre me acho capaz de realizar qualquer coisa, e estou impregnado de amor e admiração por tudo o que encontro no universo físico. Noto a forma, a cor e a beleza das árvores; sinto-me do mesmo modo em relação a mim. Tenho profunda reverência pelo fato de estar vivo e procuro tratar o meu corpo com cuidado. Acabei de estar em contato com um lugar dentro de mim que é amor e harmonia; esse lugar me permite superar todas as possibilidades com que eu sonhava. Por ter meditado e mantido contato com aquele segredo que reside no centro e sabe, reduzi consideravelmente o conteúdo de gordura do meu corpo, e voltei a pesar o mesmo que pesava quando terminei o curso secundário em 1958. Sinto-me isento de doenças e de substâncias formadoras de hábito, passando a produzir mais do que antes. Minhas palestras e escritos atingem novo nível e eu nunca me senti melhor na vida.

Tudo isso em decorrência da disposição de saber que sou algo bem maior do que um corpo com alma. Sou uma alma que tem corpo e sei que posso ter uma vida mais sadia, de modo que a minha alma tenha um repositório primoroso no qual possa cumprir sua missão heróica. Creio que o mesmo é possível para você. Sei que você pode fazer com que aconteçam milagres dentro do seu corpo, mas você precisa interiorizar-se, fazer contato e, então, tudo dará certo.

• *Substitua a dúvida e o medo pela convicção e pela confiança.* Em tudo o que você examina em sua vida física e em tudo o que você gostaria que lhe acontecesse, substitua, durante breve período, suas dúvidas e medos pela convicção e pela confiança. Todas as suas dúvidas são obstáculos que inibem seu acesso ao reino da verdadeira magia. Basta saber e confiar! Deixe que as dúvidas sugeridas pelos outros sirvam para solidificar sua convicção.

Considere a vida dos que duvidam e pergunte-se se é esse o modelo que deseja seguir em suas realizações. Depois, considere a existência dos que "sabem" e veja a diferença. Os que sabem estão tratando de acrescentar alguma coisa à vida, fazendo exercícios, cuidando da saúde e assombrando o mundo com realizações grandiosas. Os que duvidam ficam geralmente à parte, sentados, fazendo o seu costumeiro papel de críticos.

• *Convença-se de que a sua intenção de tornar-se sadio cria a sua realidade.* Uma vez que tenha focalizado as suas idéias e adquirido clara noção do que irá realizar, e acredita em sua capacidade de realizá-lo, estabeleça a sua intenção. Reafirme a sua intenção de tornar-se sadio. "Sou sadio e capaz de fazer o que determinei fazer." "Vou curar-me a mim mesmo." "Não vou fumar hoje." Isso é intenção.

É o que faz a minha esposa, Marcie, com assombrosos resultados. Certa vez, disseram-lhe que tinha um nódulo na tireóide, e três médicos afirmaram que teria de ser operada. Qual a reação dela? Uma intenção, não um simples desejo: "Vou reduzir esse nódulo e eliminá-lo do meu corpo." Ninguém pôde dissuadi-la. Quanto a ela, nenhum desespero, nenhuma preocupação. Uma simples intenção, na qual ela passou a basear o seu comportamento. Freqüentou durante uma semana o Centro Ayurvédico de Saúde, que o dr. Chopra mantém em Lancaster, Massachusetts, informando-se acerca de dietas e de seu efeito sobre a tireóide.

Hoje, o nódulo está praticamente eliminado, milagre que deixou os médicos incrédulos. E tudo aconteceu porque as vozes interiores de Marcie lhe disseram como se tratar.

- *Sinta o satori em seu corpo.* O despertar instantâneo está ao seu alcance. Não é necessário longo período de sofrimento para que você passe a fazer milagres em seu corpo. Sentindo que está no caminho certo, verá que tem a força de vontade de que precisa. Apronte-se para a possibilidade de que isso aconteça a qualquer momento. Propicie aquele instante em que, em um clarão repentino de intuição, você diz: "Posso realmente fazer isso." Você se torna, então, outra pessoa, lembrando o que costumava dizer a si mesmo. O antigo viciado não só desapareceu, como você jamais o encontrará de novo em sua mente. A pessoa que constantemente sofria de resfriados e febres desapareceu de uma vez por todas, substituída instantaneamente por um clarão de intuição. Transpor esse portão acontece em um segundo e os segundos são as unidades de trabalho de nossa vida. Esteja preparado para esse instante. Aguarde-o e vá com ele quando vier.

Já deixei para trás muitos comportamentos nocivos, sem qualquer esforço aparente. Decidi tudo em um momento e, antes que esse momento expirasse, eu estava fora de meu corpo, vendo-me fazer essas declarações. Satori! O despertar instantâneo. Está ao seu alcance e acontecerá em sua vida. Ocorre primeiro na mente; depois, você o realizará facilmente em qualquer atividade física que precise manifestar. Os milagres acontecem em instantes. Esteja preparado e predisposto!

- *Comporte-se fisicamente como se o seu corpo já fosse aquilo que você deseja.* Exatamente. Finja! Se você se vê mentalmente como esbelto e capaz de realizações novas e marcantes, passe a agir agora mesmo como se essa já fosse a sua realidade. Quando compreendemos que somos aquilo que pensamos, e agimos com base no que pensamos, compreendemos o quanto é sensato nos imaginarmos fantásticos e poderosos. Quanto mais alimentarmos esse tipo de crença, mais rapidamente nosso corpo reagirá a essa imagem.

Por outro lado, se pensarmos que qualquer grande e milagrosa melhora em nosso físico vai ser muito difícil e demorada, e que iremos passar muito tempo sofrendo, passaremos a agir com base nesse pensamento. Aposto que é exatamente isso que você vem fazendo há muito tempo. Passe a agir agora mesmo com base na imagem que você deseja. Aja como se ela já estivesse presente. Quando você se vê mentalmente como uma pessoa sadia e atraente, e acredita firmemente nessa imagem, então, quando sentar-se à mesa para comer, agirá de acordo com essa crença. Essa é a chave da manifestação de milagres.

- *Lembre-se de que o seu ser espiritual é fundamentalmente importante.* Reforme o seu modo de pensar, de maneira que o seu ser espiritualizado tenha precedência sobre o seu físico. Trate todo o seu ser — corpo, mente e alma — como um grande todo espiritual e indivisível. Seu pâncreas, pulmões, olhos — todos os órgãos do seu corpo — são dotados de infinita inteligência. Seja, em primeiro lugar, um ser espiritualizado.

Primeiro, visualize mentalmente quais serão os seus resultados físicos. Em seguida, relaxe e deixe que o seu corpo divino faça o que já sabe fazer.

• *Lembre-se diariamente de que nunca nos satisfazemos com aquilo de que não precisamos.* Pense em todos os seus vícios, pequenos e grandes. Lembre-se de que, quando você ingere substâncias venenosas, nunca fica satisfeito. O seu corpo não precisa daquela substância formadora de hábito nem daquele excesso de comida. Mas você nunca se satisfaz. Por quê? Porque está agindo, em primeiro lugar, como entidade física e, somente em segundo lugar, como entidade espiritual. Essa estratégia o impede de conhecer a verdadeira magia. Quanto mais se envenena, mais se convence de que não pode livrar-se do hábito. Isso o enche de dúvida e medo e logo você se vê incapaz de abandonar o vício.

Se é verdade que nunca nos satisfazemos com o que não precisamos, então é hora de pararmos de procurar o que não precisamos e tratar do que precisamos. Quando procuramos o que precisamos, nossa motivação não é a carência. Não temos de correr atrás de mais. Não temos de procurar milagres fora de nós mesmos. Tudo que precisamos para termos saúde e equilíbrio perfeitos já está dentro de nós. Não temos de recorrer a outro corpo, basta-nos confiar na inteligência divina que habita o corpo que já temos.

• *Não peça nada a ninguém com o objetivo de melhorar a sua vida.* Não *espere* receber ajuda de ninguém em seu mundo físico. Se alguém lhe oferecer ajuda, aceite-a e seja grato, mas saiba em seu íntimo que somente você pode viver esta vida humana sob a forma física chamada *você*. Toda ela transcorre em seu ser invisível, no qual você processa tudo o que se passa no mundo físico. Ame o seu semelhante, deixe que este mundo sinta a sua natureza divina, mas saiba que ninguém pode viver por você. E, se ninguém pode viver por você, é apenas sensato nada esperar dos outros quando se põe a criar a sua existência milagrosa.

- *Desenvolva o poder autêntico, que não se localiza em seu corpo físico.* O seu poder e a sua autenticidade como pessoa não são medidos em termos de duração e, sim, pelo amor que você dá. Este é o poder autêntico. Busque milagres no corpo físico que você ocupa para que possa melhor servir ao seu propósito, não para controlar outras pessoas. Quando nosso poder reside em nossa força, ele se vai quando ela se dissipa. Esse é o poder inautêntico!

Para conhecer a verdadeira magia no sentido físico, é preciso que você deseje esse milagre para poder distribuir amor e harmonia por onde vai. Quando esta é a sua motivação, verá que tudo o que realizar dentro do seu corpo, não importa a condição deste último, o tornará autenticamente poderoso e você não será tão apegado a ele quanto era. Você não precisará que o seu corpo satisfaça algum padrão de beleza. Seu objetivo é torná-lo mais sadio e mais útil, e não mais forte e atraente aos olhos dos outros. Saberá que *você* não é esse corpo, e que a verdadeira medida de sua natureza humana está na alma que esse corpo abriga. Deixará de identificar-se totalmente com o seu corpo e passará a identificar-se com o seu ser invisível. Isso lhe dará incrível poder, como o das pessoas sagradas que, segundo dizem, ao entrar em uma sala, afetam a consciência de toda uma multidão com a sua simples presença. Procure o poder autêntico, e verá que o seu corpo físico seguirá facilmente o seu progresso.

• *Medite todos os dias.* Finalmente, o mais importante: medite diariamente ou com a maior freqüência possível. Siga as diretrizes que expus nas páginas 145 a 154, ou qualquer outro método que você escolher entre os muitos existentes. Acostume-se a recolher-se para o seu interior e a ver a sua entidade física fazendo tudo o que você sabe que constitui um milagre para você. Quando você cria a imagem em sua mente e a conhece por meio da meditação, ela se transporta também para o mundo físico. Tudo vem para o mundo físico a partir da inteligência invisível que é a nossa natureza espiritual.

Eis aí o mundo da verdadeira magia para você em seu corpo físico. Esse perfeito espécime divino e físico parece sólido, mas sempre, quando você o olha sob uma nova perspectiva, é silencioso, vazio e invisível. Essa é a fonte do seu milagre ou, como disse Hermann Hesse em seu belo romance *Sidarta*, "existe dentro de você uma quietude e um santuário aos quais você pode recorrer a qualquer momento e ser você mesmo". Esse "você mesmo" é um milagre. Conheça-o!

PARTE TRÊS

Irradie a verdadeira magia para o mundo

CAPÍTULO 8

A verdadeira magia e a revolução espiritual

Que ninguém duvide: um pequeno grupo de cidadãos atentos e empenhados pode transformar o mundo; de fato, o mundo nunca foi mudado de outra forma.
MARGARET MEAD

Do mesmo modo que as nossas condições de vida refletem o estado mental de cada um de nós, as condições do mundo refletem o nosso estado mental coletivo. Tudo o que vemos no mundo físico tem equivalente mental dentro de nós. Agimos com base naquilo que pensamos, pessoalmente como indivíduos e coletivamente como um povo. Podemos, portanto, *criar* um mundo de verdadeira magia, por meio dos mesmos métodos que venho recomendando ao leitor para a criação da verdadeira magia em sua vida individual.

O universo em que você vive funciona da mesma forma que o universo que está dentro de você. Trata-se de uma perfeita interconexão de sistemas infinitos, funcionando em harmonia para criar um todo. Dentro de você, existem trilhões de partículas subatômicas que se unem para formar átomos; estes se unem para construir moléculas; as moléculas compõem as células; as células compõem ossos e artérias, e assim por diante, até constituírem todo o seu sistema físico. Tudo o que compõe o ser visível que é você tem um equivalente quântico invisível e é criado e dirigido por aquela força invisível que também é você. As moléculas do seu corpo físico possuem componente invisível que lhes permite manifestarem-se sob a forma do *você* físico que está neste momento lendo estas palavras. As palavras estão no papel, mas os pensamentos que processam as palavras pertencem a outro reino. Você não pode isolar desse todo uma parte de você, tal como não pode separar-se do todo que é o seu mundo físico. A ordem cósmica é dominada pela interdependência entre mente e corpo. O mesmo acontece com a relação que você mantém com o mundo físico no qual se encontra.

Você pode trazer milagres a este mundo. Nada lhe falta para criar esses milagres universais. Você já é tudo aquilo de que precisa para criar um ambiente de verdadeira magia. Tenha em mente que o mundo, tal como você o vê, só existe porque você o processa e faz existir. Por exemplo, quando vai dormir, à noite, você deixa completamente o mundo físico e, com a sua mente, cria uma outra realidade. O mundo dos seus sonhos torna-se a *sua* realidade enquanto você dorme. Passa a ser *tudo* o que existe para você. Você cria os personagens que vão desempenhar papéis em seus sonhos; cria a realidade física de que precisa para os seus sonhos, inclusive uma realidade na qual é capaz de voar, respirar debaixo da água ou desafiar o processo de envelhecimento. Cria um mundo na dimensão amorfa do puro pensamento quando está sonhando, e esse mundo é tão real quanto o do estado de vigília, quando você não está sonhando.

Portanto, para criar um mundo de magia, você deve ter a convicção interior de que essa é a tarefa que lhe cabe; não pode delegar a ninguém a responsabilidade pelos seus esforços. Não pode renunciar, angustiado, quando os outros se recusam a ver a luz.

Saiba que pode irradiar para o seu exterior todas as mensagens contidas neste livro e criar o tipo de mundo mágico que visualiza.

Se algumas personagens se recusam a aceitar a sua visão, dê-lhes amor e, em seguida, pergunte-se a si mesmo o que pode fazer para torná-las parte da perfeição que você idealiza. O ato de julgar ou culpar, por mais tentador que lhe pareça, deve ser excluído de sua consciência. Uma de suas maiores dificuldades será recusar-se a pensar que eles estão errados e que você está certo. Se passar a julgar aquilo que percebe como errado ou imperfeito, você se tornará mais uma pessoa que participa de um julgamento, de um mal ou de uma imperfeição. As aparentes desigualdades do mundo são, na verdade, parte da perfeição do universo, *da mesma forma que o é o seu desejo de eliminá-las.* O fato de outras pessoas terem um propósito diferente do seu, não as torna erradas; elas têm sua própria missão, e agir segundo essa missão talvez provoque desvios e atos que lhe parecem destrutivos.

Leia as seguintes palavras de Yogananda, extraídas de *A essência da auto-realização,* sobre o propósito universal de que falo neste livro:

> O instinto fundamental da vida, portanto, pode ser resumido da seguinte forma: um desejo de existência contínua e consciente em estado de perpétuo contentamento. (...) Assim, todas as coisas revelam sua natureza divina. (...) As complexidades surgem quando a alegria espiritual é esquecida, e quando as pessoas a substituem pelos fugazes prazeres dos sentidos. Mas tudo veio da Bem-Aventurança ou Deus. Em última análise, tudo deve evoluir e retornar a esse estado de bem-aventurança.

Quando você tiver assimilado essas palavras e for capaz de agir com base nelas em sua vida, saberá que, em última análise, o que todos procuram é essa eterna bem-aventurança. As complexidades que surgem em escala pessoal ou mundial resultam da procura dos fugazes prazeres dos sentidos. Mas, como esses prazeres são fugazes, vemos que o mundo, tal como o conhecemos interiormente, e as pessoas, tal como as percebemos em nosso íntimo, podem realmente atingir o estado de bem-aventurança. De fato, se você olhasse atentamente o mundo a partir de um ponto de vista distante e elevado, perceberia que uma revolução de dimensões espirituais está ocorrendo neste exato momento.

Estamos na era da revolução espiritual

Em 1974, eu era professor universitário na dividida cidade de Berlim. Estive em Checkpoint Charlie, o posto policial que separava as duas Berlim, e vi como arame farpado, guardas e ferozes cães policiais mantinham a cidade dividida. O muro fora construído para durar mil anos; no entanto, hoje, é apenas a relíquia de um passado materialista e distante. Aquele reduto da tirania é apenas um dos muitos que foram derrubados nas últimas décadas, com tanta rapidez que mal temos tempo de atualizar nossos livros de História.

Há uma nova consciência coletiva na mente das pessoas; um novo conhecimento espiritual vem se espalhando por toda a humanidade. Nada pode impedi-lo, pois nada é mais forte que uma *idéia* cuja hora chegou. As idéias são pensamentos — individuais ou coletivos — que, uma vez disseminados entre suficiente número de pessoas, se manifestam sob a forma de alterações físicas. Se esses pensamentos coletivos forem de guerra, ódio, divisão e medo, essas sementes se manifestarão em nossa realidade física. E, de fato, durante muito tempo, os ventos não nos trouxeram outro tipo de sementes.

Hoje vemos outra realidade, a que resulta de um novo modo de pensar, e esse é o contexto de nossa revolução espiritual. Esse novo modo de pensar é, conseqüentemente, novo modo de ser para a humanidade. Talvez não venha tão rápido quanto gostaríamos que viesse, mas está se movendo exatamente na velocidade adequada. Os líderes produzidos por essa nova conscientização estarão na vanguarda dessa revolução espiritual. Você pode ser um desses líderes e participar da mudança que vem testemunhando.

Pense em algumas das notáveis mudanças que ocorreram recentemente. A Cortina de Ferro desintegrou-se. No leste europeu, vimos a transformação de quase todos os países nos quais o governo violava os direitos individuais. Os ditadores fugiram ou foram expulsos. Tudo começou com uma idéia em um único país, e disseminou-se rapidamente em toda a região.

O comunismo, que insiste em que seus súditos sejam ateus, foi declarado fracasso internacional. Ninguém pode dizer a um povo que deve ignorar a sua natureza espiritual em favor de uma doutrina que lhe é imposta. Os governantes podem proibir locais de adoração, mas é impossível legislar sobre aquele lugar interior, aquele reduto invisível da liberdade que está sempre presente em cada um de nós. Há uma conexão invisível entre as vozes interiores dos seres espiritualizados que estão tendo uma experiência humana.

Assistimos a milagres em todo o mundo. Na Tchecoslováquia, um dramaturgo, que havia sido preso por ter idéias radicais a respeito da dignidade do homem, foi eleito presidente do seu país alguns anos depois. Na Polônia, um homem, encarcerado em virtude de suas idéias sobre a solidariedade, foi também levado à presidência. Na Romênia, os ditadores foram depostos à força. Os povos balcânicos declararam-se livres da tirania perante um mundo que os acolhem, e substituíram a violência pela discussão racional. O dirigente da União Soviética declarou que o comunismo foi um total fracasso, e hoje essa mesma união é uma relíquia do passado. Pouco tempo antes, um líder comunista, batendo com o sapato na mesa, havia ameaçado enterrar o mundo ocidental.

Cada um desses eventos é milagroso. São exemplos de que o pensamento sob a forma de idéias é capaz de alastrar-se como um incêndio por todo o universo. As idéias não precisam de um veículo físico que lhes transporte a mensagem; transcendem métodos corriqueiros desse tipo. São invisíveis e se disseminam independente de veículos e transportes.

Na China, onde temporariamente residem mais de um bilhão de almas, um milhão delas enfrentaram tanques para demonstrar seu desejo de liberdade. E, embora os mensageiros possam às vezes ser presos, a mensagem não pode ser detida. Na África do Sul, todos os vestígios do apartheid foram declarados ilegais. Em um miraculoso instante, um homem que fora preso e mantido longe dos olhos do público havia mais de um quarto de século, foi libertado incondicionalmente. Negros banham-se em praias nas quais uma placa adverte "somente para brancos". Na América Central, um ditador foi substituído por uma dona-de-casa em eleição popular. Na América do Sul, um poeta se candidatou à presidência da República.

Todas essas mudanças ocorreram na mente de indivíduos e espalharam-se para outros, de modo a compor uma consciência coletiva. As idéias se tornam a nossa realidade quando estão presentes em suficiente número de pessoas em nossa coletividade. Esse número é chamado de massa crítica.

Segundo as leis da física, quando um número suficiente de elétrons se agrupa em determinada formação dentro de um átomo, todos os outros elétrons desse átomo se agrupam da mesma forma. Essa chamada *transição de fase* é facilmente observável em laboratório com a aparelhagem adequada. Qual a força invisível, presente dentro do átomo, que faz com que todos os outros elétrons passem a uma nova fase? Essa força não tem nome no nível subatômico e não tem nome no nível pessoal da consciência. É invisível e, uma vez que somos feitos dessas partículas subatômicas, não é exagero dizer que possuímos algumas das mesmas propriedades.

Nosso mundo está passando por uma transição de fase. A força invisível que comanda a configuração de elétrons dentro de um átomo, a inteligência espiritual que flui em todas as formas, vem atingindo massa crítica em um número bastante grande de pessoas, e os resultados têm se manifestado em nosso mundo. É impossível deter essa força. Alguns tentarão detê-la, mas serão varridos pelo poder de uma idéia cuja hora chegou. Essa força atua em nossa vida pessoal e atua também em nosso mundo coletivo.

Tornamo-nos aquilo que pensamos durante o dia. Quando um número suficiente de pessoas acreditava precisar de armas de destruição cada vez mais poderosas, criamos uma consciência coletiva que nos levou a agir com base nessa crença. Construímos armamentos atômicos cada vez maiores, e a loucura da proliferação nuclear caracterizou nosso mundo. Quando um número suficiente de pessoas passou a crer que o holocausto nuclear era terrível demais para que o permitíssemos, passamos a discutir o desarmamento. O milagre da cooperação-em-lugar-da-competição é a fase inicial de uma transição para um mundo mais positivo, mais seguro e mais generoso. É uma idéia. E essa idéia medrará no mundo físico se um número suficiente de pessoas aderir a essa linha espiritual. Não pode falhar. É algo que está em nossos átomos e moléculas, por assim dizer.

As mudanças que vêm ocorrendo no mundo não se limitam a novas orientações políticas e novas políticas nucleares. Uma nova consciência espiritual em relação ao meio ambiente também vem se manifestando sob a forma de ação. O Dia da Terra, ignorado há duas décadas, celebrou a nova conscientização em relação ao nosso planeta. Um milagre! A idéia de que devemos tratar a Terra com a reverência devida às coisas sagradas está sendo traduzida em realidades físicas.

Novas leis, visando reduzir todo tipo de poluição imaginável, estão sendo aprovadas, juntamente com penalidades para os que as violarem. Automóveis que não poluem a atmosfera estão sendo produzidos em massa. Os fumantes não podem mais poluir com nicotina o interior dos aviões. Sabíamos há várias décadas que é imoral forçar pessoas não-fumantes, em ambientes fechados como o de um avião, a inalar o fumo dos cigarros alheios. Por que isso está hoje sendo proibido por lei? Foi mais uma idéia cuja hora chegou. Milagre? Os legisladores começam a ouvir aqueles que adotam novas maneiras de pensar. Esses pensamentos são invisíveis, mas os seus equivalentes no mundo físico são perfeitamente observáveis.

Vemos por toda a parte os frutos do desabrochar desses pensamentos. Vemos cartazes de "É proibido fumar" em restaurantes que, há poucos anos, nem sonhavam em exibi-los. Rios e lagos, antes tão sujos que era proibido nadar neles, estão sendo despoluídos e revitalizados graças à nova conscientização. Vemos leis contra a emissão de ruídos, visando eliminar a poluição sonora em aeroportos e até em praias públicas. Vemos novo respeito pela dignidade dos animais. Vemos rótulos nos alimentos que compramos, que nos informam quanto ao conteúdo de gorduras e à quantidade de aditivos que consumimos. Todas essas coisas são milagres.

Todas essas novas leis e práticas tiveram sua origem na mente de pessoas, e essas mentes invisíveis criaram nova realidade no mundo físico, uma realidade mais espiritualizada. Os direitos do indivíduo de viver em paz e harmonia, com amor e apego ao seu propósito, refletem nova maneira de pensar.

As mudanças que vemos ocorrer em torno de nós, como reflexo de crescentes preocupações — com o indivíduo, por um mundo pacífico, seguro e harmonioso, pelo direito de escolher a vida, a liberdade e a procura da felicidade e da bem-aventurança — fazem parte de uma gloriosa revolução que vem ocorrendo, antes de mais nada, em nosso modo de pensar. Você é parte desse processo. Os pensamentos que você alimenta, quaisquer que sejam, podem disseminar-se, e se disseminam, entre todos os que o rodeiam. Você influencia o mundo físico com os seus pensamentos — coisa de que você deve ter-se convencido, se leu todo este livro.

Os seus pensamentos criam prosperidade ou carência em sua vida. Criam relacionamentos felizes ou infelizes. Criam a sua personalidade e as próprias circunstâncias físicas de sua vida. Esses mesmos pensamentos afetam pessoas próximas a você. Os pensamentos puros de um ser espiritualizado afetam as condições físicas do meio ambiente e literalmente despertam a consciência das pessoas que o rodeiam. Você e seus pensamentos, e os de milhões de outras pessoas que buscam pensamentos igualmente espiritualizados, estão criando a fase de transição que fez surgir esta nova e fabulosa revolução espiritual.

Para que essa revolução, essa nova maneira de ser, produza frutos e supere todo o materialismo remanescente que contagia o mundo, é preciso que forme a massa crítica em todas as áreas de nossa existência. Quando um número suficiente de pessoas se alinhar em todas as áreas de atividade humana, a fase de transição criará raízes.

Em 1988, fui convidado a redigir um texto a ser publicado na revista *Time* como parte de uma campanha de publicidade. Tratava-se de uma carta endereçada às pessoas que estarão habitando este planeta no ano de 2088. Nenhuma restrição me foi imposta pelo anunciante ou pela revista. Dou a seguir a carta publicada no número de 17 de outubro da revista, carta essa que reflete a mensagem deste livro.

Carta à nova geração

Ao preparar esta mensagem às pessoas que estarão vivas no ano 2088, o meu pensamento não se volta para as maravilhas futurísticas ou científicas que estarão ao seu dispor. Minha curiosidade não se prende ao fato de serem ou não capazes de cruzar o espaço interplanetário. Gostaria de perguntar: Vocês passaram a ser criaturas humanas superiores às que existiam na Terra em 1988?

A essência desta mensagem é a esperança de que vocês sejam mais humanos do que somos hoje. Gostaria de saber se estão praticando as lições que poucos de nós em 1988 acreditavam que seriam um dia aprendidas pela humanidade. Gostaria de saber se superaram a desconfiança, o medo e a hostilidade. Minha mensagem de esperança lhes é enviada sob a forma de quatro perguntas. Suas respostas mostrarão em que ponto vocês se encontram na evolução do ser humano superior que começa a surgir para a vida neste planeta em 1988.

1. *Aprenderam que a qualidade humana do homem está além dos limites do corpo?* Sabem que as pessoas são mais do que uma pilha de ossos, sangue, cartilagens e pele, e vivem de acordo com essa noção? Reconhecem que, dentro de todas as formas de vida, há uma inteligência invisível? Há aceitação geral e satisfação em saber que as pessoas são muito mais que o invólucro em que estão contidas? É "socialmente aceitável" desenvolver o aspecto invisível

das pessoas, como o fazemos hoje, por meio da aeróbica ou da corrida como forma de cultura física?

Vêem-se a si mesmos como seres espiritualizados que estão tendo uma experiência humana, e não como seres humanos que talvez estejam tendo uma experiência espiritual? O que quero dizer é o seguinte: minha filha de 3 anos me trouxe uma refeição de faz-de-conta em seus pratinhos de brinquedo. Desse ponto de vista, tratava-se de uma interação física, envolvendo apenas formas, que poderia ter sido considerada pouco importante. Por outro lado, aquela parte dela que é invisível e sem forma estava dizendo: "Papai precisa comer alguma coisa quente, e quero oferecer-lhe uma refeição especial. Amo o papai e quero cuidar bem dele." Minha percepção dessa parte invisível de minha filha, de seus pensamentos e sentimentos que são puro amor, transformou os pratinhos de plásticos e a comida de faz-de-conta. Eu sentia esses belos pensamentos de carinho por trás do que ela fazia.

2. *Aprenderam e adotaram o conhecimento de que todos somos interligados?* Aqui na Terra, em 1988, aparentemente sabemos, em nosso intelecto, que estamos vivendo no mesmo lar e que, quando se vive em um planeta redondo, não se pode escolher lados. Mas continuamos a escolher lados. Vocês vivem com a consciência de que cada ser humano é "um eu que é nós"? A maioria das pessoas sabe que uma única célula do organismo, que não tenha qualquer relação com o todo, termina matando todo o ser e se destruindo nesse processo? Orientam os jovens para desenvolver serenidade e bem-estar dentro de si mesmos, de modo a cooperarem com as células que lhe são adjacentes? As suas nações gozam de paz interior, ou continuam a transformar em atos a idéia agressiva

que fazem dos vizinhos? Vocês, em 2088, vêem e acreditam que todos os seres humanos em nosso planeta são igualmente interligados como vizinhos geográficos, e que a entidade total chamada ser humano não pode funcionar harmoniosamente quando os componentes estão em conflito?

3. *A maioria de vocês sabe que os nossos pensamentos se expandem?* No momento em que escrevo, alguns de nós cultivam como sementes as seguintes idéias:

- O poder do pensamento é enorme.
- Somos capazes de criar pensamentos.
- É do pensamento que vem toda a orientação de nossa vida.
- Agimos com base no que pensamos.
- Tornamo-nos o que pensamos durante o dia.
- No mundo não-dimensional do pensamento, tudo o que pensamos existe.
- Temos a capacidade de usar o poder da mente para transformar pensamentos em formas.
- O pensamento é energia destituída de forma que abrange a essência de nossa qualidade humana.
- Nossa vida é aquilo que os nossos pensamentos criam.

Estamos começando a reconhecer a importância do pensamento como a força mais poderosa do universo. Existe nova percepção e aplicação dessas idéias. Em vez de sermos *contra* o terrorismo e a guerra, estamos começando a ser *a favor* da paz e da cooperação. Estamos começando a reconhecer que o combate às drogas, à pobreza, à fome e ao crime não é tão eficaz quanto o esforço a favor de uma juventude esclarecida e instruída, de melhor padrão de vida para todos e do respeito pelos direitos e posses uns dos outros. Há entre vocês a compreensão de que os nossos pensamentos se expandem e se transformam em atos? E que, portanto, cultivar pensamentos acerca do que aprovamos resulta em uma sociedade mais saudável, mais feliz e mais pacífica? Vocês reconhecem que ser *contra* alguma coisa nos enfraquece, ao passo que ser *a favor* de outras nos torna mais fortes?

4. *Descobriram o outro lado do "só acredito vendo"?* Existe em 1988 a noção de que o desenvolvimento de um ser humano superior é um processo que implica a compreensão de *ver o que se crê* em vez de *crer no que se vê.* Esse sistema de crenças levou ao desenvolvimento de um ser humano superior? Em 1983, escrevi uma parábola na qual um ser humano superior, uma mulher chamada Eykis, visita o nosso mundo. Traz-nos dádivas sob a forma de pensamentos destinados a nos transformar e ao planeta. A mensagem de Eykis é: "Vocês Verão Quando Acreditarem." As crenças que Eykis descreve os induz a esse modo de pensar em 2088?:

- Qualidade em vez de aparência.
- Ética em vez de leis.
- Conhecimento em vez de realização.
- Integridade em vez de domínio.
- Serenidade em vez de aquisição.

Se as respostas forem positivas, então de fato está em processo de formação um ser humano superior, e a tendência na direção de destruir a humanidade foi revertida. Minha conexão com vocês é um pensamento puro, sem forma e sem dimensões, tal como é a ligação de vocês comigo, neste passado de 1988, e com o futuro até o infinito.

O seu lugar na revolução espiritual

Ao longo de todo este livro, procurei lembrá-lo de um único tema central: *nossos pensamentos criam nossa realidade física.* Suas relações com aqueles que são parte de sua vida localizam-se essencialmente em seus pensamentos. Se você vê com amor aqueles que o rodeiam, o amor se expandirá em seu contato com os outros. O mesmo se aplica à sua visão do mundo. O universo físico que você vê está, todo ele, em sua mente. Quando você desliga a mente, ou se torna inconsciente, o universo físico desaparece para você. Depois, quando redesperta a consciência, o universo reaparece magicamente. Na verdade, tudo é bastante simples: sem pensamento de sua parte, não há mundo físico. Como disse Walt Whitman em poucas palavras: "Toda a teoria do universo é infalivelmente dirigida a um único indivíduo, exatamente Você." Sem a sua mente para processá-lo, o universo simplesmente desaparece no Nada.

A pergunta mais importante que podemos fazer, ao procurarmos um lugar na revolução espiritual que acabo de descrever, é: "Como vejo o mundo em que vivo?" Lembrando que você cria os seus pensamentos e que a sua mente é o repositório de tudo o que você experimenta, examine como usa essa mente.

Se quiser, pode negar a revolução espiritual que descrevi e, em vez dela, ver um mundo que, lenta mas inexoravelmente, se transforma num lodaçal de materialismo. Pode citar os índices de criminalidade, as populações que passam fome, os desastres naturais, a cobiça dos políticos, os jovens que não respeitam os direitos alheios, o aumento da dependência em relação às drogas etc., e afirmando, com muita razão, que vivemos num meio ambiente materialista. Se optar por usar sua mente dessa forma, o mundo em que vive será assim para você. Será isso o que verá todos os dias. Em outras palavras, *verá aquilo em que acredita.*

Dirá que as mudanças positivas que observa são meras exceções à regra. E, para você, essa regra é aquilo que, segundo a sua crença, é a verdadeira natureza do rumo que a humanidade tomou.

Não só você se transforma naquilo que pensa, mas também o mundo naquilo em que você pensa. Quem julga que o mundo é um lugar tenebroso está cego à luz que poderia iluminar-lhe a vida. Para os que vêem a luz do mundo, os lugares escuros são apenas luz em potencial.

Qual o seu papel na revolução espiritual? Mudanças fundamentais vêm ocorrendo no seio coletivo da humanidade. Se você acredita que essas mudanças são negativas e destrutivas, assim também será o seu papel. Você pensará assim, estará convencido disso e criará a intenção de comprová-lo repetidamente para si mesmo. Por outro lado, pode optar em saber que, para cada ato de maldade, há um milhão de atos bondosos; que existe no mundo uma rede de pessoas boas; que essas pessoas realmente fazem a diferença; que as mudanças espirituais, embora lentas, continuam presentes e observáveis. E o seu papel na revolução espiritual será construtivo.

As mudanças estão ocorrendo, em primeiro lugar, na mente coletiva das pessoas e, em seguida, também no mundo exterior. Você está aqui com a missão de contribuir para que essas mudanças se manifestem, mais profunda e permanentemente, na consciência de toda a humanidade. Confiando em si mesmo, você confia na sabedoria que o projetou e criou; e, sabendo que tem um propósito, sabe que o universo também tem um propósito, e confia na divina inteligência que flui dentro de você.

Eu, pessoalmente, procuro alhear-me das más notícias que me são atiradas ao rosto de mil modos diferentes. Quero ser parte da solução, não parte do problema. É claro que sei que as guerras continuam, que os crimes continuam, e que persistem pobreza e sofrimento no mundo. Não penso em julgar esses problemas ou deixar-me enfurecer por eles ou desejar que eles desapareçam. Meus pensamentos, que se expandirão sob a forma de atos, visam fazer alguma coisa para resolver problemas, convencer os que ocupam posições de comando a tentarem corrigir a situação, escrever acerca desses princípios e ensiná-los aos que mais necessitam deles, enviar livros e fitas gravadas a instituições necessitadas etc. Quando me concentro naquilo que defendo, e não naquilo a que me oponho, adquiro poder, e isto se aplica tanto à minha vida individual quanto ao papel mais amplo que me cabe neste planeta.

O seu lugar nesta revolução será mais sólido se você se impregnar de amor. Não se pode viver de tensão, ansiedade, medo e dúvida, que são emoções inibidoras e não estimulantes. Para tornar-se parte da revolução espiritual, você precisa ser capaz de transmitir aos outros aquilo que adquire em termos de consciência espiritual. E tem o poder de fazer exatamente isso, se quiser.

Irradie sua nova consciência mundo afora

O que você tem para dar? Considerando-se que o propósito, qualquer que seja a vocação que escolheu, tem a ver com o ato de dar, de amar e servir aos outros de alguma forma, é extremamente importante saber o que você pode dar, como parte de seu propósito. Ninguém precisa ser especialmente inteligente para saber que *não se pode dar o que não se tem.* Se você não tem dinheiro, é óbvio que não pode dar dinheiro. O mesmo se aplica à sua contribuição para a revolução espiritual.

Se você não tem amor, harmonia e paz dentro de si, simplesmente não pode oferecer amor, harmonia e paz. Conseqüentemente, estará entre os que assistem passivamente a essa revolução, indagando-se por que não participa dela, ou por que faz parte da resistência. Se dentro de você existem ansiedade, estresse, medo, ira e tensão, não poderá dar senão isso. Transmitirá isso aos outros e, é claro, não verá outra coisa em torno de si. A opção, como sempre, será sua, baseada em como você prefere processar o seu mundo.

Os componentes de ansiedade, estresse, medo e ira não existem no mundo independentemente de nós. Não podemos buscálos lá fora e trazê-los para casa. Essas coisas simplesmente não existem no mundo físico, embora falemos delas como se existissem. O que há no mundo são pessoas que agem de modo estressado, pessoas cheias de ânsia, ira e receio, como resultado exclusivo de certo modo de pensar. Portanto, se você tem esses elementos dentro de si, isso se deve ao fato de que foi assim que você preferiu processar os eventos e circunstâncias do seu universo físico.

Os que optam por enfrentar os outros com armas nas mãos estão agindo com base no medo. A presença de pensamentos de medo é justificada por um sistema interno de processamento que legitimiza essa conduta. Essas pessoas acreditam que o mundo é um lugar suspeito e perigoso, tanto no plano individual quanto coletivo.

Se você é daqueles que gostariam de pôr fim a esse tipo de comportamento, deve mudar as suas vozes interiores. Como disse Albert Einstein: "Nossos problemas importantes não podem ser resolvidos com o mesmo raciocínio com o qual os criamos." Todos os principais problemas humanos foram criados por nossa maneira de pensar. E o homem que é tido como um dos mais brilhantes intelectuais de nosso século nos diz que será preciso um novo modo de pensar para resolvê-los.

Não podemos continuar a pensar de forma divisionista se quisermos estabelecer unidade em nosso planeta. Não podemos continuar a pensar de modo militante se quisermos trazer paz a este mundo. Não podemos continuar a raciocinar com ódio se quisermos trazer amor ao nosso mundo.

Cada pensamento seu que se transforma em um ato de ajuda e generosidade é uma contribuição. Não importa o que os outros digam ou façam; eles têm seu próprio destino a cumprir. Quando alguém nos oferece crítica ou ódio; só podemos responder com o que temos dentro de nós. Se temos harmonia e paz em nossa mente, porque foi essa a atitude que decidimos adotar neste mundo, contribuiremos com paz e harmonia. Dessa forma, teremos feito certa diferença. Teremos manifestado um milagre para o mundo e irradiado a verdadeira magia de que venho falando.

Quando você fizer isso em seu nível pessoal e local, passará a expandir-se e a atingir um número cada vez maior de pessoas. É o que vem acontecendo com as mudanças provocadas pela revolução espiritual que vemos à nossa volta. O movimento verde teve origem na mente de alguns indivíduos, e hoje é um fenômeno mundial. A idéia de dar o Nobel da Paz ao Dalai Lama, o líder espiritual do Tibete no exílio, homem cuja vida reflete consciência espiritual e grande reverência por todas as coisas vivas, surgiu na mente de uma única pessoa antes de se tornar realidade. O fim do apartheid, tal como o seu começo, foi inicialmente uma idéia. E igualmente poderosas são as idéias que você nutre em sua mente.

As palavras de Michael Jackson na famosa canção *We Are the World* (Nós somos o mundo, as crianças, aqueles que constroem um mundo melhor) refletem uma mensagem puramente espiritual. E essas palavras ajudaram a eliminar grande parte da fome em nosso planeta.

Você é, na verdade, o mundo, e seus pensamentos realmente fazem toda a diferença. Seja reverente em relação à sua mente. Trate a sua realidade interior e invisível com sagrada admiração e contentamento, saiba que é capaz de criar a verdadeira magia em nosso mundo; cada pensamento de amor e harmonia que você tiver será mais um átomo a alinhar-se para a transição de fase que está ocorrendo agora mesmo, enquanto você lê estas palavras.

Como criar um milagre em nosso mundo

Em tudo o que escrevi nestas páginas acerca de como criar a verdadeira magia, nada é mais importante do que entrar em contato com a parte superior do nosso ser. De início, você provavelmente rejeitará essa noção de si mesmo como fazedor de milagres no reino mundial da verdadeira magia. No entanto, como disse certa vez William Jones: "Toda idéia nova é primeiro condenada como ridícula e abandonada como trivial, até que, finalmente, passa a ser algo que todos sabem." Muitas pessoas considerarão ridícula ou impossível a idéia de fazer milagres e a vida delas refletirá essa descrença.

No entanto, as pessoas vêm acreditando cada vez mais em sua própria natureza divina e confiando na sabedoria divina que as criou. São essas pessoas que estão contribuindo para a atual revolução espiritual. Em número cada vez maior, os cidadãos estão mudando o seu modo de pensar para visualizar um mundo melhor, mais seguro, mais limpo, mais responsável e mais cheio de amor. Estão causando impacto nos campos de política, da ecologia e do espírito em nosso planeta. Conhecem a sabedoria que há nas palavras de Seattle, o chefe índio que, no século XIX, reagiu da seguinte forma à proposta do governo norte-americano de comprar terras da tribo. Leia a carta do chefe Seattle e pense em como tratamos o ambiente que herdamos de nossos ancestrais. Hoje, suas palavras são provavelmente mais relevantes do que nunca.

> O presidente manda dizer, de Washington, que quer comprar nossa terra. Mas como se pode comprar ou vender a terra ou o céu? A idéia nos parece estranha. Se não somos donos da pureza do ar e do brilho da água, como vendê-los a alguém?
>
> Cada pedaço da terra é sagrado para o meu povo. Cada reluzente folha de pinheiro, cada margem arenosa de rio cada

bruma da floresta, cada prado, cada inseto que zumbe. Todos são sagrados na memória e na experiência do meu povo.

Conhecemos a seiva que corre dentro das árvores como conhecemos o sangue que corre em nossas veias. Somos parte da terra e ela é parte de nós. As flores perfumadas são nossas irmãs. O urso, o veado, a águia são nossos irmãos. Os picos rochosos, as essências dos prados, o calor do corpo dos pôneis e o homem, todos pertencemos à mesma família.

A água que rebrilha e escorre nos regatos e rios não é somente água, é também o sangue de nossos ancestrais. Se vendermos nossa terra, vocês terão de lembrar que ela é sagrada. Cada reflexo misterioso que vemos nas águas claras dos lagos nos fala de eventos e lembranças da vida do meu povo. O sussurro da água é a voz do pai do meu pai.

Os rios que nos matam a sede são nossos irmãos. Transportam as nossas canoas e alimentam os nossos filhos. E vocês teriam de tratar os rios com a mesma bondade com que tratariam um irmão.

Se lhes vendermos a terra, lembrem-se de que o ar é precioso para nós, que o ar empresta o seu espírito à vida que ajuda a manter. O vento que deu ao nosso avô o seu primeiro fôlego recebeu também o seu último suspiro. O vento dá aos nossos filhos o espírito da vida. Portanto, se lhes vendermos a nossa terra, vocês terão de mantê-la à parte, como coisa sagrada, como um lugar onde o homem vai para sentir o gosto do vento que as flores do campo adoçaram.

Vocês ensinarão aos seus filhos o que ensinamos aos nossos? Que a terra é a nossa mãe? Que o que acontece com a terra acontece com os filhos da terra?

Uma coisa é certa: a terra não pertence ao homem, o homem é que pertence à terra. Tudo é interligado como o sangue que nos une a todos. O homem não tece a teia da vida;

é apenas um fio dessa teia. O que ele fizer para a teia, estará fazendo para si mesmo.

Disto sabemos: o nosso deus é o mesmo deus de vocês. A terra é preciosa para ele e fazer mal à terra é cobri-lo de desprezo.

O destino de vocês é um mistério para nós. O que sucederá quando todos os búfalos estiverem mortos? Quando todos os cavalos selvagens estiverem domesticados? O que acontecerá quando os redutos mais íntimos da floresta estiverem impregnados do cheiro de muitos homens, e a paisagem das colinas maduras estiver marcada pelos fios que falam? Onde estarão as matas cerradas? Desapareceram. Onde estará a águia? Desapareceu. E o que significa dizer adeus à caça e ao potro veloz? Significa o fim da vida e o começo da sobrevivência.

Quando o último pele-vermelha houver desaparecido e sua memória for apenas a sombra de uma nuvem sobre as campinas, ainda existirão essas praias e florestas? Restará alguma coisa do espírito do meu povo?

Amamos esta terra como o recém-nascido ama o bater do coração da mãe. Portanto, se vendermos a nossa terra, amem-na como nós a amamos. Tratem-na como nós a tratamos. Mantenham na lembrança a memória da terra tal como a receberam. Preservem a terra para os seus filhos e amem-na como Deus nos ama a todos.

Da mesma forma que somos parte da terra, vocês também são parte da terra. Essa terra nos é preciosa. E é também preciosa para vocês. Uma coisa é certa: só existe um Deus. Nenhum homem, seja vermelho ou branco, pode viver à parte. Afinal, *somos* irmãos.

Você também pode compartilhar da consciência que o chefe Seattle descreve com tanto carinho, e pode expandi-la com os seus pensamentos. Você, com a sua visão, será como um seixo em um rio, impelido sempre na direção do infinito, exercendo impacto sobre todos os que entram em contato com aquela pequena onda, a qual cria o mundo espiritual em que eu creio tão firmemente.

Você faz toda a diferença do mundo. Sua presença aqui é uma necessidade divina, perfeita e portadora de um propósito. Sua mente silenciosa e invisível dirige o seu mundo interior e o mundo em que você está imerso. É a sua capacidade de fazer milagres em ação. As palavras a seguir, ditas por São João da Cruz e citadas por Aldous Huxley em *A filosofia perene*, devem inspirar-lhe confiança em sua capacidade de produzir a verdadeira magia:

> Deus não reserva vocação tão elevada (a da contemplação mística) a somente algumas almas. Pelo contrário, quer que todos a possuam. Mas, dentre os que Ele encontra, poucos são os que Lhe permitem obrar coisas tão divinas em favor deles mesmos. Existem muitos que, quando Ele envia provocações, fogem ao trabalho e se recusam a suportar o tédio e a mortificação, quando deviam se submeter com paciência.

Você verá um mundo cheio de milagres quando, em vez de recusar, aceitar a responsabilidade de criá-lo. Tudo o que você sabe do mundo está em sua mente e você cria os pensamentos que ocupam esse espaço interior. Há muitas coisas que pode fazer a cada dia para realizar o Éden que é o seu direito inato. Mas o que quer que faça no mundo físico, deve saber que é movido unicamente por aquela alma divina e invisível que se instalou temporariamente em seu corpo.

Alinhando-se em primeiro lugar com o seu lado espiritual, e só depois com o seu lado físico, você irradiará sua paz interior.

Os que ainda estão do lado da guerra e da destruição serão para você como desafio à sua decisão de não aderir a esse modo de pensar. Não será dissuadido de sua missão apenas porque outras pessoas não aderiram a você. Permanecerá concentrado naquilo que defende em todas as áreas de sua vida.

As más notícias, os mexericos, a ênfase que a mídia coloca nas tragédias e no pessimismo não prenderão sua atenção. Você verá neles apenas áreas a serem aperfeiçoadas, mas o ser divino que há dentro de você notará também que os eventos de cura, bondade e amizade ultrapassam em muito os de sofrimento.

Você cria um mundo de verdadeira magia quando, sozinho, decide utilizar a sua inteligência interior, divina e miraculosa, para fazer com que esse mundo aconteça. Está dentro de sua capacidade e de todos nós sermos sensatos. Se você encarar o mundo dessa maneira mágica, então você o criou. Não se trata de pensamento ilusório: ele é real para você, dentro de você, no único lugar em que você pode viver. Jeová, falando pela boca do seu profeta, disse: "Se estou aqui, todos estão aqui. Se não estou aqui, ninguém está aqui." O mesmo se dá com você. Você pode criar ou fazer desaparecer a verdadeira magia neste mundo.

Ao me aproximar do último parágrafo deste livro, sinto-me feliz por ter criado esta obra acerca da verdadeira magia a partir de minha mente. Fui orientado para escrevê-la durante todos os estágios do seu desenvolvimento. Foi para mim uma jornada mágica. Vivo para irradiar essa capacidade milagrosa que sinto dentro de mim, e sei que essa voz interior é capaz de criar muitas formas de magia real e autêntica. Contudo, ainda mais estimulante que saber a magia que criei em minha própria vida pessoal, ao lado de minha família, é a percepção de que ela pode fazer diferença em sua vida e em todo o mundo físico em que estamos imersos. Minha citação final sobre este assunto é extraída de um autor antigo chamado Philo:

> Famílias, cidades, países e nações experimentaram grande felicidade quando um único indivíduo se apercebeu da Bondade e da Beleza. (...) Esses homens não só se libertam a si mesmos, como doam também uma mente livre àqueles com os quais têm contato.

Você é esse indivíduo único, que se torna um ser espiritual e toma conhecimento do que é bom e belo. Você realmente irá impregnar-se, a si mesmo e a todos os que rodeiam, com uma nova liberdade de espírito, a liberdade de criar a verdadeira magia.

Obras do autor

10 segredos para o sucesso e a paz interior

O céu é o limite

Chega de tristeza

Crer para ver

A força da intenção

Muitos mestres

Não se deixe manipular pelos outros

Para todo problema há uma solução

Pensamentos de sabedoria

Promessa é dívida (com Marcelene Dyer)

Realize seu destino

Sabedoria para todos os dias

Seu eu sagrado

Seus pontos fracos

A verdadeira magia

Vida em equilíbrio

Este livro foi composto na tipologia Minion, em
corpo 11/15, impresso em papel off-white 80g/m²,
no Sistema Cameron da Divisão Gráfica
da Distribuidora Record.